Monsieur Laby de St-Aumont, propriétaire,
Miélan.

OEUVRES COMPLÈTES

DE

LORD BYRON.

IMPRIMERIE DE DONDEY-DUPRÉ,
Rue St.-Louis, n° 46, au Marais.

ŒUVRES COMPLÈTES

DE

LORD BYRON,

AVEC NOTES ET COMMENTAIRES,

COMPRENANT

SES MÉMOIRES PUBLIES PAR THOMAS MOORE,

ET ORNÉES D'UN BEAU PORTRAIT DE L'AUTEUR.

Traduction Nouvelle

PAR M. PAULIN PARIS,

DE LA BIBLIOTHÈQUE DU ROI.

TOME DOUZIÈME.

Paris.

DONDEY-DUPRÉ PÈRE ET FILS, IMPR.-LIB., ÉDITEURS,

RUE SAINT-LOUIS, N° 46,

ET RUE RICHELIEU, N° 47 *bis*.

1831.

LETTRES
DE LORD BYRON,

ET

MÉMOIRES SUR SA VIE,

Par Thomas MOORE.

MÉMOIRES
SUR LA VIE
DE LORD BYRON.

LETTRE CCCXLI.

A M. HOPPNER.

22 octobre 1819.

« Je suis bien aise d'apprendre votre retour ; mais je ne sais trop comment vous en féliciter, à moins que votre opinion sur Venise ne soit plus d'accord avec la mienne, et n'ait changé de ce qu'elle était autrefois. D'ailleurs, je vais vous occasioner de nouvelles peines, en vous priant d'être juge entre M. E*** et moi, au sujet d'une petite affaire de péculat et de comptes irréguliers dont ce phénix des secrétaires est accusé. Comme je savais que vous ne vous étiez pas séparés amicalement, tout en refusant pour moi personnellement tout autre arbitrage que le vôtre, je lui offris de choisir le moins fripon des habitans de Venise pour second arbitre ; mais il s'est montré si convaincu de votre impartialité, qu'il n'en veut pas d'autre que vous ; cela prouverait en sa faveur. Le papier ci-inclus vous fera voir en quoi ses comptes sont défectueux. Vous entendrez son explication, et en déciderez comme vous voudrez; je n'appellerai pas de votre jugement.

» Comme il s'était plaint que ses appointemens n'étaient pas suffisans, je résolus de faire examiner ses comptes, et vous en voyez ci-joint le résultat. C'est tout barbouillé de documens, et je vous ai dépêché Fletcher pour expliquer la chose, si toutefois il ne l'embrouille pas.

» J'ai reçu beaucoup d'attentions et de politesses de M. Dorville pendant votre voyage, et je lui en ai une obligation proportionnée.

» Votre lettre m'est arrivée au moment de votre départ [1], et elle m'a fait peu de plaisir, non que les rapports qu'elle contient ne puisent être véritables et qu'elle n'ait été dictée par une intention bienveillante, mais vous avez assez vécu pour savoir combien toute représentation est et doit être à jamais inutile quand les passions sont en jeu. C'est comme si vous vouliez raisonner avec un ivrogne entouré de ses bouteilles; la seule réponse que vous en tirerez, c'est qu'il est à jeûn et que vous êtes ivre.

---

[1] M. Hoppner, avant son départ de Venise pour la Suisse, avait écrit à Lord Byron avec tout le zèle d'un véritable ami, pour le supplier de quitter Ravenne tandis qu'il avait encore sa peau, et le presser de ne pas compromettre sa sûreté et celle d'une personne à laquelle il paraissait si sincèrement attaché, pour la satisfaction d'une passion éphémère qui ne pouvait être qu'une source de regrets pour tous les deux. M. Hoppner l'informait en même tems de quelques rapports qu'il avait entendu faire dernièrement à Venise, et qui, bien que peut-être sans fondement, avaient de beaucoup augmenté son inquiétude au sujet des résultats de la liaison dans laquelle il se trouvait engagé.

» Désormais, si vous le voulez bien, nous garderons le silence sur ce sujet ; tout ce que vous pourriez me dire ne ferait que m'affliger sans aucun fruit, et je vous ai trop d'obligations pour vous répondre sur le même ton ; ainsi, vous vous rappellerez que vous auriez aussi cet avantage sur moi. J'espère vous voir bientôt.

» Je présume que vous avez su qu'il a été dit à Venise que j'étais arrêté à Bologne comme carbonaro, histoire aussi vraie que l'est, en général, leur conversation. Moore est venu ici ; je l'ai logé chez moi, à Venise, et je suis venu l'y voir tous les jours ; mais, dans ce moment-là, il m'était impossible de quitter tout-à-fait la Mira. Vous et moi avons manqué de nous rencontrer en Suisse. Veuillez faire agréer mon profond respect à Mme Hoppner, et me croire à jamais et très-sincèrement,

» Votre, etc.

» *P. S.* Allegra est ici en bonne santé et fort gaie ; je la garderai avec moi jusqu'à ce que j'aille en Angleterre, ce qui sera peut-être au printems. Il me vient maintenant à l'idée qu'il ne vous plaira peut-être pas d'accepter l'office d'arbitre entre M. E*** et votre très-humble serviteur ; naturellement, comme le dit M. Liston (je parle du comédien et non de l'ambassadeur), c'est à vous à *hopter*[1]. Quant à

---

[1] Allusion à la manière dont Liston, l'acteur le plus comique qu'il y ait en Angleterre, aspire ce mot en le prononçant.

moi, je n'ai pas d'autre ressource. Je désire, si cela se peut, ne pas le trouver fripon, et j'aimerais bien mieux le croire coupable de négligence que de mauvaise foi. Mais voici la question : Puis-je, oui ou non, lui donner un certificat de probité ? car mon intention n'est pas de le garder à mon service. »

LETTRE CCCXLII.

A M. HOPPNER.

25 octobre 1819.

« Vous n'aviez pas besoin de me faire d'excuses au sujet de votre lettre ; je n'ai jamais dit que vous ne dussiez et ne pussiez avoir raison ; j'ai seulement parlé de mon état d'incapacité d'écouter un tel langage dans ce moment et au milieu de telles circonstances. D'ailleurs ; vous n'avez pas parlé d'après votre propre autorité, mais d'après les rapports qui vous ont été faits. Or, le sang me bout dans les veines quand j'entends un Italien dire du mal d'un autre Italien, parce que, quoiqu'ils mentent en particulier, ils se conforment généralement à la vérité en parlant mal les uns des autres ; et quoiqu'ils cherchent à mentir, s'ils n'y réussissent pas, c'est qu'ils ne peuvent rien dire d'assez noir l'un de l'autre qui ne puisse être vrai, d'après l'atrocité de leur caractère depuis si long-tems avili [1].

---

[1] Ce langage est violent, dit M. Hoppner dans quelques observations sur cette lettre, mais c'est celui des préjugés, et il était naturellement porté à exprimer ses sensations du moment, sans réfléchir si quelque

» Quant à E***, vous vous apercevrez bien de l'exagération monstrueuse de ses comptes, sans aucun document pour les justifier. Il m'avait demandé une augmentation de salaire qui m'avait donné des soupçons. Il favorisait un train de dépense extravagant, et fut mécontent du renvoi du cuisinier. Il ne s'en plaignit jamais, comme son devoir l'y obligeait, pendant tout le tems qu'il me vola. Tout ce que je puis dire, c'est que la dépense de la maison, comme il en convient lui-même, ne monte maintenant qu'à la moitié de ce qu'elle était alors. Il m'a compté dix-huit francs pour un peigne qui n'en avait en effet coûté que huit. Il m'a aussi porté en compte le passage de Fusine ici, d'une personne nommée Jambelli, qui l'a payé elle-même, comme elle le prouvera s'il est nécessaire. Il s'imagine ou se dit être la victime d'un complot formé contre lui par les domestiques; mais ses comptes sont là et les prix déposent contre lui; qu'il se justifie donc en les détaillant d'une manière plus claire. Je ne suis pas prévenu contre lui, au contraire; je l'ai soutenu contre sa femme et son ancien maître, qui s'en plai-

---

chose ne lui en ferait pas bientôt changer. Il était à cette époque d'une si grande susceptibilité au sujet de Mme G***, que c'était seulement parce que quelques personnes avaient désapprouvé sa conduite, qu'il déclamait ainsi contre toute la nation : « Je n'ai jamais aimé Venise, continue
» M. Hoppner, elle m'a déplu dès le premier mois de mon arrivée; ce-
» pendant j'y ai trouvé plus de bienveillance qu'en tout autre pays; et
» j'y ai vu des actes de générosité et de désintéressement que j'ai rare-
» ment remarqués ailleurs. »

gnaient, à une époque où j'aurais pu l'écraser comme un ver de terre. S'il est un fripon, c'est le plus grand des fripons, car il joint l'ingratitude à la friponnerie. Le fait est qu'il aura cru que j'allais quitter Venise, et qu'il avait résolu de tirer de moi tout ce qu'il pourrait. Maintenant, le voilà qui présente mémoire sur mémoire, comme s'il n'avait pas eu toujours de l'argent en main pour payer. Vous savez, je crois, que je ne voulais pas qu'on fît chez moi des mémoires de plus d'une semaine. Lisez-lui cette lettre, je vous prie; je ne veux rien lui cacher de ce dont il peut se défendre.

» Dites-moi comment va votre petit garçon, et comment vous allez vous-même. Je ne tarderai pas à me rendre à Venise, et nous épancherons notre bile ensemble. Je déteste cette ville et tout ce qui lui appartient.

» Votre, etc. »

LETTRE CCCXLIII.

A M. HOPPNER.

28 octobre 1819.

J'ai des remercîmens à vous faire de votre lettre et de votre compliment sur *Don Juan*; je ne vous en avais pas parlé, attendu que c'est un sujet chatouilleux pour le lecteur moral, et qu'il a causé beaucoup d'esclandre; mais je suis bien aise qu'il vous plaise. Je ne vous dirai rien du naufrage; cependant j'espère qu'il vous a paru aussi nautiquement technique que la mesure octave des vers le permettait.

» Présentez, je vous prie, mes respects à Mme N***, et ayez bien soin de votre petit garçon. Toute ma maison a la fièvre, excepté Fletcher; Allegra, et moi-même, et les chevaux, et Mutz, et Moretto. J'espère avoir le plaisir de vous voir au commencement de novembre, peut-être plus tôt. Aujourd'hui j'ai été trempé par une pluie d'orage, et mon cheval, celui de mon domestique et le domestique lui-même, enfoncés dans la boue jusqu'à la ceinture, au milieu d'une route de traverse. A midi nous étions dans l'été, et, à cinq heures, nous avions l'hiver; mais l'éclair nous a peut-être été envoyé pour nous avertir que l'été n'est pas fini. C'est un singulier tems pour le 27 octobre.

» Votre, etc. »

LETTRE CCCXLIV.

A M. MURRAY.

Venise, 29 octobre 1819.

« Votre lettre du 15 est arrivée hier. Je suis fâché que vous ne me parliez pas d'une grosse lettre que je vous ai adressée de Bologne, il y a deux mois, pour lady Byron; l'avez-vous reçue et envoyée?

» Vous ne me dites rien non plus du vice-consulat que je vous ai demandé pour un patricien de Ravenne, d'où je conclus que la chose ne se fera pas.

» J'avais écrit à peu près cent stances d'un troisième chant de *Don Juan*; mais la réception des deux premiers n'est pas faite pour nous donner, à vous et à moi, beaucoup d'encouragement à le continuer.

» J'avais aussi écrit environ six cents vers d'un poème intitulé *la Vision* (ou *Prophétie*) *du Dante*; il a pour sujet une revue de l'Italie depuis les premiers siècles jusqu'à celui-ci. Dante est supposé parler lui-même avant sa mort, et il embrasse tous les sujets d'un ton prophétique, comme la Cassandre de Lycophron. Mais cet ouvrage, ainsi que l'autre, en sont restés là pour le moment.

J'ai donné à Moore, qui est allé à Rome, ma *Vie* manuscrite en soixante-dix-huit feuilles, jusqu'à l'année 1816. Mais je lui ai remis ceci entre les mains, afin qu'il le gardât, ainsi que d'autres manuscrits, tel qu'un journal écrit en 1814, etc. Rien de tout cela ne doit être publié de mon vivant; mais quand je serai froid, vous en ferez ce que vous voudrez. En attendant, si vous êtes curieux de les lire, vous le pouvez, et vous pouvez aussi les montrer à qui vous voudrez; cela m'est indifférent.

» Ma *Vie* est un *memoranda*, et non des confessions. J'ai supprimé toutes mes liaisons amoureuses, c'est-à-dire que je n'en parle que d'une manière générale, et un grand nombre des faits les plus importans; afin de ne pas compromettre les autres; mais vous y trouverez beaucoup de réflexions et quelquefois de quoi rire. — Vous y verrez aussi un récit détaillé de mon mariage et de ses résultats, aussi véridique que peut le faire une partie intéressée; car je présume que nous sommes tous sous l'influence des préventions.

» Je n'ai jamais relu cette *Vie* depuis qu'elle est écrite, de sorte que je ne me rappelle pas bien exactement ce qu'elle peut contenir ou répéter. Moore et moi nous avons passé quelques joyeux momens ensemble.

» Je retournerai probablement en Angleterre, à cause de mes affaires, dans le but de m'embarquer pour l'Amérique. — Dites-moi, je vous prie, avez-vous reçu une lettre pour Hobhouse, qui vous en aura communiqué le contenu? On dit que les commissaires de Vénézuela ont ordre de traiter avec les étrangers qui voudraient émigrer. — Or, l'envie m'est venue d'y aller; je ne ferais pas un mauvais colon américain; et si j'y vais former un établissement, j'emmènerai ma fille Allegra avec moi. J'ai écrit assez longuement à Hobhouse, pour qu'il prenne des renseignemens auprès de Perry, qui, je suppose, est le premier topographe et la meilleure trompette des nouveaux républicains. Écrivez-moi, je vous prie.

» Tout à vous.

» *P. S.* Moore et moi avons passé tout notre tems à rire. — Il vous mettra au fait de toutes mes allures et de toutes mes actions : jusqu'à ce moment, tout est comme à l'ordinaire. Vous devriez veiller à ce que l'on ne publie pas de faux *Don Juan*, surtout n'y mettez pas mon nom, parce que mon intention est de couper R...ts par quartiers comme une citrouille, dans ma préface, si je continue le poème. »

LETTRE CCCXLV.

A M. HOPPNER.

29 octobre 1819.

« L'histoire de Ferrare est du même calibre que tout ce qui sort de la fabrique vénitienne; vous pouvez en juger. Je ne me suis arrêté là que pour y changer de chevaux, depuis que je vous écrivis, après ma visite au mois de juin dernier. Un couvent! un enlèvement! une jeune fille! Je voudrais bien savoir, vraiment, qu'est-ce qui a été enlevé, à moins que ce ne soit mon pauvre individu. J'ai été enlevé moi-même plus souvent que qui que ce soit, depuis la guerre de Troie; mais quant à l'arrestation et à son motif, l'une est aussi vraie que l'autre, et je ne puis m'expliquer l'invention d'aucune des deux. Je présume qu'on aura confondu l'histoire de la F*** avec celle de Mme Guiccioli et une demi-douzaine d'autres; mais il est inutile de chercher à démêler une trame qui n'est bonne qu'à être foulée aux pieds. Je terminerai avec E***, qui paraît très-soucieux de votre indécision, et jure qu'il est le meilleur mathématicien de l'Europe; et ma foi! je suis de son avis, car il a trouvé le moyen de nous faire voir que deux et deux font cinq.

» Vous me verrez peut-être la semaine prochaine. J'ai un et même deux chevaux de plus (cela fait cinq en tout), et j'irai reprendre possession du Lido. Je me leverai plus matin, et nous irons tous deux comme autrefois, si vous voulez, secouer notre bile sur le rivage, en faisant retentir de nouveau l'Adriatique des accens de notre haine pour cette coquille d'huître vide et privée de sa perle, qu'on appelle la ville de Venise.

» J'ai reçu hier une lettre de Murray. Des falsificateurs viennent de publier deux nouveaux troisièmes chants de *Don Juan*. — Que le diable châtie l'impudence de ces coquins de libraires ! Peut-être ne me suis-je pas bien expliqué. — Il m'a dit que la vente avait été forte : douze cents *in-quarto* sur quinze cents, je crois ; ce qui n'est rien, selon moi, après avoir vendu treize mille exemplaires du *Corsaire*, dans un seul jour. Mais il ajoute que les meilleurs juges, etc., etc., disent que cela est très-beau, très-spirituel, que la pureté du langage et la poésie en sont surtout remarquables, et autres consolations de ce genre, qui, pour un libraire, n'ont pas la valeur d'un seul exemplaire; et moi, comme auteur, naturellement je suis d'une colère de diable du mauvais goût du siècle, et je jure qu'il n'y a rien à attendre que de la postérité, qui, bien certainement, doit en savoir plus que ses grands-pères. Il existe un onzième commandement, qui défend aux femmes de le lire ; et, ce qu'il y a de plus extraordinaire, c'est qu'il paraît qu'elles ne l'ont pas violé. — Mais de quelle importance cela peut-il être pour ces pauvres créatures, lire ou ne pas lire un livre, ne — . . . .

» Le comte Guiccioli vient à Venise la semaine prochaine, et je suis prié de lui remettre sa femme, ce qui sera fait. Ce que vous me dites de la longueur des soirées à la Mira ou à Venise, me rappelle ce que Curran disait à Moore. — Eh bien! vous avez donc épousé une jolie femme, et qui plus est, une excellente femme, à ce que j'ai su. — Mais... Hem! dites-moi, je vous prie, comment passez-vous vos soirées? C'est une diable de question que celle-là, et peut-être est-il aussi difficile d'y répondre avec une maîtresse qu'avec une femme.

» Si vous allez à Milan, laissez-nous, du moins, je vous prie, un vice-consul, le seul vice qui manquera jamais à Venise. Dorville est un bon enfant; mais il faudra que vous veniez avec moi en Angleterre, au printems, et vous laisserez Mme Hoppner à Berne avec ses parens, pendant quelques mois. — J'aurais voulu que vous eussiez été ici, à Venise, s'entend, quand Moore y est venu. — Nous nous sommes bien amusés, et passablement grisés. Je vous dirai, en passant, qu'il détestait Venise et jurait que c'était un triste lieu [1].

[1] Je prends la liberté d'observer ici que les propres sensations de Lord Byron lui font exagérer un peu mon opinion sur Venise.
(*Note de Moore.*)

» Ainsi donc, il y a danger de mort pour Mme Albrizzi. — Pauvre femme!..............
....

» Moore m'a dit, qu'à Genève on avait fait une histoire du diable sur celle de la Fornaretta. — On parle d'une jeune personne séduite, puis abandonnée, et qui s'est jetée dans le Grand-Canal, et en a été repêchée pour être mise dans l'hôpital des fous. — Je voudrais bien savoir quel est celui qui a été le plus près de devenir fou? Que le diable les emporte tous! cela ne me donne-t-il pas à vos yeux l'aspect intéressant d'un personnage fort maltraité? J'espère que votre petit garçon va bien! Ma petite Allegra est vermeille comme la fleur d'un grenadier.

» Tout à vous. »

LETTRE CCCXLVI.

A M. MURRAY.

Venise, 8 novembre 1819.

« Il y a huit jours que je suis malade d'une fièvre tierce gagnée pendant un orage qui m'a surpris à cheval. Hier j'ai eu mon quatrième accès; — les deux derniers ont été assez violens. Le premier et le dernier avaient été précédés de vomissemens. C'est une fièvre attachée au lieu et à la saison. Je me sens affaibli; mais non malade dans les intervalles, et ne souffre que du mal de tête et de lassitude.

» Le comte Guiccioli est arrivé à Venise. Il a présenté à son épouse (qui l'y avait précédée depuis deux mois pour le bénéfice de sa santé et des ordonnances du docteur Aglietti) un papier écrit, renfermant des conditions et règles de conduite quant à l'emploi de son tems et pour le bien de ses mœurs, etc., etc. Il persiste à vouloir l'y faire consentir, et elle insiste sur son refus. — Comme préliminaire indispensable de ce traité, il paraît que je suis entièrement exclus. — Ils sont donc dans de grandes discussions, et je ne sais pas trop comment cela finira, et d'autant moins qu'ils consultent leurs amis.

» Ce soir la comtesse Guiccioli remarqua que je parcourais *Don Juan*, elle y jeta les yeux, et tombant par hasard sur la cent trente-septième stance du premier chant, elle me demanda ce que cela voulait dire. — Rien, dis-je, voilà votre mari ; comme je prononçais ces mots en italien et avec quelque emphase, elle se leva tout effrayée en s'écriant : O mon Dieu! est-il vrai que ce soit lui. Croyant que je parlais du sien, qui était ou devait être au théâtre. Vous imaginez à quel point nous rîmes, quand je lui expliquai sa méprise. Cela vous amusera autant que moi. Il n'y a pas trois heures que cela s'est passé.

» Je ne sais pas si ma fièvre me permettra de continuer *Don Juan* et *la Prophétie*. — La fièvre tierce, dit-on, dure long-tems. Je l'ai eue à mon retour de Malte, et j'avais eu la fièvre *malaria* en Grèce, l'année d'avant. Celle de Venise n'est pas très-dangereuse, cependant elle m'a donné le délire une de ces nuits, et en reprenant mes esprits, j'ai trouvé Fletcher, qui sanglotait d'un côté de mon lit, et la comtesse Guiccioli[1], qui pleurait de l'autre ; vous voyez que je ne manquais pas de garde-malades. Je n'ai pas encore eu recours aux médecins : en effet, quoique je les croie utiles dans les maladies chroniques telles que la goutte, etc., etc. (de même qu'il faut des chirurgiens pour remettre les os et panser les blessures), cependant les fièvres me semblent tout-à-fait au-dessus de leur art, et je n'y vois de remède que la diète et la nature.

» Je n'aime pas le goût du quinquina, cependant je présume qu'il me faudra bientôt en prendre.

» Dites à Rose qu'il y a quelqu'un à Milan (c'est un Autrichien, à ce que dit M. Hoppner) qui répond à son livre. William Bankes est en quarantaine à Trieste. Je n'ai pas eu de vos nouvelles depuis long-tems. Excusez ce chiffon : c'est du grand papier que j'ai raccourci pour l'occasion actuelle. Quelle folie de mettre Carlile en jugement ! Pourquoi donc lui

---

[1] Voici sur ce délire quelques détails curieux, rapportés par Mme Guiccioli. « Au commencement de l'hiver, le comte Guiccioli vint de Ravenne
» pour me chercher. Lorsqu'il arriva, Lord Byron était malade d'une
» fièvre qui lui était survenue à la suite d'un violent orage qui l'avait sur-
» pris pendant qu'il se promenait à cheval, et durant lequel il avait été
» trempé jusqu'aux os. Il eut le délire toute la nuit, et je ne cessai de
» veiller à côté de son lit. Pendant ce délire, il composa beaucoup de
» vers, et ordonna à son domestique de les écrire sous sa dictée. Le
» rhythme de ces vers était exact, et la poésie elle-même ne semblait pas
» être le produit d'un esprit en délire. Il les conserva quelque tems après
„ son rétablissement, puis finit par les jeter au feu. »

donner les honneurs du martyre ? cela ne servira qu'à faire connaître les ouvrages en question.

» Votre, etc.

» *P. S.* L'affaire Guiccioli est sur le point d'en venir à un éclat quelconque ; et j'ajouterai que, sans chercher à influencer la résolution de la comtesse, ce que je dois faire moi-même en dépend en grande partie. Si elle se réconcilie avec son mari, vous me verrez peut-être en Angleterre plus tôt que vous n'imaginez ; dans le cas contraire, je me retirerai avec elle en France ou en Amérique, je changerai de nom, et mènerai tranquillement la vie de province. — Tout ceci peut vous sembler étrange ; mais comme j'ai mis la pauvre femme dans l'embarras, et qu'elle ne m'est inférieure ni par la naissance, ni par le rang, ni par l'alliance qu'elle a contractée, l'honneur me prescrit de ne pas l'abandonner. — D'ailleurs c'est une très-jolie femme, — demandez plutôt à Moore, et elle n'a pas vingt-et-un ans.

» Si elle se tire de là, et que moi je me tire de ma fièvre tierce, il n'est pas impossible que vous me voyiez entrer quelque beau jour dans Albemarle-Street, en allant chez Bolivar. »

LETTRE CCCXLVII.

A M. BANKES.

Venise, 20 novembre 1819.

« Une fièvre tierce qui me tourmente depuis quelque tems et l'indisposition de ma fille m'ont empêché de répondre à votre lettre, qui n'en a pas été moins bien venue. Je n'ignorais ni vos voyages ni vos découvertes, et j'espère que votre santé n'aura pas souffert de vos travaux. Vous pouvez compter que vous trouverez tout le monde en Angleterre empressé d'en recueillir les fruits ; et comme vous avez fait plus que les autres hommes, j'aime à croire que vous ne vous bornerez pas à parler d'une manière qui ne rendrait pas justice au tems et aux talens que vous avez employés dans cette dangereuse entreprise. La première phrase de ma lettre vous aura expliqué pourquoi je ne puis vous rejoindre à Trieste. J'étais sur le point de partir pour l'Angleterre, avant d'apprendre votre arrivée, quand la maladie de ma fille et la mienne nous ont mis tous deux à la merci d'un *proto-medico* vénitien.

» Il y a maintenant sept ans que vous et moi nous ne nous sommes vus, et vous avez employé ce tems d'une manière plus utile aux autres et plus honorable pour vous que je ne l'ai fait.

» Vous trouverez en Angleterre des changemens considérables, tant publics que particuliers. — Vous verrez quelques-uns de nos anciens camarades de

collége qui sont devenus lords de la trésorerie, de l'amirauté, etc. ; d'autres qui se sont faits réformateurs et orateurs ; d'autres encore qui se sont établis dans le monde, suivant la phrase banale, et d'autres enfin qui en ont pris congé. De ce nombre sont (je ne veux plus parler de nos camarades de collége) Shéridan, Curran, lady Melbourne, Lewis-le-Moine, Frédéric Douglas, etc., etc. ; — mais vous retrouverez M. *** vivant, ainsi que toute sa famille, etc.
. . . .

» Si vous veniez de ce côté et que j'y fusse encore, je n'ai pas besoin de vous assurer du plaisir que j'aurais à vous voir. Il me tarde d'apprendre de vous quelque chose de ce que j'espère sous peu voir publier. Enfin, vous avez eu plus de bonheur qu'aucun voyageur qui ait tenté la même entreprise (excepté Humboldt); puisque vous voilà revenu sans accident; et après le sort des Brown, des Mungo-Park, des Buckhardt, il y a presque autant d'étonnement que de satisfaction à vous voir de retour.

» Croyez-moi à jamais votre très-affectueusement dévoué,

BYRON.

LETTRE CCCXLVIII.

A M. MURRAY.

Venise, 4 décembre 1819.

« Vous pouvez faire ce qu'il vous plaira ; mais vous allez tenter une épreuve désespérée. Eldon dé-

cidera contre moi, par cela seul que mon nom se trouve sur le mémoire. Vous devez vous rappeler aussi que s'il y a un jugement contre la publication, d'après le chef dont vous parlez, pour cause de licence et d'impiété, je perds tous mes droits à la tutelle et à l'éducation de ma fille, enfin toute mon autorité paternelle et tout rapport avec elle, excepté...
........................On en décida ainsi dans l'affaire de Shelley, parce qu'il avait fait *la Reine Mab*, etc., etc; — cependant vous pouvez consulter les avocats, et faire comme vous voudrez. — Quant au prix du manuscrit, il serait dur que vous payassiez quelque chose de nul; je vous le rembourserai donc, ce que je suis très en état de faire, n'en ayant encore rien dépensé, et nous serons quittes dans cette affaire. La somme est entre les mains de mon banquier.

» Je ne puis pas juger de la loi du chancelier, mais prenez *Tom Jones* et lisez sa Mrs Waters et Molly Seagrim; ou le *Hans Carvel* et le *Paulo Purganti* de Prior. —Dans le *Roderick Random* de Smollett, le chapitre de lord Strutwell et plusieurs autres; — dans *Peregrine Pickle* la scène de la Fille Mendiante; et pour les expressions obcènes, le *Londres* de Johnson où se trouvent ces mots..... Enfin prenez Pope, Prior, Congreve, Dryden, Fielding, Smollett, et que le Conseil y cherche des passages; que deviendra leur droit d'auteur, si cette décision à la Wat-Tyler doit servir d'autorité ! Je n'ai rien de plus à ajouter. — Il faut que vous soyez juge vous-même dans votre propre cause.

Je vous ai écrit il y a quelque tems. J'ai eu une fièvre tierce, et ma fille Allegra a été malade aussi. De plus, je me suis vu sur le point d'être forcé de fuir avec une femme mariée ; mais avec quelques difficultés et beaucoup de combats intérieurs, je l'ai réconciliée avec son mari, et j'ai guéri la fièvre de mon enfant avec du quinquina, et la mienne avec de l'eau froide. Je compte partir pour l'Angleterre dans quelques jours en prenant la route du Tyrol ; ainsi je désire que vous adressiez votre première à Calais. Excusez-moi de vous écrire si fort à la hâte, mais il est tard, ou plutôt matin, comme il vous plaira de le prendre. Le troisième chant de *Don Juan* est achevé ; il a environ deux cents stances ; et il est très-décent, je crois du moins, mais je n'en sais rien, et il est inutile d'en discourir avant de savoir si le poème peut ou non devenir une propriété.

» Ma résolution actuelle de quitter l'Italie était imprévue, mais j'en ai expliqué les raisons dans des lettres à ma sœur et à Douglas Kinnaird il y a une semaine ou deux : mes mouvemens dépendront des neiges du Tyrol et de la santé de mon enfant, qui est maintenant entièrement rétablie. — Mais j'espère m'en tirer heureusement.

» Votre très-sincèrement, etc.

» *P. S.* Bien des remercîmens de vos lettres. —

Celle-ci n'est pas destinée à leur servir de réponse; mais seulement à vous en accuser réception. »

On voit par la lettre précédente que la situation dans laquelle j'avais laissé Lord Byron n'avait pas tardé à en venir à une crise après mon départ. Le comte Guiccioli, à son arrivée à Venise, insista, comme nous l'avons vu, pour que sa femme retournât avec lui ; et après quelques négociations conjugales dont Lord Byron ne paraît pas s'être mêlé, la jeune comtesse consentit avec répugnance à accompagner son mari à Ravenne, après avoir accédé à la condition que toute communication cesserait à l'avenir entre elle et son amant.

« Quelques jours après, dit M. Hoppner dans quelques renseignemens qu'il a bien voulu me donner sur notre noble ami, Lord Byron revint à Venise, très-abattu du départ de Mme Guiccioli et de mauvaise humeur contre tout ce qui l'entourait. Nous reprîmes nos promenades au Lido, et je fis de mon mieux pour ranimer son courage, lui faire oublier sa maîtresse absente, et l'entretenir dans son projet d'aller en Angleterre. Il n'allait dans aucune société ; et ne se sentant plus de goût pour ses occupations ordinaires, son tems, lorsqu'il n'écrivait pas, lui paraissait fort long et fort pesant.

» La promesse que les amans avaient faite de ne plus entretenir de correspondance, fut, comme on aurait dû le présumer, bientôt violée ; et les lettres que Lord Byron adressa à son amie à cette époque, quoiqu'écrites dans une langue qui n'était pas la sienne, s'élevaient quelquefois jusqu'à l'éloquence par la force seule du sentiment qui le dominait, sentiment qui ne pouvait pas être uniquement allumé par l'imagination, puisque, après une longue jouissance de la réalité, cette flamme brûlait encore. Je prendrai sur moi, en vertu du pouvoir discrétionnaire dont je fus investi, de donner au lecteur un ou deux courts extraits de la lettre du 25 novembre, non-seulement comme objet de curiosité, mais à cause de la preuve évidente qu'on y trouve des combats que se livraient en lui la passion et le sentiment du bien.

« Tu es, dit-il, et seras toujours ma première pensée ; mais dans ce moment je suis dans un état affreux et ne sais à quoi me décider. — D'un côté je crains de te compromettre à jamais par mon retour à Ravenne et ses résultats ; et de l'autre je tremble de te perdre, toi et moi-même et tout ce que j'ai jamais connu ou goûté de bonheur, si je ne dois plus te revoir. Je te prie, je te supplie de te calmer et de croire que je ne puis cesser de t'aimer qu'avec la vie. » — Il dit dans un autre endroit : « Je pars pour te sauver, et je laisse un pays qui m'est devenu insupportable sans toi. Tes lettres à la F... et même à moi font injure à mes motifs, mais avec le tems tu reconnaîtras ton injustice. — Tu parles de douleur, je la sens, mais les paroles me manquent pour l'exprimer. Ce n'est pas assez qu'il me faille te quitter pour des motifs qui t'avaient persuadée il n'y a pas long-tems ; ce n'est pas assez d'abandonner l'Italie le cœur déchiré, après avoir passé tous mes jours, depuis ton départ, dans la solitude, le corps et l'ame malades ; mais je dois encore supporter tes reproches sans y répondre et sans les mériter. Adieu, dans ce mot est compris la mort de mon bonheur. »

Tous ses préparatifs de départ pour l'Angleterre étaient faits ; il avait même déjà fixé le jour, lorsqu'il reçut de Ravenne les nouvelles les plus alarmantes sur la santé de la comtesse ; le chagrin de cette séparation avait fait de tels ravages en elle, que ses parens eux-mêmes, effrayés des résultats, avaient cessé de s'opposer à ses vœux, et maintenant, avec le consentement du comte Guiccioli lui-même, ils écrivaient à son amant pour le prier de se rendre promptement à Ravenne. Comment devait-il se conduire dans cette position difficile? Déjà il avait annoncé son arrivée à plusieurs de ses amis en Angleterre, et il sentait que la prudence et cette fermeté de résolution dont un homme doit donner l'exemple lui prescrivaient également le départ. Tandis qu'il flottait entre le devoir et la passion, le jour qu'il avait fixé pour quitter l'Italie arriva. Une amie de Mme Guiccioli qui le vit dans cette circonstance, trace d'après nature, le tableau suivant des irrésolutions de Lord Byron : «Il était tout habillé pour le voyage, ayant son bonnet et son manteau, et même sa petite canne à la main. On n'attendait plus que de le voir descendre, son bagage étant déjà déposé dans sa gondole. En ce moment Lord Byron, qui cherchait un prétexte, déclare que si une heure sonnait avant que tout fût prêt (ses armes étaient la seule chose qui ne le fût pas encore entièrement), il ne partirait pas ce jour-là. L'heure sonne et il reste! »

La même dame ajoute : « Il est évident que le courage de partir lui manqua. Les nouvelles qu'il reçut de Ravenne le lendemain décidèrent son sort; et lui-même, dans une lettre à la comtesse, lui annonce la victoire qu'elle a remportée.

« F*** t'aura déjà dit, avec sa *sublimité ordinaire*, que l'amour a triomphé. Je n'ai pu recueillir assez de courage pour quitter le pays que tu habites sans du moins te voir encore une fois. Il dépendra peut-être de toi-même que nous ne nous séparions plus. Quant au reste, nous en parlerons en nous revoyant. Tu dois à présent savoir ce qui est le plus nécessaire à ton bonheur, de ma présence ou de mon éloignement. Pour moi, je suis citoyen du monde, et tous les pays me sont indifférens.

» Tu as toujours été, depuis que je t'ai connue, le seul objet de mes pensées. J'avais cru que le meilleur parti que je pusse prendre pour ton repos et celui de ta famille était de partir et de m'éloigner de toi, puisqu'en restant ton voisin, il m'était impossible de ne pas te voir; cependant tu as décidé que je dois revenir à Ravenne, j'y reviendrai donc, et je ferai, je serai tout ce que tu peux souhaiter. Je ne puis davantage. »

En quittant Venise, il prit congé de M. Hoppner par une lettre courte, mais pleine de cordialité. Avant de la rapporter, je crois ne pouvoir lui donner de meilleure préface qu'en transcrivant les paroles dont cet excellent ami du noble lord en accompagna la communication. « Je n'ai pas besoin de dire avec quel sentiment pénible je vis le départ d'un homme qui, dès les premiers jours de notre connaissance, m'avait témoigné une bienveillance invariable, qui plaçait en moi une confiance que mes plus grands efforts ne pouvaient parvenir à mériter, et qui, m'admettant à une intimité à laquelle je n'avais aucun droit, écoutait avec patience et avec la plus grande bonté les observations que je me permettais de lui faire sur sa conduite.

LETTRE CCCXLIX.

Mon Cher Hoppner,

« Les adieux ont toujours, quoiqu'on fasse, quelque chose d'amer, c'est pourquoi je ne me hasarderai pas à vous en faire de nouveaux. Présentez, je vous prie, mes respects à Mrs. Hoppner, et assurez-la de ma constante vénération pour la bonté remarquable de son cœur : elle ne reste pas sans récompense, même dans ce monde; car ceux qui sont peu disposés à croire aux vertus humaines, en découvriraient assez en elle pour prendre meilleure opinion de leurs semblables, et ce qui est plus difficile encore, d'eux-mêmes, comme appartenant à la même espèce, quelque inférieurs qu'ils soient à un si noble modèle. Excusez-moi aussi le mieux que vous pourrez pour avoir mis de côté la cérémonie des adieux. Si nous nous revoyons, je tâcherai d'obtenir mon pardon; sinon, rappelez-vous tous les bons souhaits que je forme pour vous, et oubliez, s'il se peut, toute la peine que je vous ai donnée.

» Votre, etc. »

LETTRE CCCL.
A M. MURRAY.

Venise, 10 décembre 1819.

« Depuis ma dernière lettre, j'ai changé de résolution, et je n'irai pas en Angleterre. Plus je réfléchis sur cette idée, plus j'éprouve d'éloignement pour ce pays et pour la perspective d'y retourner. Vous pouvez donc m'adresser vos lettres ici comme de coutume, quoique j'aie l'intention de me rendre dans une autre ville. J'ai fini le troisième chant de *Don Juan*; mais ce que j'ai lu et entendu m'a tout-à-fait découragé au sujet de la publication, du moins pour le moment. Vous pouvez essayer de faire plaider l'affaire; mais vous la perdrez. Il n'y a qu'une voix, c'est à qui criera au scandale. Je ne ferai aucune difficulté à vous rendre le prix du manuscrit, et j'ai écrit à M. Kinnaird à ce sujet par ce même courrier : parlez-lui-en.

» J'ai remis à Moore, et pour Moore seul, qui a aussi mon Journal, mes Mémoires écrits à dater de 1816, et je lui ai permis de les montrer à qui bon lui semble, mais non pas de les publier pour rien au monde. Vous pouvez les lire et les laisser lire à W***, si sela lui plaît, non que je me soucie de son opinion publique, mais de son opinion particulière; car j'aime l'homme et m'embarrasse fort peu de son *Magazine*. Je désirerais aussi que lady B*** elle-même pût les lire, afin qu'elle eût la faculté de marquer ou de relever les méprises ou les choses mal représentées; car, comme ces Mémoires paraîtront probablement après ma mort, il serait bien juste qu'elle les vît, c'est-à-dire si elle le désire.

» Peut-être ferai-je un voyage chez vous au printems; mais j'ai été malade, et je suis indolent et irrésolu, parce que peu d'objets m'intéressent. On m'a d'abord maltraité à cause de mon humeur sombre, et maintenant on est furieux parce que je suis ou cherche à être plaisant. J'ai un tel rhume et un si violent mal de tête, que je vois à peine ce que je griffonne : les hivers ici sont perçans comme des aiguilles. Je vous ai écrit assez longuement sur mes affaires italiennes; aujourd'hui je ne vous dirai autre chose, sinon que vous en apprendrez sous peu davantage.

» Votre *Blackwood* m'accuse de traiter les femmes

durement : cela se peut ; mais j'ai été leur martyr ; ma vie entière a été sacrifiée à elles et par elles. Je compte quitter Venise sous peu de jours : mais vous adresserez vos lettres ici comme à l'ordinaire. Quand je m'établirai autre part, je vous le ferai savoir. »

Peu de tems après cette lettre à M. Murray, il partit pour Ravenne, d'où fut datée sa correspondance pendant les dix-huit mois suivans. A son arrivée, il alla demeurer dans un hôtel, où il resta quelques jours ; mais le comte Guiccioli ayant consenti à lui louer une enfilade d'appartemens dans le palais Guiccioli même, il se trouva encore une fois logé sous le même toit que sa maîtresse.

LETTRE CCCLI.

A M. HOPPNER.

Ravenne, 31 décembre 1831.

« Il y a une semaine que je suis ici, et le soir même de mon arrivée, j'ai été obligé de me mettre sous les armes, pour aller chez le marquis Cavalli, où il y avait deux ou trois cents personnes de la meilleure compagnie que j'aie vue en Italie. Plus de beauté, plus de jeunesse et plus de diamans qu'il n'en a paru depuis cinquante ans dans cette Sodome de la mer [1]. Je n'ai jamais vu une telle différence entre deux endroits sous la même latitude (ou, si vous voulez, platitude). La musique, la danse et

---

[1] Gehenna des eaux ; ô toi, Sodome de la mer !
MARINO FALIERO

le jeu, tout était dans la même salle. Le but de la G*** paraissait être de faire parade autant que possible de son amant étranger, et, ma foi! si elle semblait se glorifier de ce scandale, ce n'était pas à moi d'en être honteux. Personne n'avait l'air surpris; toutes les femmes, au contraire, paraissaient comme enchantées d'un si excellent exemple. Le vice-légat et tous les autres vices étaient de la plus grande politesse; et moi, qui m'étais tenu d'abord sur la réserve, je fus bien obligé de prendre enfin ma dame sous le bras et de jouer le rôle de sigisbé aussi bien qu'il me fut possible avec si peu de tems pour m'y préparer, sans parler de l'embarras d'un chapeau à cornes et d'une épée, que je trouvai beaucoup plus formidables qu'ils ne le paraîtront jamais à l'ennemi.

» Je vous écris en grande hâte, mettez-en autant à me répondre. Je n'entends pas grand'chose à tout cela; mais on dirait que la Guiccioli aurait passé dans le public pour avoir été *plantée là*, et qu'elle était décidée à montrer que ce n'était pas; car être *plantée là* est ici la plus grande des calamités morales. Au surplus, ce n'est qu'une conjecture; je ne sais rien de ce qui en est, excepté que tout le monde lui fait beaucoup d'accueil et se montre fort poli avec moi. Le père et tous les parens ont l'air agréable et satisfait.

» Votre à jamais.

» *P. S.* Mes très-humbles respects à Mrs. H***.

» Je vous ferais bien les complimens de la saison;

mais la saison elle-même, avec ses pluies et ses neiges, est si peu complimenteuse, que j'attendrai les rayons du soleil. »

LETTRE CCCLIII[1].

A M. HOPPNER.

Ravenne, 20 janvier 1820.

« Je n'ai encore rien décidé au sujet de mon séjour à Ravenne; j'y puis rester un jour, une semaine, un an, toute ma vie, tout cela dépend de ce que je ne puis deviner ni prévoir. Je suis venu parce que j'ai été demandé, et je partirai dès que je m'apercevrai que mon départ est convenable. Mon attachement n'a ni l'aveuglement d'un amour naissant, ni la clairvoyance microscopique qui termine ces sortes de liaisons ; mais le tems et l'événement décideront du parti que je prendrai. Je ne puis encore en rien dire, parce que je n'en sais guère plus que ce que je vous en ai dit.

» Je vous ai écrit par le dernier courrier au sujet de mes meubles; car il n'y a pas moyen de trouver ici un logement avec une table et une chaise; et comme j'ai déjà à Bologne des objets de ce genre, que je m'étais procurés l'été dernier pour ma fille, j'ai donné ordre qu'on les transportât ici, et je désire qu'il en soit de même de ceux de Venise, afin que je puisse sortir de l'*albergo imperiale*, qui est impériale dans toute l'étendue du mot. Que Buffini

---

[1] La lettre 352e, adressée à Moore, a été supprimée.

soit payé de son poison. J'ai oublié de vous remercier, ainsi que Mme Hoppner, pour tout un trésor de joujoux envoyés à Allegra avant notre départ ; c'est bien bon à vous, et nous vous en sommes bien reconnaissans.

» Votre triage de la société du gouverneur est fort amusant. Si vous ne comprenez pas les exceptions consulaires, je les comprends, moi ; et il est juste qu'un homme d'honneur et une femme vertueuse en jugent ainsi, surtout dans un pays où il n'y a pas dix personnes de bien. Quant à la noblesse, il n'y a en Angleterre de réellement nobles que les pairs ; les fils de pairs même n'ont pas de titre, quoiqu'on leur en accorde un par courtoisie. Il n'y a pas de chevaliers de la jarretière, à moins qu'ils n'appartiennent à la pairie ; de sorte que Castlereagh lui-même aurait de la peine à subir l'examen d'un généalogiste étranger avant la mort de son père.

» La neige a ici un pied d'épaisseur. Il y a un théâtre et un Opéra. On nous donne *le Barbier de Séville*. — Les bals commencent. Veuillez payer mon portier, quoique ce soit pour ne rien faire. Expédiez-moi mes meubles, et faites-moi savoir par vous-même ou par Cartelli comment vont mes procès ; mais ne payez Cartelli qu'en proportion du succès. Peut-être, si vous allez en Angleterre, nous y reverrons-nous ce printems. Je vois que H*** s'est mis dans un embarras qui ne me plaît guère ; il n'aurait pas dû s'avancer autant avec ces gens-là sans calculer les conséquences. Je me croyais autrefois le plus imprudent de tous mes amis et de toutes mes connaissances ; mais maintenant je commence presque à en douter.

LETTRE CCCLIV.

A M. HOPPNER.

Ravenne, 31 janvier 1820.

« Vous vous serez donné beaucoup de peine pour le déménagement de mes meubles, mais Bologne est le lieu le plus près où l'on puisse s'en procurer, et j'ai été obligé d'en avoir pour les appartemens que je destinais à recevoir ici ma fille durant l'été. Les frais de transport seront au moins aussi grands ; ainsi vous voyez que c'était par nécessité et non par choix. Ici on fait tout venir de Bologne, excepté quelques petits articles de Forli ou de Faënza.

» Si Scott est de retour, rappelez-moi, je vous prie, à son souvenir, et dites-lui que la paresse seule est cause que je ne lui ai pas répondu : — c'est une terrible entreprise que d'écrire une lettre. Le carnaval est ici moins bruyant, mais nous avons des bals et un théâtre. J'y ai mené Bankes, et il a, je crois, emporté une impression beaucoup plus favorable de la société de Ravenne que de celle de Venise : — rappelez-vous que je ne parle que de la société *indigène*.

» Je suis très-sérieusement en train d'apprendre

à doubler un schall, et je réussirais jusqu'à me faire admirer, si je ne le doublais pas toujours dans le mauvais sens, et quelquefois j'en confonds et emporte deux, en sorte que je déconcerte tous les *serventi* [1], laissant d'ailleurs au froid leurs *servite* [2], jusqu'à ce que chacun rentre dans sa propriété. Mais c'est un pays terriblement moral, car vous ne devez pas regarder d'autre femme que celle de votre voisin. — Si vous allez à une porte plus loin, vous êtes décrié, et soupçonné de perfidie. Ainsi, une *relazione* [3] ou *amicizia* [4] semble être une affaire régulière de cinq à quinze ans, qui, s'il survient un veuvage, finit par un *sposalizio* [5]; et, en même tems elle est soumise à tant de règles spéciales, qu'elle n'en vaut guère mieux. Un homme devient par le fait un objet de propriété féminine. — Ces dames ne laissent leurs *serventi* se marier que lorsqu'il y a vacance pour elles-mêmes. J'en connais deux exemples dans une seule famille.

» Hier soir il y eut une loterie **** [6] après l'opéra ; c'est une burlesque cérémonie. Bankes et moi nous prîmes des billets, et plaisantâmes ensemble fort

---

[1] Le lecteur a déjà dû remarquer, et à son défaut nous remarquerons une fois pour toutes, que nous laissons dans notre traduction les expressions italiennes dont Lord Byron aimait à se servir.

[2] Femme qui a un *cavaliere servente*.

[3] Liaison. — [4] Amitié. — [5] Mariage.

(*Notes du Trad.*)

[6] Il y a dans le texte anglais un mot illisible, parce qu'il se trouvait sous le cachet.

(*Note de Moore.*)

gaîment. Il est allé à Florence. Mrs J*** doit vous avoir envoyé mon *postscriptum* ; il n'y a pas eu d'occasion de vous attaquer en personne. Je n'interviens jamais dans les querelles particulières, — elle peut vous égratigner elle-même la figure.

» Le tems ici a été épouvantable, — plusieurs pieds de neige ; — un *fiume*[1] a brisé un pont, et inondé Dieu sait combien de *campi*[2] ; puis la pluie est venue, — et le dégel dure encore, — en sorte que mes chevaux de selle ont une sinécure jusqu'à ce que les chemins deviennent plus praticables. Pourquoi Léga a-t-il donné le bouc ? Le sot. — Il faut que j'en reprenne possession.

» Voulez-vous payer Missiaglia et le Buffo Buffini de la Gran-Bretagna ? J'ai reçu des nouvelles de Moore, qui est à Paris ; je lui avais auparavant écrit à Londres ; mais apparemment il n'a pas encore reçu ma lettre. Croyez-moi, etc. »

LETTRE CCCLV.

A M. MURRAY.

Ravenne, 7 février 1820.

» Je n'ai point reçu de lettre de vous depuis deux mois ; mais depuis que je suis arrivé ici, en décembre 1819, je vous ai envoyé une lettre pour Moore, qui est Dieu sait *où*, — à Paris ou à Londres, à ce que je présume. J'ai copié et coupé *en deux* le troisième chant de *Don Juan*, parce qu'il était trop

---

[1] Fleuve. — [2] Champs. (*Notes du Trad.*)

long; et je vous dis cela d'avance, parce qu'en cas de réglement entre vous et moi, ces deux chants ne compteront que pour *un*, comme dans leur forme originelle; et, en effet, les deux ensemble ne sont pas plus longs qu'un des premiers : ainsi souvenez-vous que je n'ai pas fait cette division pour *vous* imposer une rétribution *double*, mais seulement pour supprimer un motif d'ennui dans l'aspect même de l'ouvrage. Je vous aurais joué un joli tour si je vous avais envoyé, par exemple, des chants de cinquante stances chaque.

» Je traduis le premier chant du *Morgante Maggiore* de Pulci, et j'en ai déjà fait la moitié; mais ces jours de carnaval brouillent et interrompent tout. Je n'ai pas encore envoyé les chants de *Don Juan*, et j'hésite à les publier; car ils n'ont pas la verve des premiers. La criaillerie ne m'a pas effrayé, mais elle m'a *blessé*, et je n'ai plus écrit dès-lors *con amore*. C'est très-décent, toutefois, et aussi triste que *la dernière nouvelle comédie*.

» Je crois que mes traductions de *Pulci* vous ébahiront; il faut les comparer à l'original, stance par stance, et vers par vers; et vous verrez ce qui était permis à un ecclésiastique dans un pays catholique, et dans un siècle dévot, sur le compte de la religion; — puis parlez-en à ces bouffons qui m'accusent d'attaquer la liturgie.

» J'écris dans la plus grande hâte, c'est l'heure du Corso, et je dois aller folâtrer avec les autres.

Ma fille Allegra vient d'arriver avec la comtesse G***, dans la voiture du comte G***; plus, six personnes pour se joindre à la cavalcade, et je dois les suivre avec tout le reste des habitans de Ravenne. Notre vieux cardinal est mort, et le nouveau n'est pas encore nommé ; mais la mascarade continue de même, le vice-légat étant un bon gouverneur. Nous avons eu des gelées et des neiges hideuses, mais tout s'est radouci.

» Votre, etc. »

LETTRE CCCLVI.

A M. BANKES.

Ravenne, 19 février 1820.

« J'ai ici une chambre pour vous dans ma maison comme à Venise, si vous jugez à propos d'en faire usage ; mais ne vous attendez pas à trouver la même enfilade de salles tapissées. Ni les dangers, ni les chaleurs tropicales ne vous ont jamais empêché de pénétrer partout où vous aviez résolu d'aller ; et pourquoi la neige le ferait-elle aujourd'hui ? — La neige italienne ! — fi donc ! — Ainsi, je vous en prie, venez. Le cœur de Tita soupire après vous, et peut-être après vos grands écus d'argent ; et votre camarade de jeux, le singe, est seul et inconsolable.

» J'ai oublié si vous admirez ou tolérez les cheveux rouges, en sorte que j'ai peur de vous montrer ce qui m'approche et m'environne dans cette ville.

Venez néanmoins, — vous pourrez faire à Dante une visite du matin, et je réponds que Théodore et Honoria seront heureux de vous voir dans la forêt voisine. Nous aussi, Goths de Ravenne, nous espérons que vous ne mépriserez pas notre *archi-Goth* Théodoric. Je devrai laisser ces illustres personnages vous faire les honneurs de la première moitié du jour, vu que je n'en ai point du tout ma part, — l'alouette qui me tire de mon sommeil étant oiseau d'après-midi. Mais je revendique vos soirées, et tout ce que vous pourrez me donner de vos nuits. — Eh bien! vous me trouverez mangeant de la viande, comme vous-même ou tout autre cannibale, excepté le vendredi. De plus, j'ai dans mon pupitre de nouveaux chants (et je les donne au diable) de ce que le lecteur bénévole, M. S***, appelle contes de carrefour, et j'ai une légère intention de vous les confier pour les faire passer en Angleterre; seulement je dois d'abord couper les deux chants susdits en trois, parce que je suis devenu vil et mercenaire, et que c'est un mauvais précédent à laisser à mon Mécène Murray, que de lui faire retirer de son argent un trop gros bénéfice. Je suis aussi occupé par *Pulci*;— je le traduis; — je traduis servilement, stance par stance, et vers par vers, — deux octaves par nuit; — même tâche qu'à Venise.

» Voudrez-vous passer chez votre banquier, à Bologne, et lui demander quelques lettres qu'il a pour moi, et les brûler? — Ou bien je le ferai, — ainsi ne les brûlez pas, mais apportez-les, et croyez-moi toujours

» votre très-affectionné, etc.

» *P. S.* Je désire particulièrement entendre de votre bouche quelque chose sur Chypre; — ainsi, je vous en prie, rappelez-vous tout ce que vous pourrez là-dessus. — Bonsoir. »

LETTRE CCCLVII.

A M. MURRAY.

Ravenne, 21 février 1820.

« Les *bull-dogs* me seront très-agréables. Je n'ai que ceux de ce pays, lesquels, quoique bons, n'ont pas autant de ténacité dans la mâchoire et de stoïcisme dans la souffrance, que mes compatriotes d'espèce canine : envoyez-moi-les donc, je vous prie, par la voie la plus prompte; — par mer sera peut-être le mieux. M. Kinnaird vous remboursera, et fera déduction du montant de vos avances sur votre compte ou celui du capitaine Tyler.

» Je vois que le bon vieux roi est allé à son dernier gîte. On ne peut s'empêcher d'être chagrin, quoique la perte de la vue, la vieillesse et la démence, soient supposées être autant de rabais sur la félicité humaine; mais je ne suis point du tout sûr que la dernière infirmité au moins n'ait pas pu le rendre plus heureux qu'aucun de ses sujets.

» Je n'ai pas la moindre pensée d'aller au cou-

ronnement. J'aimerais cependant à en être témoin, et j'ai droit d'y jouer un rôle de marionnette ; mais mon différend avec lady Byron, en tirant une ligne équinoxiale entre moi et les miens sous tout autre rapport, m'empêchera aussi, en cette occasion, d'être dans la même procession. . . . .
. . . .

» J'ai fini une traduction du premier chant de *Morgante Maggiore* de Pulci ; je la transcrirai et vous l'enverrai. C'est le père non-seulement de Whistlecraft, mais de toute la poésie badine d'Italie. Vous devez l'imprimer en regard du texte italien, parce que je désire que le lecteur juge de ma fidélité : c'est traduit stance pour stance, et vers pour vers, sinon mot pour mot. Vous me demandez un volume de mœurs, etc., sur l'Italie. Peut-être suis-je en état d'avoir là-dessus plus de connaissances que beaucoup d'Anglais, parce que j'ai vécu parmi les nationaux, et dans des localités où des Anglais n'ont jamais encore résidé (je parle de la Romagne, et particulièrement de cet endroit-ci) ; mais il y a plusieurs raisons pour lesquelles je ne veux rien imprimer sur un tel sujet. J'ai vécu dans l'intérieur des maisons et dans le sein des familles, tantôt simplement comme *amico di casa*[1], et tantôt comme *amico di cuore*[2] de la dame, et dans l'un et l'autre cas je ne me sens pas autorisé à faire un livre sur ces gens-

---

[1] Ami de la maison. — [2] Ami de cœur.
(*Notes du Trad.*)

là. Leur morale n'est pas votre morale, leur vie n'est pas votre vie; vous ne les comprendriez pas; ce ne sont ni des Anglais, ni des Français, ni des Allemands, que vous comprendriez tous. Chez eux, l'éducation de couvent, l'office des *cavaliers servans*, les habitudes de pensée et de vie sont entièrement différentes de nos mœurs; et plus vous vivez dans l'intimité, plus la différence est frappante, de telle sorte que je ne sais comment vous faire concevoir un peuple qui est à-la-fois modéré et libertin, sérieux par caractère, et bouffon dans ses amusemens, capable d'impressions et de passions tout à-la-fois « soudaines » et « durables » (ce que vous ne trouverez dans aucune autre nation), et qui actuellement n'a point de société (ou de ce que vous nommeriez ainsi), comme vous pouvez le voir par ses comédies : il n'a point de comédie réelle, pas même dans Goldoni, et cela parce qu'il n'y a point de société qui en puisse être la source.

» Les *conversazioni* ne constituent point du tout une véritable société. On va au théâtre pour parler, et en compagnie pour tenir sa langue en repos. Les femmes s'asseoient en cercle, et les hommes se rassemblent en groupes, ou l'on joue au triste *faro* ou au *lotto reale*, et l'on joue petit jeu. A l'académie il y a des concerts comme chez nous, avec une meilleure musique et plus d'étiquette. Ce qu'il y a de mieux, ce sont les bals et les mascarades du carnaval, quand tout le monde devient fou pour six semaines. Après le dîner ou le souper, on improvise des vers et on se plaisante mutuellement ; mais c'est avec une verve de bonne humeur où vous ne pourriez jamais vous mettre, vous autres gens du Nord.

» Dans l'intérieur de la maison, c'est bien mieux. Je dois en savoir quelque chose, ayant assez joliment acquis par expérience une connaissance générale du beau sexe, depuis la femme du pêcheur jusqu'à la *Nobil Dama* que je sers. Ces dames ont un système qui a ses règles, ses délicatesses et son décorum, qui peut ainsi être réduit à une sorte de discipline ou de chasse faite aux cœurs, d'où l'on ne doit se permettre que fort peu d'écarts, à moins qu'on ne désire perdre la partie. Elles sont extrêmement tenaces, et, jalouses comme des furies, elles ne permettent pas même à leurs amans de se marier si elles peuvent les en empêcher, et les gardent toujours, autant que possible, près d'elles en public comme en particulier. Bref, elles transportent le mariage dans l'adultère, et chassent du sixième commandement la particule *non*. La raison en est qu'elles se marient pour leurs parens, et qu'elles aiment pour elles-mêmes. Elles exigent d'un amant la fidélité comme une dette d'honneur, tandis qu'elles paient leur mari comme un homme de commerce, c'est-à-dire pas du tout. Vous entendez éplucher le caractère des personnes de l'un ou l'autre sexe, non par rapport à leur conduite envers leurs maris ou leurs femmes, mais envers leurs maîtresses ou leurs amans. Si j'écrivais un in-quarto, je ne sache pas que je puisse faire plus qu'amplifier ce que je viens de noter ici. Il est à remarquer que, malgré tout ceci, les formes extérieures du plus grand respect sont accordées aux maris, non-seulement par les femmes, mais par leurs *serventi*, — surtout si le mari ne sert lui-même aucune dame (ce qui d'ailleurs n'est pas le cas ordinaire) ; — en sorte que souvent vous prendriez pour parens le mari et le *servente*, — celui-ci faisant la figure d'un homme adopté dans la famille. Quelquefois les dames montent un petit cheval, et s'évadent ou se séparent, ou font une scène ; mais c'est un miracle, en général, et quand elles ne voient rien de mieux à faire ou qu'elles tombent amoureuses d'un étranger, ou qu'il y a quelque autre anamolie pareille, et cela est toujours réputé inutile et extravagant.

» Vous vous informez de la *Prophétie du Dante*; je n'ai pas fait plus de six cents vers, mais je prophétiserai à loisir.

— Je ne sais rien du buste. Aucun camée ou cachet ne peut être ici ou ailleurs, que je sache, taillé dans le bon style. Hobhouse doit écrire lui-même à Thorwaldsen. Le buste a été fait et payé il y a trois ans.

» Dites, je vous prie, à Mrs. Leigh de supplier lady Byron de presser le transfert des fonds. J'ai écrit à ce sujet à lady Byron par ce courrier-ci, à l'adresse de M. D. Kinnaird. »

LETTRE CCCLVIII.

A M BANKES.

Ravenne, 26 février 1820.

« Pulci et moi nous vous attendons avec impatience ; mais je suppose que nous devons laisser agir quelque tems l'attraction des galeries bolonaises. Je ne connais rien en peinture, et m'en soucie presque aussi peu que je m'y connais ; mais pour moi il n'y a rien d'égal à la peinture vénitienne ; — surtout à Giorgione. Je me rappelle très-bien son *Jugement de Salomon*, dans les Mariscalchi, à Bologne. La vraie mère est belle, parfaitement belle. Achetez-la, en employant tous les moyens possibles, et emportez-la avec vous : mettez-la en sûreté ; car soyez assuré qu'il se brasse des troubles pour l'Italie ; et comme je n'ai jamais pu me tenir hors de rang dans ma vie, ce sera mon destin, j'ose dire, que de m'y enfoncer jusqu'à en avoir par-dessus la tête et les oreilles ; mais peu importe ; c'est un motif plus fort pour que vous veniez me voir bientôt.

» J'ai encore de nouveaux romans de Scott (car sûrement ils sont de Scott) depuis que nous ne nous sommes vus, et j'y trouve plaisir de plus en plus. Je crois que je les préfère même à sa poésie, que je lus (soit dit en passant), pour la première fois de ma vie, dans votre chambre, au collége de la Trinité.

» On conserve ici quelques commentaires curieux sur Dante, que vous devrez voir.

» Croyez-moi toujours, etc. »

LETTRE CCCLIX.

A M. MURRAY.

Ravenne, 1ᵉʳ mars 1820.

« Je vous ai envoyé par le dernier courrier la traduction du premier chant du *Morgante Maggiore*, et je désire que vous vous informiez auprès de Rose du mot *sbergo*, c'est-à-dire *usbergo*, que j'ai traduit par *cuirasse* ; je soupçonne qu'il veut dire aussi un *casque*. Maintenant, s'il en est ainsi, lequel des deux sens s'accorde le mieux avec le texte ? J'ai adopté la cuirasse ; mais je serai facile à me rendre aux bonnes raisons. Parmi les nationaux, les uns disent d'une façon, les autres de l'autre ; mais on n'est pas fort sur le toscan dans la Romagne. Toutefois, j'en parlerai demain à Sgricci (le fameux improvisateur), qui est natif d'Arezzo. La comtesse Guiccioli, qui passe pour une jeune dame fort instruite, et le dictionnaire, interprètent le mot par *cuirasse*. J'ai donc écrit *cuirasse* ; mais le *casque* me trotte néanmoins dans la tête, — et je le mettrai fort bien dans le vers : le faut-il ? voilà le point principal. J'en parlerai aussi à la Sposa Spina Spinelli, fiancée florentine du comte Gabriel Rusponi, récemment arrivée de Florence, et je tirerai de quelqu'un le véritable sens.

» Je viens de visiter le nouveau cardinal, qui est arrivé avant-hier dans sa légation. Il paraît être un bon vieillard, pieux et simple, et tout-à-fait différent de son prédécesseur, qui était un bon vivant dans le sens mondain du mot.

» Je vous envoie ci-joint une lettre que j'ai reçue de Dallas il y a quelque tems. Elle s'expliquera elle-même. Je n'y ai pas répondu. Voilà ce que c'est que de faire du bien aux gens. En différentes fois (y compris les droits d'auteur), cet homme a eu environ 1,400 livres sterling de mon argent, et il écrit ce qu'il appelle une œuvre posthume sur mon compte, et une plate lettre où il m'accuse de le maltraiter, quand je n'ai jamais rien fait de pareil. Il est vrai que j'ai interrompu avec lui ma correspondance, comme je l'ai fait presque avec tout le monde; mais je ne puis découvrir comment par-là je me suis mal comporté envers lui.

» Je regarde son épître comme une conséquence de ce que je ne lui ai pas envoyé 100 autres livres sterling, pour lesquelles il m'écrivit il y a environ deux ans, et que je jugeai à propos de garder, parce qu'à mon sens il avait eu sa part de ce dont je pouvais disposer en faveur d'autres personnes.

» Dans votre dernière, vous me demandez ce dont j'ai besoin pour mon usage domestique : je crois que c'est comme à l'ordinaire ; ce sont des *bull-dogs*, de la magnésie, du *soda-powder*, de la poudre dentifrice, des brosses, et toutes choses de même genre qu'on ne peut se procurer ici. Vous demandez encore que je retourne en Angleterre : hélas ! à quel propos ? Vous ne savez pas ce que vous réclamez ; je dois probablement revenir un jour ou l'autre (si je vis), tôt ou tard; mais ce ne sera point par plaisir, et cela ne pourra finir en bien. Vous vous informez de ma santé et de mon HUMEUR en grosses lettres. Ma santé ne peut être très-mauvaise; car je me suis guéri moi-même en trois semaines, par le moyen de l'eau froide, d'une rude fièvre tierce qui n'avait pas quitté durant des mois entiers mon plus vigoureux gondolier, malgré tout le quinquina de l'apothicaire; — chose fort surprenante pour le docteur Aglietti, qui disait que c'était une preuve de la force des fibres, surtout dans une saison si épidémique. Je l'ai fait par dégoût pour le quinquina, que je ne puis supporter; et j'ai réussi, contrairement aux prophéties de tout le monde, en me bornant à ne prendre rien du tout. Quant à l'*humeur*, elle est inégale, tantôt haut, tantôt bas, comme chez les autres personnes, je suppose, et dépend des circonstances.

Envoyez-moi, je vous prie, les nouveaux romans de Walter Scott. Quels en sont les noms et les personnages? Je lis quelques-uns de ses premiers, au moins une fois par jour, pendant une heure ou à-peu-près. Les derniers sont faits trop à la hâte: Scott oublie le nom de Ravenswood, et l'appelle tantôt *Edgar*, et tantôt *Norman*; et Girder, le tonnelier, est écrit tantôt *Gilbert*, et tantôt *John*. Il n'y en a pas assez sur Montrose; mais Dalgetty est excellent, ainsi que Lucy Ashton et sa chienne de mère. Qu'est-ce que c'est qu'*Ivanhoe*? et qu'appelez-vous son autre roman? Est-ce qu'il y en a *deux*? Faites-lui-en écrire, je vous prie, au moins deux par an : il n'est aucune lecture que j'aime autant.

» L'éditeur du *Télégraphe de Bologne*, m'a envoyé un numéro qui contient des extraits de l'*Athéisme réfuté* de M. Mulock (ce nom me rappelle toujours Muley Moloch de Maroc), où se trouve un long éloge de ma poésie et une grande compassion pour mon malheur. Je n'ai jamais pu comprendre quel est le but de ceux qui m'accusent d'irréligion : toutefois ils peuvent aller leur train. Cet homme-ci paraît être mon grand admirateur, ainsi je prends en bonne part ce qu'il dit; comme il a évidemment une intention charitable, à laquelle je ne m'accuse pas moi-même d'être insensible.

» Tout à vous. »

LETTRE CCCLX.

A M. MURRAY.

Ravenne, 5 mars 1820.

« Au cas que, dans votre pays, vous ne trouviez pas aisément sous votre main le *Morgante Maggiore*, je vous envoie le texte original du premier chant, pour le mettre en regard de la traduction que je vous envoyai il y a quelques jours. Il est tiré de l'édition de Naples in-quarto, 1732, — datée *Florence*, néanmoins, par un tour du *métier*, que vous, un des souverains alliés de la profession, comprendrez parfaitement sans plus grande *spiegazione* [1].

» Il est étrange que personne ici ne comprenne la signification précise de *sbergo* ou *usbergo* [2], vieux mot toscan que j'ai traduit par *cuirasse* (mais je ne suis pas sûr qu'il ne veuille pas dire *casque*). J'ai interrogé au moins vingt personnes, savans et ignorans, hommes et femmes, y compris poètes et officiers civils et militaires. Le dictionnaire dit *cuirasse*, mais ne cite aucune autorité; et une dame de mes amies dit positivement *cuirasse*, ce qui me fait douter du fait encore plus qu'auparavant. Ginguené dit *bonnet de fer* avec l'aplomb superficiel d'un Français, en sorte que je ne le crois point. Choisir entre le dictionnaire, la femme italienne et le critique français! — On ne peut pas se fier à leur autorité. Le texte même, qui devrait décider, admet également l'un ou l'autre sens, comme vous le verrez. Interrogez Rose, Hobhouse, Merivale et Foscolo, et votez avec la majorité. Frere est-il bon Toscan? S'il l'est, consultez-le aussi. J'ai tenté, comme vous voyez, d'être aussi exact que j'ai pu. Ceci est ma

---

[1] Explication.

[2] *Usbergo* en italien; *hauberk*, *habergeon*, en anglais; *haubert*, *haubergeon*, en français, viendraient, suivant une note de Moore, de l'allemand *hals-berg*, mot-à-mot, montagne du cou. L'étymologie serait donc pour le sens de *casque*, armure qui surmonte et défend le cou; mais comme les dérivés anglais et français ont pris, par une *catachrèse-synecdoque*, le sens de *cuirasse*, il n'est pas improbable que le dérivé italien ait reçu la même extension. Le doute n'est donc pas résolu.

(*Notes du Trad.*)

troisième ou quatrième lettre ou paquet depuis vingt jours. »

LETTRE CCCLXI.

A M. MURRAY.

Ravenne, 14 mars 1820.

« Je vous envoie ci-joint la *Prophétie du Dante*[1] : nommez-la d'ailleurs *Vision* ou autrement, peu importe. Là où j'ai donné plus d'une leçon (ce que j'ai fait souvent), vous adopterez celle que Gifford, Frere, Rose, Hobhouse, et les autres membres de votre sénat toscan jugeront la meilleure ou la moins mauvaise. La préface expliquera tout ce qui est explicable. Ce ne sont là que les quatre premiers chants : s'ils sont bien accueillis, je continuerai. Soignez, je vous prie, l'impression, et confiez la correction des citations italiennes à quelque homme instruit dans la langue.

» Il y a quatre jours, j'ai versé en voiture découverte, entre la rivière et une chaussée escarpée. — Nous avons eu nos roues mises en pièces, quelques

---

[1] Il y avait primitivement dans ce poème trois vers d'une force et d'une sévérité remarquables, qui ne furent pas publiés, parce que le poète italien contre qui ils étaient dirigés vivait encore. Je les donnerai ici de mémoire.

> The prostitution of his muse and wife,
> Both beautiful, et both by him debased,
> Shall salt his bread and give him means of life.

« La prostitution de sa muse et de sa femme, belles toutes deux, toutes deux déshonorées par lui, salera son pain et le fera vivre.

(*Note de Moore.*)

légères meurtrissures, un étroit passage pour nous échapper, et voilà tout ; mais il n'y a point eu de mal, quoique le cocher, le jockey, les chevaux et le carrosse fussent tous entremêlés comme des macaronis. Cet accident, suivant moi, est dû au cocher, qui a mal mené ; mais celui-ci jure que c'est par une surprise des chevaux. Nous heurtâmes contre une borne sur le bord d'une chaussée escarpée, et nous dégringolâmes. Je sors ordinairement de la ville en voiture, et trouve mes chevaux de selle vers le pont : c'est dans ce trajet que nous avons échoué ; mais je fis ma promenade à cheval, comme à l'ordinaire, après l'accident. On dit ici que nous sommes redevables à saint Antoine de Padoue (sans plaisanter, je vous assure), — qui fait treize miracles par jour, — de ce que nous n'avons pas eu plus de mal. Je ne fais aucune objection à ce que cela soit son quatorzième miracle dans les vingt-quatre heures. Ce saint préside, à ce qu'il paraît, aux voitures versées, et au salut des voyageurs en ce cas ; on lui dédie des tableaux, etc., comme faisaient autrefois les marins à Neptune, d'après *la grande mode romaine*.

» Je me hâte de me dire votre tout dévoué. »

LETTRE CCCLXII.

A M. MURRAY.

Ravenne, 20 mars 1820.

« Je vous ai envoyé par le dernier courrier les quatre premiers chants de la *Vision du Dante*. Vous trouverez ci-joint, *vers pour vers*, en *terza rima* [1], mètre dont vos polissons de lecteurs bretons ne connaissent rien encore, l'épisode de *Françoise de Rimini*. Vous savez qu'elle naquit ici, se maria et fut tuée par son mari, d'après Cary, Boyd et autres autorités pareilles. J'ai fait cela, vers pour vers et rime pour rime, pour essayer la possibilité d'un pareil tour de force dans la poésie anglaise. Vous ferez bien de le joindre aux poèmes que je vous ai déjà envoyés par les trois derniers courriers. Je ne vous permets pas de me jouer le tour que vous fîtes l'an dernier, en mettant en *postscriptum*, à la suite de *Mazeppa*, la prose que je vous avais envoyée, et dont je ne voulais pas la publication, sinon dans un ouvrage périodique, et vous, vous l'adjoignîtes là sans un mot d'explication. Si ce morceau est publié, publiez-le *en regard de l'original*, et avec la traduction de Pulci ou l'imitation de Dante. Je suppose que vous avez maintenant ces deux pièces et le *Don Juan* depuis long-tems [2]. »

---

[1] Voyez la note insérée dans notre édition, au bas de la préface de *la Prophétie du Dante*, tome IV, page 93.

[2] Suit cette traduction de l'épisode de *Françoise de Rimini*, tiré du cinquième chant de *l'Enfer* du Dante; elle ne peut offrir d'intérêt qu'en anglais même, comme objet de comparaison entre les deux poètes et les deux langues. Nous n'avons pas dû, comme nous l'avons déjà remarqué, traduire une traduction : nous n'avons fait exception que pour le *Morgante Maggiore*. Voir tome IV.

(*Notes du Trad.*)

LETTRE CCCLXIV[1].

A M. MURRAY.

Ravenne, 28 mars 1820.

Je vous envoie ci-jointe une *Profession de foi* dont vous voudrez bien vous donner la peine d'accuser réception par le plus prochain courrier. M. Hobhouse doit être chargé d'en surveiller l'impression. Vous pouvez d'ailleurs montrer préalablement la pièce à qui vous voudrez. Je désire savoir ce que sont devenues mes deux épîtres de saint Paul (traduites de l'arménien il y a trois ans ou même davantage), et de la lettre à R—ts, écrite l'automne dernier? Vous n'y avez donné aucune attention. Il y a deux paquets avec ceci.

» *P. S.* J'ai quelque idée de publier les *Essais imités d'Horace*, composés il y a dix ans, — si Hobhouse peut les déterrer parmi les paperasses laissées chez son père, — sauf quelques retranchemens et changemens à faire quand je verrai les épreuves. »

LETTRE CCCLXV.

A M. MURRAY.

Ravenne, 29 mars 1820.

« Vous recevrez ci-jointe une note sur Pope ; j'ai enfin perdu toute patience à entendre l'atroce et ab-

---

[1] La lettre 363ᵉ a été supprimée, parce qu'elle est à peu de chose près la répétition des lettres précédentes adressées à M. Murray, sur *Don Juan*, le *Morgante*, la *Prophétie*. (*Note du Trad*.)

surde jargon que nos présens*** débitent par torrens sur le compte de Pope, et je suis déterminé à y tenir tête, autant qu'il est possible à un seul individu, tant en prose qu'en vers; et du moins la bonne volonté ne me manquera pas. Il n'y a pas moyen de supporter cela plus long-tems; et, si l'on continue, on détruira le peu qui reste de bon style et de goût parmi nous. J'espère qu'il y a encore quelques hommes de goût pour me seconder; sinon je combattrai seul, convaincu que c'est dans l'intérêt de la littérature anglaise.

Je vous ai envoyé dernièrement tant de paquets, vers et prose, que vous serez fatigué d'en payer le port, sinon de les lire. J'ai besoin de répondre à quelques passages de votre dernière lettre, mais je n'ai pas le tems, car il faut me botter et monter en selle, parce que mon capitaine Craigengelt (officier de la vieille armée italienne de Napoléon) attend; ainsi que mon groom et ma bête.

Vous m'avez prodigué la métaphore et je ne sais quoi encore sur le compte de Pulci, sur les mœurs, sur l'usage « d'aller sans vêtemens, comme nos ancêtres saxons. » D'abord, les Saxons « n'allaient pas sans vêtemens; » et, en second lieu, ils ne sont ni mes ancêtres, ni les vôtres; car les miens étaient Normands, et les vôtres, je le sais par votre nom, étaient *Galliques*. Et puis, je diffère d'opinion avec vous sur le « raffinement » qui a banni les comédies de Congreve. Les comédies de *Sheridan* ne sont-elles

pas jouées pour les banquettes? Je *sais*, (en qualité d'*ex-commissaire du théâtre*) que l'*École du Scandale*[1] était la plus mauvaise pièce du répertoire, en fait de recette. Je sais aussi que Congreve cessa d'écrire, parce que Mrs. Centlivre fit déserter ses comédies. Ainsi, ce n'est pas la décence, mais la stupidité qui fait tout cela; car Sheridan est un écrivain aussi *décent* qu'il faut être, et Congreve n'est pas pire que Mrs. Centlivre, dont Wilkes (l'acteur) a dit : « Non-
» seulement son théâtre doit être damné ; mais elle-
» même aussi. » Il faisait allusion à *Un coup hardi pour avoir femme*. Mais enfin, et pour revenir au sujet ; Pulci n'est *point* un écrivain *indécent*, — au moins dans son premier chant, comme vous devez à présent en être assuré par vos propres yeux.

» Vous parlez de *raffinement* : — Êtes-vous tous *plus* moraux? êtes-vous *aussi* moraux? Pas du tout. Je sais, *moi*, ce que c'est que le monde en Angleterre; pour avoir connu moi-même, par expérience, le meilleur, — du moins le plus élevé ; et je l'ai peint partout comme on le trouve en tous lieux.

» Mais revenons. J'aimerais à voir les *épreuves* de ma réponse, parce qu'il y aura quelque chose à retrancher ou à changer. Mais, je vous en prie, faites-la imprimer avec soin. Répondez-moi, quand vous le pourrez commodément. Tout à vous. »

[1] C'est ainsi que l'on traduit généralement le titre du chef-d'œuvre de Sheridan (*School for Scandal*) ; mais le sens est *l'École de la Calomnie*.

[2] Comédie de Mrs. Centlivre. (*Notes du Trad.*)

LETTRE CCCLXVI.

A M. HOPPNER.

Ravenne, 31 mars 1820.

. . . .

« Ravenne continue le même train que je vous ai déjà décrit. *Conversazioni* durant tout le carême, et beaucoup plus agréables qu'à Venise. Il y a de petits jeux de hasard, c'est-à-dire le *faro*, où l'on ne peut mettre plus d'un scheling ou deux, — des tables pour d'autres jeux de cartes, et autant de caquet et de café qu'il vous plaît; tout le monde fait et dit ce qu'il lui plaît, et je ne me rappelle aucun événement désagréable, si ce n'est d'avoir été trois fois faussement accusé de boutade, et une fois volé de six pièces de six *pence* par un noble de la ville, un comte ***. Je ne soupçonnai pas l'illustre délinquant; mais la comtesse V*** et le marquis L*** m'en avertirent directement, et me dirent que c'était une habitude qu'il avait de gripper l'argent quand il en voyait devant lui : mais je ne l'*actionnai* pas pour le remboursement, je me contentai de lui dire que s'il recommençait, je préviendrais moi-même la loi.

» Il doit y avoir un théâtre en avril et une foire, et un opéra, — puis un autre opéra en juin; outre le beau tems, don de la nature, et les promenades à cheval dans la forêt de pins. Mes respects les plus plus profonds à Mrs. Hoppner, et croyez-moi, etc.

» *P. S.* Pourriez-vous me donner une note de ce

qui reste de livres à Venise? Je n'en ai *pas* besoin, mais je veux savoir si le peu qui ne sont pas ici sont là-bas, et n'ont pas été perdus en route. J'espère, et j'aime à croire que vous avez reçu votre vin en bon état, et qu'il est buvable. Allégra est, je crois, plus jolie, mais aussi obstinée qu'une mule et aussi goulue qu'un vautour. Sa santé est bonne, à en juger par son teint, — son caractère tolérable, sauf la vanité et l'entêtement. Elle se croit belle, et veut tout faire comme il lui plaît. »

LETTRE CCCLVII.

A M. MURRAY.

Ravenne, 9 avril 1820.

« Au nom de tous les diables de l'imprimerie, pourquoi n'avez-vous pas accusé réception du second, troisième et quatrième paquets; savoir, de la traduction et du texte de Pulci, des poésies *Dantiques*[1], des observations, etc.? Vous oubliez que vous me laissez dans l'eau bouillante, jusqu'à ce que je sache si ces compositions sont arrivées, ou si je dois avoir l'ennui de les recopier. . . . .
. . . .

» Avez-vous reçu la crême des traductions, *Françoise de Rimini*, épisode de l'*Enfer?* Quoi! je vous ai envoyé un magasin de friperie le mois dernier;

---

[1] Il y a dans le texte *danticles*, mot forgé par Byron pour désigner ses imitations et traductions du Dante : nous nous sommes permis une licence analogue. (*Note du Trad.*)

et vous n'éprouvez aucune sorte de sentiment! Un pâtissier aurait eu une double reconnaissance, et m'aurait remercié au moins pour la quantité.

» Pour rendre la lettre plus lourde, j'y renferme pour vous la circulaire du cardinal-légat (notre Campéius) pour sa *conversazione* de ce soir. C'est l'anniversaire du *tiare*-ment [1] du pape, et tous les chrétiens bien élevés, même ceux de la secte luthérienne, doivent y aller et se montrer civils. Et puis il y aura un cercle, une table de *faro* (pour gagner ou perdre des schelings, car on ne permet pas de jouer gros jeu), et tout le beau sexe, la noblesse et le clergé de Ravenne. Le cardinal lui-même est un bon petit homme, evêque de Muda, et ici légat, — honnête croyant dans toutes les doctrines de l'église. Il garde sa gouvernante depuis quarante ans....... mais il est réputé pour homme pieux et moral.

» Je ne suis pas tout-à-fait sûr que je ne serai point parmi vous cet automne; car je trouve que l'affaire ne va pas — entre les mains des fondés de pouvoir et des légistes — comme elle devrait aller *avec une célérité raisonnée*. On diffère sur le compte des investitures en Irlande.

> Entre le diable et la profonde mer,
> Entre le légiste et le fondé de pouvoir [2],

---

[1] *Tiara-tion* : mot forgé par analogie au mot *coronation*, couronnement; nous avons donc formé un mot selon l'esprit du texte anglais.

[2] Ce sont deux vers dans le texte.

(*Notes du Trad.*)

je me trouve fort embarrassé ; et il y a une si grande perte de tems parce que je ne suis pas sur le lieu même, avec les réponses, les délais, les dupliques, qu'il faudra peut-être que je vienne jeter un coup-d'œil là-dessus : car l'un conseille d'agir, l'autre non, en sorte que je ne sais quel moyen prendre ; mais peut-être pourra-t-on terminer sans moi...

» Votre, etc.

» *P. S.* J'ai commencé une tragédie sur le sujet de Marino Faliero, doge de Venise ; mais vous ne la verrez pas de six ans, si vous n'accusez réception de mes paquets avec plus de vitesse et d'exactitude. Écrivez toujours, au moins une ligne, par le retour du courrier, quand il vous arrive autre chose qu'une pure et simple lettre.

» Adressez directement à Ravenne ; cela économise une semaine de tems et beaucoup de port. »

LETTRE CCCLVIII.

A M. MURRAY.

Ravenne, 16 avril 1820.

« Les courriers se succèdent sans m'apporter de vous la nouvelle de la réception des différens paquets (le premier excepté) que je vous ai envoyés pendant ces deux mois, et qui tous doivent être arrivés depuis long-tems ; et comme ils étaient annoncés dans d'autres lettres, vous devriez au moins dire s'ils sont venus ou non. Je n'espère pas que vous m'écriviez de fréquentes et longues lettres, vu que votre tems est fort occupé; mais quand vous recevez des morceaux qui ont coûté quelque peine pour être composés, et un grand embarras pour être copiés, vous devriez au moins me mettre hors d'inquiétude, en en accusant immédiatement réception, par le retour du courrier, à l'adresse *directe de Ravenne*. Sachant ce que sont les *postes* du continent, je suis naturellement inquiet d'apprendre qu'ils sont arrivés; surtout comme je hais le métier de copiste, à un tel point que s'il y avait un être humain qui pût copier mes manuscrits raturés, il aurait pour sa peine tout ce qu'ils peuvent jamais rapporter. Tout ce que je désire, ce sont deux lignes, où vous diriez : « tel jour, » j'ai reçu tel paquet. » Il y en a au moins six que vous n'avez pas accusés : c'est manquer de bonté et de courtoisie.

» J'ai d'ailleurs une autre raison pour désirer de vous prompte réponse : c'est qu'il se brasse en Italie quelque chose qui bientôt détruira toute sécurité dans les communications, et fera fuir nos Anglais-voyageurs dans toutes les directions, avec le courage qui leur est ordinaire dans les tumultes des pays étrangers. Les affaires d'Espagne et de France ont mis les Italiens en fermentation; et il ne faut pas s'en étonner, ils ont été trop long-tems foulés. Ce sera un triste spectacle pour votre élégant voyageur, mais non pour le résident, qui naturellement désire qu'un peuple se relève. Je resterai, si les nationaux me le permettent, pour voir ce qu'il en adviendra, et peut-être pour prendre rang avec eux, comme Dugald Dalgetty et son cheval, en cas d'affaire : car je regarderai comme le spectacle le plus intéressant du monde, le moment où je verrai les Italiens renvoyer les barbares de toute nation dans leurs cavernes. J'ai vécu assez long-tems parmi eux pour les aimer comme nation plus qu'aucun autre peuple dans le monde ; mais ils manquent d'union, ils manquent de principes, et je doute de leur succès. Toutefois, ils essaieront probablement, et s'ils le font, ce sera une bonne cause. Nul Italien ne peut haïr un Autrichien plus que je ne le fais ; si ce ne sont les Anglais, les Autrichiens me semblent être la plus mauvaise race sous les cieux. Mais je doute, s'il se fait quelque chose, que tout se passe aussi tranquillement qu'en Espagne. Certainement les révolutions ne doivent pas se faire à l'eau-rose, là où les étrangers sont maîtres.

» Écrivez tandis que vous le pouvez, car il ne tient qu'à un fil qu'il n'y ait pas un remue-ménage qui retarde bientôt la malle-poste.

» Votre, etc. »

LETTRE CCCLXIX.

A M. HOPPNER.

Ravenne, 18 avril 1820.

« J'ai fait écrire à Siri et à Willhalm pour qu'ils

m'envoient avec Vincenza, dans une barque, les lits de camp et les épées que je confiai à leurs soins lors de mon départ de Venise. Il y a aussi plusieurs livres de *bonne poudre de Manton* dans une boîte en vernis du Japon ; *mais à moins que* je fusse sûr de les recevoir de V*** sans crainte de saisie, je ne voudrais pas l'aventurer. Je *puis* la *faire entrer ici*, par le moyen d'un employé des douanes, qui m'a offert de la mettre à terre pour moi ; mais j'aimerais à être assuré qu'elle ne courra aucun risque en sortant de Venise. Je ne voudrais pas la perdre pour son poids en or : — il n'y en a pas de pareille en Italie.

» Je vous ai écrit il y a environ une semaine, et j'espère que vous êtes en bonne santé et bonne humeur. Sir Humphrey Davy [1] est ici, et il était hier soir chez le cardinal. Comme j'y avais été le dimanche précédent, et qu'il faisait chaud hier, je n'y suis point allé, ce que j'eusse fait si j'avais pensé y rencontrer l'homme de la chimie. Il m'a fait visite ce matin, et j'irai le chercher à l'heure du *corso*. Je crois qu'aujourd'hui lundi, nous n'avons pas grande *conversazione*, mais seulement la réunion de famille chez le marquis Cavalli, où je vais quelquefois comme *parent*, de sorte que si sir Davy ne demeure pas ici un jour ou deux, nous nous rencontrerons difficilement en public. Le théâtre doit ouvrir en mai, pour la foire, s'il n'y a pas un remue-ménage

---

[1] Célèbre chimiste anglais. (*Note du Trad.*)

dans toute l'Italie à cette époque. — Les affaires d'Espagne ont excité une fièvre constitutionnelle, et personne ne sait comment cela finira : — il est nécessaire qu'il y ait un commencement.

» Votre, etc.

» *P. S.* Mes bénédictions à Mrs. Hoppner. Comment va votre petit garçon? Allegra grandit, et elle a cru en bonne mine et en obstination. »

LETTRE CCCLXX.

A M. MURRAY.

Ravenne, 23 avril 1820.

« Les épreuves ne contiennent pas les *dernières stances du second chant*[1], mais finissent brusquement par la 105ᵉ stance.

» Je vous ai dit, il y a long-tems, que *les nouveaux chants n'étaient pas bons, et je vous en ai donné la raison*. Songez que je ne vous oblige pas à les publier ; vous les supprimerez si vous voulez, mais je ne puis rien changer. J'ai biffé les six stances sur ces deux imposteurs, *** (ce qui, je suppose, vous causera un grand plaisir), mais je ne puis faire davantage. Je ne puis ni rien ajouter, ni rien remplacer ; mais je vous donne la liberté de tout mettre au feu, si vous le voulez, ou de *ne pas* publier, et je crois que c'est assez.

» Je vous ai dit que je continuais à écrire sans

[1] Il est question de *Don Juan*. (*Note du Trad.*)

bonne volonté ; — que j'avais été, non *effrayé*, mais *blessé* par la criaillerie, et que d'ailleurs, quand j'écrivais en novembre dernier, j'étais malade de corps, et dans une très-grande peine d'esprit à propos de quelques affaires particulières. Mais *vous vouliez* avoir l'œuvre : aussi vous l'envoyai-je ; et pour la rendre plus légère, je la *coupai* en deux parts, — mais je ne saurais la rapiécer. Je ne puis saveter. . . . .

— Finissons, car il n'y a pas de remède ; mais je vous laisse absolument libre de supprimer le tout à votre gré.

» Quant au *Morgante Maggiore*, *je n'en supprimerai pas un vers*. Il peut être mis en circulation ou non ; mais toute la critique du monde n'atteindra pas un vers, à moins que ce ne soit pour *vice* de traduction. Or vous dites, et je dis, et d'autres personnes disent que la traduction est bonne ; ainsi donc il faut qu'elle soit mise sous presse telle qu'elle est. Pulci doit répondre de sa propre irréligion : je ne réponds que de la traduction. . . . .
. . . .

» Faites, je vous prie, revoir la prochaine fois par M. Hobhouse les *épreuves* du texte *italien* : cette fois-ci, tandis que je griffonne pour vous, elles sont corrigées par une femme qui passe pour la plus jolie de la Romagne et même des Marches jusqu'à Ancône.

» Je suis content que vous aimiez ma réponse à vos questions sur la société italienne. Il est convenable que vous aimiez *quelque chose*, et le diable vous emporte.

» Mes amitiés à Scott. J'ai une opinion plus haute du titre de chevalier depuis qu'il en a été décoré. Soit dit en passant, c'est le premier poète qui ait été anobli pour son talent dans la Grande-Bretagne : cela n'était arrivé auparavant que chez l'étranger ; mais sur le continent, les titres sont universels et sans valeur. Pourquoi ne m'envoyez-vous pas *Ivanhoe* et le *Monastère*? Je n'ai jamais écrit à sir Walter, car je sais qu'il a mille choses à faire, et moi rien; mais j'espère le voir à Abbotsford avant peu, et je ferai couler son vin clairet avec lui, quoique, devenu abstème en Italie, je n'aie plus qu'une cervelle peu intéressante pour une réunion écossaise *inter pocula*. J'aime Scott et Moore, et tous les bons frères; mais je hais et j'abhorre cette cohue bourbeuse de sangsues que vous avez mise dans votre troupe.

» Votre, etc.

» *P. S.* Vous dites qu'*une moitié* est très-bonne : vous avez *tort*; car, s'il en était ainsi, ce serait le plus beau poème du monde. *Où* donc est la poésie dont la *moitié* soit bonne? Est-ce l'*Énéide*? Sont-ce les vers de Milton? de Dryden? De qui donc, hormis Pope et Goldsmith, dont tout est bon? et encore ces deux derniers sont les poètes que vos poètes de marais voudraient fronder. Mais si, dans votre opinion, la moitié des deux nouveaux chants est bonne, que diable voulez-vous de plus? Non, non — nulle poésie n'est *généralement* bonne; — ce n'est jamais que par bonds et par élans, — et vous êtes heureux de trouver un éclair çà et là. Vous pourriez aussi bien demander *toutes les étoiles* en plein minuit que la perfection absolue en vers.

» Nous sommes ici à la veille d'un *remue-ménage*. La nuit dernière, on a placardé sur tous les murs de la ville : *Vive la république!* et *Mort au pape!* etc., etc. Ce ne serait rien à Londres, où les murs sont privilégiés ; mais ici, c'est autre chose : on n'est pas accoutumé à de si terribles placards politiques. La police est sur le *qui-vive*, et le cardinal paraît pâle à travers sa pourpre. »

24 avril, 1820, huit heures du soir.

« La police a été tout le jour à la recherche des auteurs des placards, mais elle n'a rien pris encore. On doit avoir passé toute la nuit à afficher ; car les *Vive la république!* — *Mort au pape et aux prêtres!* sont innombrables, et collés sur tous les palais : le nôtre en a une abondante quantité. Il y a aussi : *A bas la noblesse!* Quant à cela, elle est déjà assez bas. Vu la violence de la pluie et du vent qui sont survenus, je ne suis pas sorti pour *battre le pays*; mais je monterai à cheval demain, et prendrai mon galop parmi les paysans, qui sont sauvages et résolus, et chevauchent toujours le fusil en main. Je m'étonne qu'on ne soupçonne pas les donneurs de sérénades;

car on joue ici de la guitare toute la nuit, comme en Espagne, sous les fenêtres de ses maîtresses.

» Parlant de politique, comme dit Caleb Quotem, regardez, je vous prie, la *conclusion* de mon *Ode sur Waterloo*, écrite en 1815 ; et, la rapprochant de la catastrophe du duc de Berry en 1820, dites-moi si je n'ai pas un assez bon droit au titre de *vates*[1], dans les deux sens du mot, comme Fitzgerald et Coleridge.

« Des larmes de sang couleront encore[2]. »

» Je ne prétends pas prévoir à cette distance ce qui arrivera parmi vous autres Anglais, mais je prophétise un mouvement en Italie : dans ce cas, je ne sais pas si je n'y mettrai pas la main. Je déteste les Autrichiens, et crois les Italiens scandaleusement opprimés ; et si l'on donne le signal, pourquoi pas ? Je recommanderai « l'érection d'un petit fort à » Drumsnab, » comme Dugald Dalgetty. »

LETTRE CCCLXXI.

A M. MURRAY.

Ravenne, 8 mai 1820.

« Comme vous ne m'avez pas récrit, intention que votre lettre du 7 courant indiquait, je dois présumer que la *Prophétie du Dante* n'a pas été jugée

---

[1] *Vates*, en latin, signifie à-la-fois poète et prophète.
[2] Vers de l'Ode sur Waterloo :
Crimson tears will follow yet.
(*Notes du Trad.*)

meilleure que les pièces qui l'avaient précédée, aux yeux de votre illustre synode. En ce cas, vous éprouvez un peu d'embarras. Pour y mettre fin, je vous répète que vous ne devez pas vous considérer comme obligé ou engagé à publier une composition, par cela seul qu'elle est de *moi*, mais toujours agir conformément à vos vues, à vos opinions ou à celles de vos amis ; et demeurez sûr que vous ne m'offenserez en aucune façon en refusant *l'article*, pour me servir de la phrase technique. Quant aux observations en *prose* sur l'attaque de John Wilson, je n'entends point les faire publier à présent ; et j'envoie des vers à M. Kinnaird (je les écrivis l'an dernier en traversant le Pô) ; vers qu'il *ne faut pas* qu'il publie. Je mentionne cela, parce qu'il est probable qu'il vous en donnera une copie. Souvenez-vous-en, je vous prie, attendu que ce sont de purs vers de société, relatifs à des sentimens et des passions privés. De plus, je ne puis consentir à aucune mutilation ou omission dans l'œuvre de Pulci : le texte original en a toujours été exempt dans l'Italie même, métropole de la chrétienté, et la traduction ne le serait pas en Angleterre, quoique vous puissiez regarder comme étrange qu'on ait permis une telle liberté au *Morgante* pendant plusieurs siècles, tandis que l'autre jour on a confisqué la traduction entière du premier chant de *Childe-Harold*, et persécuté Leoni, le traducteur. — Lui-même me l'écrit, et je le lui aurais dit s'il m'avait consulté avant la publication. Ceci montre combien la politique intéresse plus les hommes dans ces contrées que la religion. Une demi-douzaine d'invectives contre la tyrannie font confisquer *Childe-Harold* en un mois, et vingt-huit chants de plaisanteries contre les moines, les chevaliers et le gouvernement de l'église, sont laissés en liberté pendant des siècles : je transcris le récit de Leoni.

« Non ignorerà forse che la mia versione del 4°
» canto del *Childe-Harold* fu confiscata in ogni parte;
» ed io stesso ho dovuto soffrir vessazioni altrettanto
» ridicole quanto illiberali, ad arte che alcuni versi
» fossero esclusi dalla censura. Ma siccome il di-
» vieto non fa d'ordinario che accrescere la curiosità,
» così quel carme sull' Italia è ricercato più che
» mai, e penso di farlo ristampare in Inghilterra
» senza nulla escludere. Sciagurata condizione di
» questa mia patria ! se patria si può chiamare una
» terra così avvilita dalla fortuna, dagli uomini, da
» se medesima [1]. »

» Rose vous traduira cela. A-t-il eu sa lettre ? je l'ai envoyée dans une des vôtres, il y a quelques

---

[1] « Vous n'ignorez peut-être pas que ma traduction du quatrième chant de *Childe-Harold* a été confisquée partout, et moi-même j'ai dû souffrir des vexations aussi ridicules qu'illibérales, parce que la censure a trouvé quelques vers à retrancher. Mais comme la défense ne fait d'ordinaire qu'accroître la curiosité, ce poème est plus que jamais recherché en Italie, et je songe à le faire réimprimer en Angleterre sans rien retrancher. Malheureuse condition de ma patrie ! si l'on peut nommer patrie une terre avilie par la fortune, par les hommes et par elle-même. »

mois. Je dissuaderai Leoni de publier ce poème; ou bien il peut lui arriver de voir l'intérieur du château Saint-Ange. La dernière pensée de sa lettre est le commun et pathétique sentiment de tous ses compatriotes.

Sir Humphrey Davy était ici la dernière quinzaine, et j'ai joui de sa société chez une fort jolie Italienne de haut rang, qui, pour déployer son érudition en présence du grand chimiste, décrivant sa quatorzième visite au mont Vésuve, demanda « s'il n'y » avait pas un semblable volcan en *Irlande*. » Le seul volcan irlandais que je connusse était le lac de Killarney, que je pensai naturellement être désigné par la dame; mais une seconde pensée me fit deviner qu'elle voulait parler de l'Islande et de l'Hécla : — et il en était ainsi, quoiqu'elle ait soutenu sa topographie volcanique pendant quelque tems avec l'aimable opiniâtreté du beau sexe. Elle se tourna bientôt après vers moi, et m'adressa diverses questions sur la philosophie de sir Humphrey, et j'expliquai aussi bien qu'un oracle le talent qu'il avait déployé dans la construction de la lampe de sûreté contre le gaz inflammable, et dans la restauration des manuscrits de Pompéïa. « Mais comment l'appelez- » vous? dit-elle. — Un grand chimiste, répondis-je. » — Que peut-il faire? reprit-elle. — Presque tout, » lui dis-je. — Oh! alors, *mio caro*, demandez-lui, » je vous prie, qu'il me donne quelque chose pour » teindre mes sourcils en noir. J'ai essayé mille

» choses, et toutes les couleurs s'en vont; et d'ail-
» leurs, mes sourcils ne croissent pas : peut-il in-
» venter quelque chose pour les faire croître? »
Tout cela fut dit avec le plus grand empressement;
et ce dont vous serez surpris, c'est que la jeune Italienne n'est ni ignorante ni sotte, mais vraiment
bien élevée et spirituelle. Mais toutes parlent comme
des enfans quand elles viennnent de quitter leurs
couvens; et, après tout, elles valent mieux qu'un
bas-bleu anglais. Je n'ai pas parlé à sir Humphrey de
ce dernier morceau de philosophie, ne sachant pas
comment il le prendrait. Davy était fort épris de
Ravenne et de l'*italianisme* PRIMITIF du peuple, qui
est inconnu aux étrangers; mais il ne s'est arrêté
qu'un jour.

» Envoyez-moi des romans de Scott et quelques
nouvelles.

» *P. S.* J'ai commencé et poussé jusqu'au second
acte une tragédie sur la conspiration du doge, c'est-
à-dire sur l'histoire de Marino Faliero; mais mes
sentimens actuels sont si peu encourageans sur ce
point, que je commence à croire que j'ai usé mon
talent, et je continue sans grande envie de trouver
une veine nouvelle.

» Je songe quelquefois (si les Italiens ne se sou-
lèvent pas) à retourner en Angleterre dans l'automne, après le couronnement (où je ne voudrais
point paraître, à cause du schisme de ma famille);
mais je ne puis rien décider encore. Le pays doit

être considérablement changé depuis que je l'ai quitté, il y a déjà plus de quatre ans. »

LETTRE CCCLXXII.

A M. MURRAY.

Ravenne, 20 mars 1820.

« Mon cher Murray, mes respects à Thomas Campbell, et indiquez-lui de ma part, avec bonne-foi et amitié, trois erreurs qu'il doit rectifier dans ses *Poètes*. Premièrement, il dit que les personnages du *Guide de Bath* d'Anstey sont pris de Smollett; c'est impossible : — *le Guide* fut publié en 1766 et *Humphrey Clinker* en 1771; — *dunque*, c'est Smollett qui est redevable à Anstey. Secondement, il ne sait pas à qui Cowper fait allusion quand il dit « qu'il » y eut un homme qui *bâtit une église à Dieu, puis* » *blasphéma son nom.* » C'était Voltaire dont veut parler ce calviniste maniaque et poète manqué. Troisièmement, il cite de travers et gâte un passage de Shakspeare.

« Dorer l'or fin, et peindre le lis, etc.[1] »

» Pour *lis*, il met *rose*, et manque en plus d'un mot toute la citation.

» Or, Tom est un bon garçon, mais il doit être correct : car la première faute est une *injustice* (envers Anstey), la seconde un *manque de savoir*, la troisième une *bévue*. Dites-lui tout cela, et qu'il le prenne

---

[1] To gild refined gold and paint lily.

en bonne part ; car j'aurais pu recourir à une Revue et le frotter ; — au lieu que j'agis en chrétien.

» Votre, etc. »

LETTRE CCCLXXIII.

A M. MURRAY.

Ravenne, 20 mars 1820.

» D'abord, et avant tout, vous deviez vous hâter de remettre à *Moore* ma lettre du 2 janvier, que je vous donnais le pouvoir d'ouvrir, mais que je désirais être remise en *hâte*. Vous ne devriez réellement pas oublier ces petites choses, parce que de ces oublis naissent les désagrémens entre amis. Vous êtes un homme excellent, un grand homme, et vous vivez parmi les grands hommes, mais songez, je vous prie, à vos amis et auteurs absens.

» En premier lieu, j'ai reçu *vos paquets*; puis une lettre de Kinnaird, sur la plus urgente affaire : une autre de Moore, concernant une importante communication à lady Byron; une quatrième de la mère d'Allegra; et cinquièmement, à Ravenne, la comtesse G*** est à la veille du divorce.—Mais le public italien est de notre côté, particulièrement les femmes, — et les hommes aussi, parce qu'ils disent qu'il n'avait que faire de prendre la chose à cœur après un an de tolérance. Tous les parens de la comtesse (qui sont nombreux, haut placés et puissans) sont furieux contre lui à cause de sa conduite. Je suis prévenu de me tenir sur mes gardes, parce qu'il est fort capable d'employer les *sicarii*. — Ce mot est aussi latin qu'italien, ainsi vous pouvez le comprendre; mais j'ai des armes, et je ne songe point à ses gueux, persuadé que je pourrai les poivrer s'ils ne viennent pas à l'improviste, et que, dans le cas contraire, on peut finir aussi bien de cette façon qu'autrement; et cela d'ailleurs vous servirait d'avertissement.

« On peut échapper à la corde ou au fusil,
» Mais celui qui prend femme, femme, femme, etc. »

» *P. S.* J'ai jeté les yeux sur les épreuves, mais Dieu sait comment. Songez à ce que j'ai en main, et que le courrier part demain. — Vous souvenez-vous de l'épitaphe de Voltaire ?

« Ci-gît l'enfant gâté, etc. »

» L'original est dans la correspondance de Grimm et Diderot, etc., etc. »

LETTRE CCCLXXIV.

A M. MOORE.

Ravenne, 24 mars 1820.

» Je vous ai écrit il y a peu de jours. Il y a aussi pour vous une lettre de janvier dernier chez Murray; elle vous expliquera pourquoi je suis ici. Murray aurait dû vous la remettre depuis long-tems. Je vous envoie ci-joint une lettre d'une de vos compatriotes résidant à Paris, qui a ému mes entrailles. Vous aurez, si vous pouvez, la bonté de vous enquérir si cette femme m'a dit vrai, et je l'aiderai autant qu'il me sera possible, — mais non pas suivant l'inutile mode qu'elle propose. Sa lettre est évidemment non étudiée, et si naturelle, que l'orthographe même est aussi dans l'état de nature. C'est une pauvre créature, malade et isolée, qui songe pour dernière ressource à nous traduire, vous ou moi, en français! A-t-on jamais eu pareille idée? Cela me semble le comble du désespoir. Prenez, je vous prie, des informations, et faites-les moi connaître; et si vous pouvez tirer *ici* sur moi un billet de quelques centaines de francs, chez votre banquier, j'y ferai honneur comme de raison, — c'est-à-dire, si cette femme n'en impose pas[1]. En ce cas, faites-le moi savoir, afin que je puisse vous faire rembourser par mon banquier Longhi de Bologne, car je n'ai pas moi-même de correspondant à Paris; mais dites à cette femme qu'elle ne nous traduise pas; — si elle le fait, ce sera la plus noire ingratitude.

» J'ai reçu une lettre (non pas du même genre, mais en français et dans un sens de flatterie), de Mme Sophie Gail, de Paris, que je prends pour l'é-

---

[1] Suivant le désir de Byron, j'allai chez la jeune dame, avec un rouleau de quinze ou vingt napoléons, pour le lui présenter de la part de sa seigneurie; mais, avec une fierté honorable, ma jeune compatriote refusa le présent, en disant que Lord Byron s'était mépris sur l'objet de sa demande, qui avait pour but d'obtenir qu'il lui donnât quelques pages de ses ouvrages avant leur publication, la mit ainsi à même de préparer de nouvelles traductions pour les libraires français, et lui fournît le moyen de gagner sa vie.

(*Note de Moore.*)

pouse d'un Gallo-Grec[1] de ce nom. Qui est-elle? et qu'est-elle? et comment a-t-elle pris intérêt à ma poésie et à l'auteur? Si vous la connaissez, offrez-lui mes complimens, et dites-lui que, ne faisant que *lire* le français, je n'ai pas répondu à sa lettre, mais que je l'aurais fait en italien, si je n'eusse craint qu'on n'y trouvât quelque affectation. Je viens de gronder mon singe d'avoir déchiré le cachet de la lettre de Mme Gail, et d'avoir abîmé un livre où je mets des feuilles de rose. J'avais aussi une civette ces jours derniers; mais elle s'est enfuie après avoir égratigné la joue de mon singe, et je suis encore à sa recherche. C'était le plus farouche animal que j'eusse jamais vu, et semblable à *** en mine et en manières.

» J'ai un monde de choses à vous dire; mais comme elles ne sont pas encore parvenues au dénouement je ne me soucie pas d'en commencer l'histoire avant qu'elle ne soit achevée. Après votre départ, j'eus la fièvre; mais je recouvrai la santé sans quinquina. Sir Humphrey Davy était ici dernièrement, et il a beaucoup goûté Ravenne. Il vous dira tout ce que vous pourrez désirer savoir sur ce lieu et sur votre humble serviteur.

» Vos appréhensions (dont Scott est la cause) ne sont pas fondées. Il n'y a point de dommages-inté-

---

[1] Plaisanterie de Lord Byron pour désigner l'helléniste français.
(*Note du Trad.*)

rêts dans ce pays, mais il y aura probablement une séparation; comme la famille de la dame, puissante par ses relations, est fort déclarée contre *le mari* à cause de toute sa conduite;—lui est vieux et obstiné;—elle est jeune, elle est femme, et déterminée à tout sacrifier à ses affections. Je lui ai donné le meilleur avis; savoir, de rester avec lui;—je lui ai représenté l'état d'une femme séparée (car les prêtres ne laissent les amans vivre ouvertement ensemble qu'avec la sanction du mari), et je lui ai fait les réflexions morales les plus exquises,—mais sans résultat. Elle dit : « Je resterai avec lui, s'il vous laisse » près de moi. Il est dur que je doive être la seule » femme de la Romagne qui n'ait pas son *amico*; » mais, s'il ne veut pas, je ne vivrai point avec lui; » et quant aux conséquences, l'amour, etc., etc., etc. » Vous savez comme les femmes raisonnent en ces occasions. Le mari dit qu'il a laissé aller la chose jusqu'à ce qu'il ne pût plus se taire. Mais il a besoin de la garder et de me renvoyer; car il ne se soucie pas de rendre la dot et de payer une pension alimentaire. Les parens de la dame sont pour la séparation; parce qu'ils le détestent,—à la vérité comme tout le monde. La populace et les femmes sont, comme d'ordinaire, pour ceux qui sont dans leur tort, savoir, la dame et son amant. Je devrais me retirer; mais l'honneur, et un érysipèle qui l'a prise, m'en empêchent, — pour ne point parler de l'amour, car je l'aime complétement, toutefois pas assez pour lui conseiller de tout sacrifier à une frénésie. Je vois comment cela finira ; elle sera la seizième Mrs. Shuffleton.

» Mon papier est fini, et ma lettre doit l'être.
» Tout à vous pour toujours.

B.

» P. S. Je regrette que vous n'ayez pas complété les *Italian Fudges*. Dites-moi, je vous prie, comment êtes-vous encore à Paris? Murray a quatre ou cinq de mes compositions entre les mains : — le nouveau *Don Juan*, que son synode d'arrière-boutique n'admire pas; — une traduction *excellente* du premier chant de *Morgante Maggiore* de Pulci; — une *dito* fort brève de Dante, moins approuvée; — la *Prophétie de Dante*, grand et digne poème, etc.; — une furieuse Réponse en prose aux Observations de Blackwood sur *Don Juan*, avec une rude défense de Pope, — propre à faire un remue-ménage. Les opinions ci-dessus signalées sont de Murray et de son stoïque sénat ; — vous formerez la vôtre, quand vous verrez les pièces.

» Vous n'avez pas grande chance de me voir, car je commence à croire que je dois finir en Italie. — Mais si vous venez dans ma route, vous aurez un plat de macaronis. Parlez-moi, je vous prie, de vous et de vos intentions.

» Mes fondés de pouvoir vont prêter au comte Blessington soixante mille livres sterling (à six pour cent), sur une hypothèque à Dublin. Songez seulement que je vais devenir légalement un *absentee* d'Irlande. »

LETTRE CCCLXXV

A M. HOPPNER.

« Un Allemand nommé Ruppsecht m'a envoyé, Dieu sait pourquoi, plusieurs gazettes allemandes dont je ne déchiffre pas un mot ni une lettre. Je vous les envoie ci-jointes pour vous prier de m'en traduire quelques remarques, qui paraissent être de Goëthe, sur *Manfred*; — et si j'en puis juger par deux points d'admiration (que nous plaçons généralement après quelque chose de ridicule), et par le mot *hypochondrisch*, elles ne sont rien moins que favorables. J'en serais fâché, car j'eusse été fier d'un mot d'éloge de Goëthe; mais je ne changerai pas d'opinion à son égard, si rude qu'il puisse être. Me pardonnerez-vous la peine que je vous donne, et aurez-vous cette bonté? — Ne songez pas à rien adoucir. — Je suis un littérateur à l'épreuve, — ayant entendu dire du bien et du mal de moi dans la plupart des langues modernes.

» Croyez-moi, etc. »

LETTRE CCCLXXVI.

A M. MOORE.

Ravenne, 1ᵉʳ juin 1820.

« J'ai reçu une lettre parisienne de W. W. à laquelle j'aime mieux répondre par votre entremise, si ce digne personnage est encore à Paris, et un de vos visiteurs, comme il le dit. En novembre dernier il m'écrivit une lettre bienveillante, où, d'après des raisons à lui propres, il établissait sa croyance à la possibilité d'un rapprochement entre lady Byron et moi. J'y ai répondu comme j'ai coutume; et il m'a écrit une seconde lettre, où il répète son dire, à laquelle lettre je n'ai jamais répondu, ayant mille autres choses en tête. Il m'écrit maintenant comme s'il croyait qu'il m'eût offensé en touchant ce sujet; et je désire que vous l'assuriez que je ne le suis pas du tout, — mais qu'au contraire je suis reconnaissant de sa bonne disposition. En même tems montrez-lui que la chose est impossible. Vous savez cela aussi bien que moi, — et finissons-en.

» Je crois que je vous montrai son épître l'automne dernier. Il me demande si j'ai entendu parler de *mon lauréat*[1] à Paris, — de quelqu'un qui a écrit une « épître sanglante » contre moi; mais est-ce en français ou en allemand? sur quel sujet? je n'en sais rien, et il ne me le dit pas, — hors cette remarque (pour ma propre satisfaction) que c'est la meilleure pièce du volume de l'individu. Je suppose que c'est quelque chose dans le genre accoutumé; — il dit qu'il ne se rappelle pas le nom de l'auteur.

---

[1] Lamartine.

» Je vous ai écrit il y a environ dix jours, et j'attends une réponse de vous quand il vous plaira.

» L'affaire de la séparation continue encore, et tout le monde y est mêlé, y compris prêtres et cardinaux. L'opinion publique est furieuse contre *lui*, parce qu'il aurait dû couper court à la chose dès l'abord, et ne pas attendre douze mois pour commencer. Il a essayé d'arriver à l'évidence, mais il ne peut rien produire de suffisant; car ce qui ferait cinquante divorces en Angleterre, ne suffit pas ici, — il faut les preuves les plus décisives. . . . . .
. . . .

» C'est la première cause de ce genre soulevée à Ravenne depuis deux cents ans; car, quoiqu'on se sépare souvent, on déclare un motif différent. Vous savez que les incontinens du continent sont plus délicats que les Anglais, et n'aiment pas à proclamer leurs couronnes en plein tribunal, même quand il n'y a pas de doute.

» Tous les parens de la dame sont furieux contre lui. Le père l'a provoqué en duel, — valeur superflue, car cet homme ne se bat pas, quoique soupçonné de deux assassinats, — dont l'un est celui du fameux Monzoni de Forli. Avis m'a été donné de ne pas faire de si longues promenades à cheval dans la forêt des Pins, sans me tenir sur mes gardes; aussi je prends mon *stiletto*[1] et une paire de pistolets dans ma poche durant mes courses quotidiennes.

[1] Poignard italien.

» Je ne bougerai pas du pays jusqu'à ce que le procès soit terminé de manière ou d'autre. Quant à *elle*, elle a autant de fermeté féminine que possible, et l'opinion est à tel point contre l'homme, que les avocats refusent de se charger de sa cause, en disant qu'il est bête ou coquin ; — bête s'il n'a pas reconnu la liaison jusqu'à présent; coquin s'il la connaissait, et qu'il ait, dans une mauvaise intention, retardé de la divulguer. Bref, il n'y a rien eu de pareil dans ces lieux, depuis les jours de la famille de Guido di Polenta.

» Si l'homme m'escofie, comme Polonius, dites qu'il a fait une bonne fin de mélodrame. Ma principale sécurité est qu'il n'a pas le courage de dépenser vingt *scudi*[1], — prix courant d'un *bravo* à la main preste ; — autrement il n'y a pas faute d'occasions, car je me promène à cheval dans les bois chaque soir, avec un seul domestique, et quelquefois un homme de connaissance qui depuis peu fait une mine un peu drôle dans les endroits solitaires et garnis de buissons.

» Bonjour. — Écrivez à votre dévoué, etc. »

LETTRE CCCLXXVII.

A M. MURRAY.

Ravenne, 7 juin 1820.

« Vous trouverez ci-joint quelque chose qui vous intéressera, l'opinion du plus grand homme de l'Al-

---
[1] Écus.

lemagne — peut-être de l'Europe — sur un des grands hommes de vos prospectus (tous fameux fiers-à-bras, comme Jacob Tonson avait coutume de nommer ses salariés); — bref, une critique de Goëthe sur *Manfred*. Vous avez à-la-fois l'original et deux traductions, l'une anglaise, l'autre italienne; gardez tout dans vos archives, car les opinions d'un homme tel que Goëthe, favorables ou non, sont toujours intéressantes, — et le sont beaucoup plus quand elles sont favorables. Je n'ai jamais lu son *Faust*, car je ne sais pas l'allemand; mais Mathieu Lewis-le-Moine, en 1816, à Coligny, en a traduit la plus grande partie *viva voce* [1], et naturellement j'en fus très-frappé : mais c'est le Steinbach, la Yungfrau et autres choses pareilles qui me firent écrire *Manfred*. La première scène, néanmoins, et celle de *Faust*, se ressemblent beaucoup. Accusez réception de cette lettre.

» Tout à vous à jamais.

» *P. S.* J'ai reçu *Ivanhoe*; — c'est bon. Envoyez-moi, je vous prie, de la poudre pour les dents et de la teinture de myrrhe de Waite, etc. *Ricciardetto* [2] aurait dû être traduit littéralement, où ne pas l'être du tout. Quant au succès de *Whistlecraft*, il n'est pas possible; je vous dirai quelque jour pourquoi. Cornwall est un poète, mais gâté par les dé-

---

[1] De vive voix.
[2] Poème de Fortiguerra.

testables écoles du siècle. Mrs. Hemans est poète aussi, — mais trop guindée et trop amie de l'apostrophe, — et dans un genre tout-à-fait mauvais. Des hommes sont morts avec calme avant et après l'ère chrétienne, sans l'aide du christianisme; témoins les Romains, et récemment Thistlewood, Sand et Louvel : — « hommes qui auraient dû succomber » sous le poids de leurs crimes, même s'ils avaient » cru. » Le lit de mort est une affaire de nerfs et de constitution, et non pas de religion. Voltaire s'effraya, et non Frédéric de Prusse : les chrétiens pareillement sont calmes ou tremblans, plutôt selon leur force que selon leur croyance. Que veut dire H*** H*** par sa stance! qui est une octave faite dans l'ivresse ou dans la folie. Il devrait avoir les oreilles frappées par le marteau de Thor pour rimer si drôlement. »

Ce qui suit est l'article tiré du *Kunst und Alterthum* [1] de Goëthe, renfermé dans la lettre précédente. La confiance sérieuse avec laquelle le vénérable critique rapporte les créations de son confrère en poésie à des personnes et à des événemens réels, sans faire même la moindre difficulté pour admettre un double meurtre à Florence, et donner ainsi des bases à sa théorie, offre un exemple plaisant de la disposition, prédominante en Europe, à peindre Byron comme un homme de merveilles et de mystères, aussi bien dans sa vie que dans sa poésie. Ce

[1] L'art et l'antiquité.

qui a sans doute considérablement contribué à donner de lui ces idées exagérées et complétement fausses, ce sont les nombreuses fictions qui ont dupé le monde sur le compte de ses voyages romanesques et de ses miraculeuses aventures dans des lieux qu'il n'avait jamais vus [1]; et les relations de sa vie et de son caractère, répandues sur tout le continent, sont à un tel point hors de la vérité et de la nature, que l'on peut mettre en question si le héros réel de ces pages, l'homme de chair et de sang, — l'esprit sociable et pratique, enfin le Lord Byron *Anglais*, avec toutes ses fautes et ses actes excentriques, — ne risque pas de ne paraître, aux imaginations exaltées de la plupart de ses admirateurs étrangers, qu'un personnage ordinaire, non romantique, mais prosaïque.

OPINION DE GOETHE SUR MANFRED.

« La tragédie de Byron, intitulée *Manfred,* a été
» pour moi un phénomène surprenant, qui m'a très-
» vivement intéressé. Ce poète, d'un caractère in-

---

[1] De ce genre sont les relations pleines de toute sorte de circonstances merveilleuses touchant sa résidence dans l'île de Mitylène, ses voyages en Sicile et à Ithaque avec la comtesse Guiccioli, etc., etc. Mais le plus absurde, peut-être, de tous ces mensonges, c'est l'histoire racontée par Pouqueville sur les religieuses conférences du poète dans la cellule du père Paul à Athènes; c'est la fiction encore plus déraisonnable que Rizo s'est permise, en donnant les détails d'une prétendue scène théâtrale qui eut lieu (suivant ce poétique historien) entre Lord Byron et l'archevêque d'Arta, à la tombe de Botzaris, à Missolonghi.

(*Note de Moore.*)

» tellectuel si extraordinaire, s'est approprié mon
» *Faust*, et en a tiré le plus vif aliment pour son hu-
» meur hypocondriaque. Il a fait usage des princi-
» paux ressorts suivant son propre système, pour ses
» propres desseins, ensorte qu'aucun d'eux n'est resté
» le même, et c'est particulièrement sous ce rapport
» que je ne puis assez admirer son génie. Le tout a,
» de cette manière, pris une forme si nouvelle, que
» ce serait une tâche intéressante pour la critique
» que de remarquer, non-seulement les changemens
» que l'auteur a faits, mais leur degré de ressem-
» blance ou de dissemblance avec le modèle origi-
» nal : à propos de quoi je ne puis nier que la som-
» bre ardeur d'un désespoir illimité et excessif finit
» par nous fatiguer. Cependant le mécontentement
» que nous ressentons est toujours lié à l'estime et à
» l'admiration.

» Nous trouvons ainsi dans cette tragédie la quin-
» tessence du plus merveilleux génie né pour être
» son propre bourreau. Lord Byron, dans sa vie et
» dans sa poésie, se laisse difficilement apprécier
» avec justice et équité. Il a assez souvent avoué ce
» qui le tourmente. Il en a fait plusieurs fois le ta-
» bleau ; et à peine éprouve-t-on quelque compas-
» sion pour cette intolérable souffrance, que sans
» cesse il rumine laborieusement. Ce sont, à pro-
» prement parler, deux femmes dont les fantômes
» l'obsèdent à jamais, et qui, dans cette pièce en-
» core, jouent les principaux rôles, — l'une sous le

» nom d'Astarté, l'autre sans forme ou plutôt ab-
» sente, et réduite à une simple voix. Voici l'horri-
» ble aventure qu'il eut avec la première. Lorsqu'il
» était un jeune homme hardi et entreprenant, il
» gagna le cœur d'une dame florentine. Le mari dé-
» couvrit cet amour, et assassina sa femme; mais
» le meurtrier fut la même nuit trouvé mort dans
» la rue, et il n'y eut personne sur qui le soupçon
» put se fixer. Lord Byron s'éloigna de Florence, et
» ces spectres l'obsédèrent désormais toute sa vie.

» Cet événement romanesque est rendu fort pro-
» bable par les innombrables allusions que le poète
» y fait dans ses œuvres; comme, par exemple, lors-
» que tournant sur lui-même ses sombres médita-
» tions, il s'applique la fatale histoire du roi de
» Sparte. Or voici cette histoire : — Pausanias, gé-
» néral lacédémonien, acquiert beaucoup de gloire
» par l'importante victoire de Platée, mais ensuite
» perd la confiance de ses concitoyens par son arro-
» gance, par son obstination, et par de secrètes in-
» trigues avec les ennemis de son pays. Cet homme
» porte avec lui un crime qui pèse sur lui jusqu'à
» la dernière heure : il a versé le sang innocent;
» car, lorsqu'il commandait dans la mer Noire la
» flotte des Grecs confédérés, il s'est épris d'une
» violente passion pour une jeune fille byzantine.
» Après avoir éprouvé une longue résistance, il
» l'obtient enfin de ses parens, et la jeune fille doit
» lui être livrée le soir même; elle désire par mo-

» destie que l'esclave éteigne la lampe, et tandis
» qu'elle marche à tâtons dans les ténèbres, elle la
» renverse. Pausanias se réveille en sursaut, dans
» la crainte d'être attaqué par des assassins, — il
» saisit son épée, et tue sa maîtresse. Cet horrible
» spectacle ne le quitte plus. L'ombre de cette vierge
» le poursuit sans cesse, et il appelle en vain à son
» aide les dieux et les exorcismes des prêtres.

» Certes, un poète a le cœur déchiré quand il choi-
» sit une telle scène dans l'antiquité, qu'il se l'ap-
» proprie, et en charge son tragique portrait. Le
» monologue suivant, qui est surchargé de tristesse
» et d'horreur pour la vie, devient intelligible à
» l'aide de cette remarque. Nous le recommandons
» comme un excellent exercice à tous les amis de la
» déclamation. Le monologue d'Hamlet semble là
» s'être encore perfectionné [1]. »

LETTRE CCCLXXVIII.

A M. MOORE.

Ravenne, 9 juin 1820.

« Galignani vient de m'envoyer l'édition parisienne de vos œuvres (que je lui avais demandée),
et je suis content de voir mes vieux amis avec un
visage français. J'en ai tantôt effleuré la surface ou
pénétré les profondeurs comme l'hirondelle, et j'ai
été aussi charmé que possible. C'est la première fois

---

[1] Suit la citation de ce monologue.

que je voyais les *Mélodies* sans musique ; et, je ne sais pourquoi, je ne puis lire dans un livre de musique : — les notes confondent les mots dans ma tête, quoique je me les rappelle parfaitement pour les chanter. La musique assiste ma mémoire par l'oreille et non par les yeux ; je veux dire que ses croches m'embarrassent sur le papier, mais sont des auxiliaires quand on les entend. Ainsi j'ai été content de voir les mots sans les robes d'emprunt ; — à mon sens, ils n'ont pas plus mauvaise mine dans leur nudité.

» Le biographe a gâché votre vie ; il appelle votre père un vénérable et vieux gentilhomme, et parle d'Addison et des comtesses douairières. Si ce diable d'homme devait écrire ma vie, certainement je lui ôterais la sienne. Puis, au dîner de Dublin, vous avez fait un discours (vous en souvenez-vous, chez Douglas K*** ? « monsieur, il me fit un discours »), — trop complimenteur pour les poètes vivans, et sentant quelque peu l'intention de louer tout le monde. Je n'y suis que trop bien traité, mais . . . .

» Je n'ai reçu de vous aucunes nouvelles poétiques ou personnelles. Pourquoi n'achevez-vous pas un tour italien *des Fudges ?* Je viens de jeter les yeux sur *Little* [1], que j'appris par cœur en 1803, étant alors dans mon quinzième été. Hélas ! je crois que

---

[1] Nom d'un recueil de poésies de Moore.

tout le mal que j'ai jamais causé ou chanté a été dû à ce damné livre que vous fîtes.

» Dans ma dernière, je vous parlais d'une cargaison de poésie que j'ai envoyée à M***, d'après son désir et ses instances ; — et maintenant qu'il l'a reçue, il en fait fi, et la traîne en longueur. Peut-être a-t-il raison. Je n'ai pas une haute opinion d'aucun des articles de mon dernier envoi, sauf une traduction de Pulci, faite mot pour mot et vers pour vers.

» Je suis au troisième acte d'une tragédie, mais je ne sais pas si je la finirai ; je suis, en ce moment, trop occupé par mes propres passions pour rendre justice à celles des morts. Outre les vexations mentionnées dans ma dernière, j'ai encouru une querelle avec les carabiniers ou gendarmes du pape, qui ont fait une pétition au cardinal contre ma livrée, comme trop semblable à leur pouilleux uniforme. Ils réclament surtout contre les épaulettes, que tout le monde chez nous a dans les jours de gala. Ma livrée a des couleurs qui sont conformes à mes armes, et ont été celles de ma famille depuis l'an 1066.

» J'ai fait une réponse tranchante, comme vous pouvez supposer, et j'ai donné à entendre que si quelques hommes de ce respectable corps insultent mes gens, j'en agirai de même près de leurs braves commandans, et j'ai ordonné à mes *bravos*, qui sont au nombre de six, et sont passablement farouches, de se défendre en cas d'agression ; et, les jours de fête et de cérémonies, j'armerai toute la bande, y compris moi-même, en cas d'accidens ou de perfidie. Je m'escrimais autrefois assez joliment à l'épée, chez Angelo ; mais j'aimerais mieux le pistolet, l'arme nationale de nos flibustiers, quoique j'en aie perdu maintenant la pratique. Toutefois, « je puis regarder et dégaîner mon fer. » Cela me fait penser (comme toute l'affaire d'ailleurs) à *Roméo et Juliette* :

« Maintenant, Grégorio, souviens-toi de ton coup de maître. »

Toutes ces discussions, néanmoins, avec le cavalier pour sa femme, et avec les soldats pour ma livrée, sont fatigantes pour un homme paisible qui fait de son mieux pour plaire à tout le monde, et soupire après l'union et la bonne amitié. Écrivez-moi, je vous prie.

» Je suis votre, etc. »

LETTRE CCCLXXIX.

A M. MOORE.

Ravenne, 13 juillet 1820.

» Pour chasser ou accroître votre anxiété irlandaise[1] sur mon embarras, je réponds sur-le-champ à votre lettre ; vous faisant d'avance observer que, comme je suis un auteur de l'embarras, je peux

---

[1] Cette épithète fait allusion à l'expression irlandaise dont Moore s'était servi : *To be in a wisp* pour *to be in a scrape*. (*Note du Tr.*)

m'en tirer. Mais, avant tout, un mot sur le Mémoire; — je n'ai aucune objection à faire; je voudrais qu'une copie correcte en fût dressée et déposée dans des mains honorables, en cas d'accidens arrivés à l'original; car vous savez que je n'en ai pas, que je ne l'ai pas relu, ni même lu ce que j'ai alors écrit; je sais bien que j'écrivis cela avec la ferme intention d'être sincère et vrai dans mon récit, mais non pas d'être impartial; — non, par Dieu! je n'ai pas cette prétention quand je suis ému. Mais je désire donner à toutes les parties intéressées l'occasion de me contredire ou de me rectifier.

» Je ne m'oppose point à ce que l'on montre cet écrit à qui de droit; — ceci, comme toute autre chose, a été écrit pour être lu, bien que beaucoup d'écrits ne parviennent pas à ce but. Par rapport à mon embarras, le pape a prononcé leur séparation. Le décret est arrivé hier de Babylone; — c'étaient elle et ses amis qui le demandaient, en raison de la conduite extraordinaire de son mari (le noble comte). Il s'y est opposé de tout son pouvoir, à cause de la pension alimentaire qui a été assignée, outre la restitution de tous les biens, meubles, voiture, etc., appartenant à la dame. En Italie on ne peut divorcer. Il a insisté pour qu'elle m'abandonnât, et promis de tout pardonner ensuite, même l'adultère, qu'il jure être en pouvoir de prouver par de notables témoins. Mais, dans ce pays, les cours de justice ont de telles preuves en horreur, les Italiens étant d'autant plus délicats en public que les Anglais, qu'ils sont plus passionnés en particulier.

» Les amis et les parens, qui sont nombreux et puissans, lui répliquent : « Vous-même vous êtes
» un sot ou un gredin; — un sot si vous n'avez pas
» vu les conséquences du rapprochement de ces deux
» jeunes gens; — un gredin, si vous y avez prêté
» la main. Choisissez, — mais ne soulevez pas (après
» douze mois de la plus étroite intimité, sous vos
» yeux et avec votre sanction positive) un scandale
» qui ne peut que vous rendre ridicule en la ren-
» dant malheureuse. »

» Il a juré avoir cru que notre liaison était purement amicale, et que j'étais plus attaché à lui qu'à elle, jusqu'à ce qu'une triste démonstration eût prouvé le contraire. A cela on répond que l'auteur de cet embarras n'était pas un personnage inconnu, et que la *clamosa fama*[1] n'avait pas proclamé la pureté de mes mœurs; — que le frère de la dame lui avait écrit de Rome, il y a un an, pour l'avertir que sa femme serait infailliblement égarée par ce feu follet, à moins que lui, légitime époux, ne prît des mesures convenables, lesquelles il avait négligé de prendre, etc., etc.

» Alors il dit qu'il a encouragé mon retour à Ravenne pour voir *in quanti piedi di acqua siamo*[2], et qu'il en a trouvé assez pour se noyer.

[1] La criarde renommée.
[2] A combien de pieds d'eau nous sommes.

> Ce ne fut pas le tout ; sa femme se plaignit.
Procès.— La parenté se joint en excuses, et dit
> Que du docteur venait tout le mauvais ménage ;
> Que cet homme était fou, que sa femme était sage.
> On fit casser le mariage.

» Il n'y a qu'à laisser les femmes seules dans le conflit ; car elles sont sûres de gagner le champ de bataille. La comtesse retourne chez son père, et je ne puis la voir qu'avec de grandes restrictions, telle est la coutume du pays. Les parens se sont bien comportés ; — j'ai offert une donation, mais ils ont refusé de l'accepter, et juré qu'elle ne vivrait pas avec G*** (puisqu'il avait essayé de la convaincre d'infidélité), mais qu'il l'entretiendrait ; et, dans le fait, un jugement a été rendu hier à cet effet. Je suis, sans doute, dans une situation assez mauvaise.

» Je n'ai plus entendu parler des carabiniers qui ont pétitionné contre ma livrée. Ces soldats ne sont pas populaires, et l'autre nuit, dans une petite échauffourée, l'un d'eux a été tué, un autre blessé, et plusieurs mis en fuite par quelques jeunes Romagnols qui sont adroits et prodigues de coups de poignards. Les auteurs du méfait ne sont pas découverts, mais j'espère et crois qu'aucun de mes braves ne s'en est mêlé, quoiqu'ils soient un peu farouches et portent des armes cachées comme la plupart des habitans. C'est cette façon d'agir qui épargne quelquefois beaucoup de procès.

» Il y a une révolution à Naples. Si elle se fait,

elle laissera probablement une carte à Ravenne, en faisant route jusqu'en Lombardie.

» Vos éditeurs semblent vous avoir traité comme moi. M*** a fait la grimace, et presque insinué que mes dernières productions sont *sottes*. Sottes, monsieur ! — Dame, sottes ! je crois qu'il a raison. Il demande l'achèvement de ma tragédie sur *Marino Faliero*, dont rien n'est encore parvenu en Angleterre. Le cinquième acte est presque achevé, mais il est terriblement long ; — quarante feuilles de grand papier, de quatre pages chaque, — environ cent cinquante pages d'impression ; mais tellement pleines « de passe-tems et de prodigalités, » que je le crois ainsi.

» Envoyez-moi, je vous prie, et publiez votre *Poème* sur moi ; et ne craignez point de trop me louer. J'empocherai mes rougeurs.

» *Non actionnable!*—Chantre d'enfer![1] par Dieu ! c'est une injure, — et je ne voudrais pas l'endurer. Le joli nom à donner à un homme qui doute qu'il y ait un lieu pareil.

» Ainsi Mme Gail est partie, — et Mrs. Mahony ne veut pas mon argent. J'en suis content. — J'aime à être généreux sans frais. Mais priez-la de ne point me traduire.

» Oh ! je vous en prie, dites à Galignani que je lui enverrai un sermon s'il n'est pas plus ponctuel. Quel-

---

[1] Nom que Lamartine donne à Byron dans un de ses poèmes.
(*Note du Trad.*)

qu'un retient régulièrement deux et quelquefois quatre de ses *Messagers* dans la route. Priez-le d'être plus exact. Les nouvelles valent de l'or dans ce lointain royaume des Ostrogoths.

» Répondez-moi, je vous prie. J'aimerais beaucoup à partager votre champagne et votre lafitte, mais en général je suis trop Italien pour Paris. Dites à Murray de vous envoyer ma lettre; — elle est pleine d'épigrammes.

» Votre, etc. »

La séparation qui avait eu lieu entre le comte Guiccioli et sa femme, s'était faite à la condition que la jeune dame habiterait, à l'avenir, sous le toit paternel : — en conséquence, Mme Guiccioli quitta Ravenne le 16 juillet, et se retira dans une *villa* appartenant au comte Gamba, et située à environ quinze milles de cette ville. Lord Byron allait la voir rarement, — une ou deux fois peut-être par mois, — et passait le reste de son tems dans une solitude complète. Pour une ame comme la sienne, qui avait tout son monde en elle-même, un tel genre de vie n'aurait peut-être été ni nouveau ni désagréable; mais pour une femme jeune et admirée, qui avait à peine commencé à connaître le monde et ses plaisirs, ce changement, il faut l'avouer, était une expérience fort brusque. Le comte Guiccioli était riche, et la comtesse, comme une jeune épouse, avait acquis sur lui un pouvoir absolu. Elle était fière, et la position de son mari la plaçait à Ravenne dans le rang le plus élevé. On avait parlé de voyager à Naples, à Florence, à Paris; — bref, tout le luxe que la richesse peut donner était à sa disposition.

Maintenant elle sacrifiait volontairement et irrévocablement tout cela pour Lord Byron. Sa splendide maison abandonnée, — tous ses parens en guerre ouverte avec elle, — son bon père se bornant à tolérer par tendresse ce qu'il ne pouvait approuver:— elle vécut alors avec une pension de deux cents livres sterling par an, et n'eut loin du monde, pour toute occupation, que la tâche de se donner à elle-même une éducation digne de son illustre amant, et pour toute récompense, que les rares et courtes entrevues que permettaient les nouvelles restrictions imposées à leur liaison. L'homme qui put inspirer et faire durer un dévoûment si tendre, on peut le dire avec assurance, n'était pas tel qu'il s'est représenté lui-même dans les accès de son humeur fantasque; et d'autre part, l'histoire entière de l'affection de la jeune dame montre combien une femme italienne, soit par nature, soit par suite de sa position sociale, est portée à intervertir le cours ordinaire que suivent chez nous les faiblesses semblables, et comment, faible pour résister aux premières attaques de la passion, elle réserve toute la force de son caractère pour déployer ensuite tant de constance et de dévoûment.

LETTRE CCCLXXX.

A M. MURRAY.

Ravenne, 17 juillet 1820.

» J'ai reçu des livres, des numéros de la *Quarterly*[1], et de la *Revue d'Édimbourg*, ce dont je suis très-reconnaissant; c'est là tout ce que je connais de l'Angleterre, outre les nouvelles du journal de Galignani.

» La tragédie est achevée, mais maintenant vient le travail de la copie et de la correction. C'est un ouvrage fort long (quarante-deux feuilles de grand papier, de quatre pages chaque), et je crois qu'il formera plus de cent quarante ou cent cinquante pages d'impression, outre plusieurs extraits et notes historiques que je veux y joindre en forme d'appendice. J'ai suivi exactement l'histoire. Le récit du docteur Moore est en partie faux, et, somme toute, c'est un absurde bavardage. Aucune des chroniques (et j'ai consulté Sanuto, Sandi, Navagero, et un siége anonyme de Zara, outre les histoires de Laugier, Daru, Sismondi, etc.), ne porte ou même ne fait entendre que le doge demanda la vie; on dit seulement qu'il ne nia pas la conspiration. Ce fut un des grands hommes de Venise. — Il commanda le siége de Zara, — battit quatre-vingt mille Hongrois, en tua huit mille, et en même tems

---

[1] *Quarterly Review.*

ne quitta pas la ville qu'il tenait assiégée ; — prit Capo-d'Istria ; — fut ambassadeur à Gênes, à Rome, et enfin doge ; c'est dans cette magistrature qu'il tomba pour trahison, en entreprenant de changer le gouvernement ; fin que Sanuto regarde comme l'accomplissement d'un jugement, parce que Faliero, plusieurs années auparavant (quand il était podesta et capitaine de Trévise), avait renversé un évêque qui était trop lent à porter le Saint-Sacrement dans une procession. Il « le bâte d'un jugement », comme Thwacum fit Square ; mais il ne mentionne pas si Faliero avait été immédiatement puni pour un acte qui paraîtrait si étrange même aujourd'hui, et qui doit le paraître bien plus dans un âge de puissance et de gloire papale. Il dit que pour ce soufflet le ciel priva le doge de sa raison, et le poussa à conspirer. *Però fu permesso che il Faliero perdette l'intelletto*, etc.[1].

» Je ne sais ce que vos commensaux penseront du drame que j'ai fondé sur cet événement extraordinaire. La seule histoire semblable que l'on trouve dans les annales des nations, est celle d'Agis, roi de Sparte, prince qui se ligua avec les communes[2] contre l'aristocratie, et perdit la vie pour cela. Mais je vous enverrai la tragédie quand elle sera copiée. »

. . . .

---

[1] Il fut donc permis que Faliero perdît l'esprit.

[2] C'est Byron qui est coupable de cet anachronisme de style ; il a employé le mot *commons*.

(*Notes du Trad.*)

LETTRE CCCLXXXI.

A M. MURRAY.

Ravenne, 31 août 1820.

« J'ai donné mon ame à la tragédie (comme vous en même cas); mais vous savez qu'il y a des ames condamnées tout comme des tragédies. Songez que ce n'est pas une pièce politique, quoiqu'elle en ait peut-être l'air; elle est strictement historique. Lisez l'histoire et jugez. « Le portrait d'Ada est celui de sa mère. J'en suis content. La mère a fait une bonne fille. Envoyez-moi l'opinion de Gifford, et ne songez plus à l'archevêque. Je ne puis ni vous envoyer promener ni vous donner cent pistoles ou un meilleur goût : je vous envoie une tragédie, et vous me demandez de « facétieuses épîtres »; vous faites un peu comme votre prédécesseur, qui conseillait au docteur Prideaux de mettre « tant soit peu plus d'*humour*[1] » dans sa *Vie de Mahomet*.

» Bankes est un homme étonnant. Il y a à peine un seul de mes camarades d'école ou de collége qui ne se soit plus ou moins illustré. Peel, Palmerston, Bankes, Hobhouse, Tavistock, Bob Mills, Douglas Kinnaird, etc., etc., ont tous parlé, et fait parler d'eux. . . . .

» Nous sommes ici sur le point de nous battre un peu le mois prochain, si les Huns traversent le Pô,

---

[1] Mot anglais presque intraduisible ; il signifie cette sorte d'esprit moitié bouffon, moitié sérieux, propre au caractère britannique.

(*Note du Trad.*)

et probablement aussi s'ils ne le font. S'il m'arrive mésaventure, vous aurez dans mes manuscrits de quoi faire un livre posthume ; ainsi, je vous prie, soyez civil. Comptez là-dessus ; ce sera une œuvre sauvage, si l'on commence ici. Le Français doit son courage à la vanité, l'Allemand au phlegme, le Turc au fanatisme et à l'opium, l'Espagnol à l'orgueil, l'Anglais au sang-froid, le Hollandais à l'opiniâtreté, le Russe à l'insensibilité, mais l'Italien à la colère ; aussi vous verrez que rien ne sera épargné. »

LETTRE CCCLXXXII.

A M. MOORE.

Ravenne, 31 août 1820.

« Au diable votre *mezzo cammin* [1]. — « La fleur » de l'âge » eût été une phrase plus consolante. D'ailleurs, ce n'est point exact ; je suis né en 1788, et, par conséquent, je n'ai que trente-deux ans. Vous vous êtes mépris sur un autre point : la *boîte à sequins* n'a jamais été mise en réquisition, et ne le sera pas très-probablement. Il vaudrait mieux qu'elle l'eût été ; car alors un homme n'a pas d'obligation, comme vous savez. Quant à une réforme, je me suis réformé, — que voudriez-vous ? « La rébel- » lion était dans son chemin et il la trouva. » Je crois vraiment que ni vous ni aucun homme d'un tempérament poétique ne peut éviter une forte passion de

---

[1] Je l'avais félicité d'être arrivé à ce que Dante appelle le *mezzo cammin* (le milieu de la route) de la vie, l'âge de trente-trois ans.

(*Note de Moore.*)

ce genre : c'est la poésie de la vie. Qu'aurais-je connu ou écrit, si j'avais été un politique paisible et mercantile, ou un lord de la chambre? Un homme doit voyager et s'agiter, ou bien il n'y a pas d'existence. D'ailleurs, je ne voulais être qu'un *cavalier servente*, et n'avais pas l'idée que cela tournerait en roman, à la mode anglaise.

» Quoi qu'il en soit, je soupçonne connaître en Italie une ou deux choses — de plus que lady Morgan n'en a recueillies en courant la poste. Qu'est-ce que les Anglais connaissent de l'Italie, hors les musées et les salons; — et quelque beauté mercenaire *en passant*? Moi, j'ai vécu dans le cœur des maisons, dans les contrées les plus vierges et les moins influencées par les étrangers; — j'ai vu et suis devenu (*pars magna fui* [2]) une partie des espérances, des craintes et des passions italiennes; et je suis presque inoculé dans une famille : c'est ainsi que l'on voit les personnes et les choses telles qu'elles sont.

» Que pensez-vous de la reine? J'entends dire que M. Hoby prétend « qu'il pleure en la voyant, » et qu'elle lui rapelle Jane Shore. »

Sieur Hoby le bottier a le cœur déchiré ;
Car en voyant la reine il songe à Jane Shore ;
En vérité.

---

[1] En français dans le texte.
[2] Æn. lib. II.
[3] Il y a là une suppression de Thomas Moore, dont la pudeur pédan-

» Excusez, je vous prie, cette gaillardise. Où en est votre poème?

» Votre, etc.

» Est-ce vous qui avez fait ce brillant morceau sur Peter Bell ? C'est assez spirituel pour être de vous, et presque trop pour être de tout autre homme vivant. C'était dans Galignani l'autre jour. »

LETTRE CCCLXXXIII.

A M. MURRAY.

Ravenne, 7 septembre 1820.

En corrigeant les épreuves, il faut les comparer au manuscrit, parce qu'il y a diverses leçons. Faites-y attention, je vous prie, et choisissez ce que Gifford préférera. Écrivez-moi ce qu'il pense de tout l'ouvrage.

» Mes dernières lettres vous ont averti de compter sur une explosion par ici; l'on a amorcé et chargé, mais on a hésité à faire feu. Une des villes s'est séparée de la ligue. Je ne puis m'expliquer davantage pour mille raisons. Nos pauvres montagnards ont offert de frapper le premier coup, et de lever la première bannière, mais Bologne est demeurée en repos ; puis c'est maintenant l'automne, et la saison est à moitié passée. « O Jérusalem, Jérusalem ! » Les Huns sont sur le Pô; mais une fois qu'ils l'au-

---

tesque a partout supprimé les phrases et les mots un peu trop lestes pour les chastes ladies. (*Note du Trad.*)

ront passé pour faire route sur Naples, toute l'Italie sera derrière eux. Les chiens! — les loups! — puissent-ils périr comme l'armée de Sennachérib! Si vous désirez publier la *Prophétie du Dante*, vous n'aurez jamais une meilleure occasion. »

LETTRE CCCLXXXIV.

A M. MURRAY.

Ravenne, 11 septembre 1820.

. . . .

« Ce que Gifford dit du premier acte est consolant. L'anglais, le pur anglais sterling [1] est perdu parmi vous, et je suis content de posséder une langue si abandonnée; et Dieu sait comme je la conserve : je n'entends parler que mon valet, qui est du Nottinghamshire, et je ne vois que vos nouvelles publications, dont le style n'est pas une langue, mais un jargon; même votre *** est terriblement guindé et affecté... Oh! si jamais je reviens parmi vous, je vous donnerai une *Baviade et Méviade*, non aussi bonne que l'ancienne, mais mieux méritée. Il n'y a jamais eu une horde telle que vos mercenaires (je n'entends pas seulement les vôtres, mais ceux de tout le monde). Hélas! avec les cockneys [2], les lakistes [3], et les imitateurs de Scott, Moore et By-

---

[1] C'est-à-dire de bon aloi. Nous avons conservé le trope national du texte.

[2] Nom national des badauds anglais, appliqué aux imitateurs citadins des lakistes.

[3] Poëtes de l'école des lacs. (*Notes du Trad.*)

ron, vous êtes dans la plus grande décadence et dégradation de la littérature. Je ne puis y songer sans éprouver les remords d'un meurtrier. Je voudrais que Johnson fût encore en vie pour fustiger ces maroufles! »

LETTRE CCCLXXXV.

A M. MURRAY.

Ravenne, 14 septembre 1820.

« Quoi! pas une ligne? Bien, prenez ce système.

» Je vous prie d'informer Perry que son stupide article [1] est cause que tous mes journaux sont arrêtés à Paris. Les sots me croient dans votre infernal pays, et ne m'ont pas envoyé leurs gazettes, en sorte que je ne sais rien du sale procès de la reine.

» Je ne puis profiter des remarques de M. Gifford, parce que je n'ai reçu que celles du premier acte.

» Votre, etc. »

» *P. S.* Priez les éditeurs de journaux de dire toutes les sottises qu'il leur plaira, mais de ne pas me placer au nombre de ceux dont ils signalent l'arrivée. Ils me font plus de mal par une telle absurdité que par toutes leurs insultes. »

[1] Sur le retour de Byron en Angleterre.

(*Note du Trad.*)

LETTRE CCCLXXXVI.

A M. MURRAY.

Ravenne, 21 septembre 1820.

« Ainsi, vous revenez à vos anciens tours. Voici le second paquet que vous m'avez envoyé, sans l'accompagner d'une seule ligne de bien, de mal ou de nouvelles indifférentes. Il est étrange que vous ne vous soyez pas empressé de me transmettre les observations de Gifford sur le reste. Comment changer ou amender, si je ne reçois plus aucun avis? Ou bien ce silence veut-il dire que l'œuvre est assez bonne telle qu'elle est, ou qu'elle est trop mauvaise pour être réparée? Dans le dernier cas, pourquoi ne le dites-vous pas sur-le-champ, et ne jouez-vous pas franc jeu, quand vous savez que tôt ou tard vous devrez déclarer la vérité.

» *P. S.* — Ma sœur me dit que vous avez envoyé chez elle demander où j'étais, dans l'idée que j'étais arrivé, conduisant un cabriolet, etc., etc., dans la cour du Palais. Me croyez-vous donc un fat ou un fou, pour ajouter foi à une telle apparition? Ma sœur m'a mieux connu, et vous a répondu qu'il n'était pas possible que ce fût moi. Vous auriez pu tout aussi bien croire que je fusse entré sur un cheval pâle, comme la mort dans *l'Apocalypse*. »

LETTRE CCCLXXXVII.

A M. MURRAY.

Ravenne, 23 septembre 1820.

« Demandez à Hobhouse mes *Imitations d'Horace*, et envoyez m'en une épreuve (avec le latin en regard). Cet ouvrage a satisfait complétement au *nonum prematur in annum* [1] pour être mis maintenant au jour : il a été composé à Athènes en 1811. J'ai idée qu'après le retranchement de quelques noms et de quelques passages, il pourra être publié ; et je pourrais mettre parmi les notes mes dernières observations pour Pope, avec la date de 1820. La versification est bonne ; et quand je jette en arrière un regard sur ce que j'écrivais à cette époque, je suis étonné de voir combien peu j'ai gagné. J'écrivais mieux alors qu'aujourd'hui, mais c'est que je suis tombé dans l'atroce mauvais goût du siècle. Si je puis arranger cet ouvrage pour la publication actuelle, en sus des autres compositions que vous avez de moi, vous aurez un volume ou deux de variétés ; car il y aura toutes sortes de rhythmes, de styles, de sujets bons ou mauvais. Je suis inquiet de savoir ce que Gifford pense de la tragédie ; écrivez-moi sur ce point. Je ne sais réellement pas ce que je dois moi-même en penser.

---

[1] Précepte de l'*Art poétique*. Horace conseille aux poètes de conserver leurs œuvres neuf ans dans le portefeuille avant de les produire.

(*Note du Trad.*)

» Si les Allemands passent le Pô, ils seront servis d'une messe selon le bréviaire du cardinal de Retz. *** est un sot, et ne pourrait comprendre cela : Frere le comprendra. C'est un aussi joli jeu de mots que vous puissiez en entendre un jour d'été.

Personne ici ne croit à un mot d'évidence contre la reine. Les hommes du peuple poussent eux-mêmes un cri général d'indignation contre leurs compatriotes, et disent que pour moitié moins d'argent que le procès n'en a coûté, on ferait venir d'Italie tous les témoignages possibles. Vous pouvez regarder cela comme un fait : je vous l'avais dit auparavant. Quant aux rapports des voyageurs, qu'est-ce que c'est que les voyageurs? Moi, j'ai vécu parmi les Italiens ; — je n'ai pas seulement couru Florence, Rome, les galeries et les conversations pendant quelques mois, puis regagné mon pays : — mais j'ai été de leurs familles, de leurs amitiés, de leurs haines, de leurs amours, de leurs conseils et de leur correspondance, dans la région de l'Italie la moins connue des étrangers, — et j'ai été parmi les gens de toutes classes, depuis le *comte* jusqu'au *contadino*, et vous pouvez être sûr de ce que je vous dis. »

LETTRE CCCLXXXVIII.

A M. MURRAY.

Ravenne, 28 septembre 1820.

« Je croyais vous avoir averti, il y a long-tems, que la tragédie n'avait jamais été conçue ou écrite le moins du monde pour le théâtre : je l'ai même dit dans la préface. C'est trop long et trop régulier pour votre théâtre ; les personnages y sont trop peu nombreux, et l'unité trop observée. C'est plutôt dans le genre d'Alfieri que dans vos habitudes dramatiques (soit dit sans prétendre à égaler ce grand homme.) ; mais il y a de la poésie, et ce n'est pas au-dessous de *Manfred*, quoique je ne sache quelle estime on a pour *Manfred*.

» Je suis absent d'Angleterre depuis un tems aussi long que celui durant lequel j'y suis resté alors que je vous voyais si fréquemment. Je revins le 14 juillet 1811, et repartis le 25 avril 1816, en sorte qu'au 28 septembre 1820, il ne s'en faut que de quelques mois que la durée de mon absence n'égale celle de mon séjour. Ainsi, je ne connais le goût et les sentimens du public que par ce que je peux glaner dans les lettres, etc., etc., etc. Au reste, goût et sentimens, tout me semble aussi mauvais que possible.

» J'ai trouvé *Anastasius* excellent : ne l'ai-je pas dit? le journal de Matthews excellentissime ; cela, et Forsyth, et des morceaux de Hobhouse, voilà tout ce que nous avons de vrai et de sensé sur l'Italie. La *Lettre à Julia* est, certes, fort bonne. Je ne méprise pas ***; mais si elle eût tricoté des bas bleus au lieu d'en porter, c'eût été bien mieux. Vous êtes déçus par ce style faux, guindé et plein de friperies, mélange de tous les styles du jour, qui sont tous ampoulés (je n'en excepte pas le mien : — nul n'a plus que moi contribué par négligence à corrompre la langue); mais ce n'est ni de l'anglais ni de la poésie. le tems le prouvera.

» Je suis fâché que Gifford n'ait pas poussé ses remarques au-delà du premier acte : trouve-t-il l'anglais d'aussi bon aloi dans les autres actes qu'il l'a trouvé dans le premier? Vous avez eu raison de m'envoyer les épreuves : j'étais un sot, mais je hais réellement la vue des épreuves ; c'est une absurdité, mais elle vient de la paresse.

» Vous pouvez glisser sans bruit dans le monde les deux chants de *Don Juan*, annexés aux autres. Le drame comme vous voudrez, — le Dante aussi ; mais quant au Pulci, j'en suis fier : c'est superbe ; vous n'avez pas de traduction pareille. C'est la meilleure chose que j'aie faite en ma vie. . . . . . .
. . . .

» *P. S.* La politique ici est toujours farouche et incertaine. Toutefois, nous sommes tous dans nos buffleteries pour « joindre les montagnards s'ils traversent le Forth [1] », c'est-à-dire pour crosser les Autrichiens, s'ils passent le Pô. Les gredins ! — et ce chien de L—l, ne dit-il pas que leurs sujets sont heureux ! Si je reviens jamais, je travaillerai quelques-uns de ces ministres.[2] »

[1] Rivière d'Écosse.
[2] Byron a ajouté à cette lettre du 28 septembre un appendice du 29, que nous avons supprimé comme peu intéressant.

(*Notes du Trad.*)

LETTRE CCCLXXXIX.

A M. MURRAY.

Ravenne, 6 octobre 1820.

« Vous devez avoir reçu tous les actes de *Marino Faliero*, revus et corrigés. Ce que vous dites du pari de 100 guinées fait par quelqu'un qui dit m'avoir vu la semaine dernière, me rappelle une aventure de 1810. Vous pouvez aisément constater le fait, qui est vraiment bizarre.

» A la fin de 1811, je rencontrai un soir chez Alfred mon ancien camarade d'école et de classe, le secrétaire irlandais Peel. Il me raconta qu'en 1810 il avait cru me rencontrer dans Saint-James-Street, mais que nous avions tous deux passé outre sans nous parler. Il parla de cette rencontre, qui fut niée comme chose impossible, puisque j'étais alors en Turquie. Un jour ou deux après, il montra à son frère une personne à l'autre côté de la rue, en disant : « Voici l'homme que j'ai pris pour Byron. » Son frère répondit sur-le-champ : « Comment ! c'est » Byron, et non pas un autre. » Mais ce n'est pas tout : — quelqu'un m'a vu écrire mon nom parmi ceux qui venaient s'informer de la santé du roi alors attaqué de folie. Or, à cette époque, j'étais à Patras, en proie à une fièvre violente que j'avais gagnée de la *malaria* dans les marais près d'Olympia. Si j'étais mort alors, c'eût été pour vous une nouvelle histoire de revenant. Vous pouvez facilement vous assurer de l'exactitude du fait par le témoignage de Peel lui-même qui me l'a raconté en détail. Je suppose que vous serez de l'opinion de Lucrèce, qui nie l'immortalité de l'ame, mais — affirme que « les » surfaces ou cases où les corps sont renfermés, » s'en séparent quelquefois comme les pellicules » d'un oignon, et peuvent être vues dans un état de » parfaite intégrité, en sorte que les formes et les » ombres des vivans et des morts apparaissent fré- » quemment. » . . . .

. . . .

» Votre, etc.

» *P. S.* L'an dernier (en juin 1819), je rencontrai chez le comte Mosti, à Ferrare, un Italien qui me demanda « si je connaissais Lord Byron. » — Je lui dis que non (personne ne se connaît, comme vous savez). — « Eh bien, dit-il, je le connais, » moi ; je l'ai vu à Naples l'autre jour. » — Je tirai ma carte, et lui demandai si c'était ainsi que le nom était écrit ; il me répondit : « Oui. » Je soupçonne que c'était un mauvais chirurgien de la marine, qui suivait une jeune dame en voyage, et se faisait passer pour un lord dans les maisons de poste. » . . .

LETTRE CCCXC.

A M. MURRAY.

Ravenne, 8 octobre 1820.

. . . .

« La lettre de Foscolo est précisément la chose

nécessaire ; premièrement, parce que Foscolo est un homme de génie, et puis, parce qu'il est Italien, et par conséquent le meilleur juge des compositions relatives à l'Italie. En ontre,

« Il est plutôt un antique Romain qu'un Danois. »

c'est-à-dire, il ressemble plus aux anciens Grecs qu'aux modernes Italiens. Quoi qu'il soit « un peu, » comme dit Dugald Dalgetty, « trop sauvage et trop » farouche » (ainsi que Ronald du Brouillard), c'est un homme merveilleux, et mes amis Hobhouse et Rose ne jurent tous deux que par lui, et ils sont bons juges des hommes, et des humanités italiennes.

» Voilà en tout deux voix considérables déjà gagnées. Gifford dit que c'est du bon et pur anglais sterling, et Foscolo dit que les caractères sont vraiment vénitiens. Shakspeare et Otway ont eu un million d'avantages sur moi, outre le mérite incalculable d'être morts depuis un ou deux siècles, et d'être nés tous deux de rien (ce qui exerce une telle attraction sur les aimables lecteurs vivans). Il faut au moins que je conserve le seul avantage qui puisse m'appartenir : — celui d'avoir été à Venise, et d'être entré plus avant dans la couleur locale ; je ne réclame rien de plus.

» Je sais ce que Foscolo veut dire relativement à Calendaro, crachant contre Bertram ; cela est national, — je parle de l'objection. Les Italiens et les Français, avec ces « étendards d'abomination, » ou mouchoirs de poche, crachent çà et là, et partout, — presque à votre face, et par conséquent objectent que c'est une action trop familière pour être transportée sur le théâtre. Mais nous, qui ne crachons nulle part — hors à la face d'un homme quand nous devenons furieux — nous ne pouvons sentir cela : rappelez-vous *Massinger* et le *Sir Giles Overreach* de Kean.

« Seigneur ! ainsi je crache contre toi et ton conseil. »

» D'ailleurs, Calendaro ne crache pas à la face de Bertram ; il crache contre lui, comme j'ai vu les Musulmans le faire quand ils sont dans un accès de colère. De plus, il ne méprise pas, dans le fond, Bertram, quoiqu'il l'affecte, — comme nous faisons tous lorsque nous sommes irrités contre quelqu'un que nous regardons comme notre inférieur. Il est en colère qu'on ne le laisse pas mourir naturellement (quoiqu'il n'ait pas peur de la mort) ; et souvenez-vous qu'il soupçonnait et haïssait Bertram dès le commencement. D'autre part, Israël Bertuccio est un individu plus froid et plus concentré ; il agit par principe et par impulsion ; Calendaro par impulsion et par exemple.

» Il y a aussi un argument pour vous.

» Le doge répète, — c'est vrai, mais c'est parce que la passion le possède, parce qu'il voit différentes personnes, et qu'il est toujours obligé de recourir au motif prédominant dans son esprit. Ses discours sont longs ; — c'est encore vrai, mais j'ai écrit pour le cabinet, et sur le patron français et italien plutôt que sur le vôtre, dont je n'ai pas une haute opinion : car tous vos vieux dramaturges, Dieu sait qu'ils sont assez longs : — regardez tel d'entre eux qu'il vous plaira.

» Je vous rends la lettre de Foscolo, parce qu'elle parle aussi de ses affaires particulières. Je suis fâché de voir un tel homme dans la gêne, parce que je connais ce que c'est ou plutôt ce que c'était. Je n'ai jamais rencontré que trois hommes qui auraient étendu le doigt pour moi ; l'un fut vous-même, l'autre William Bankes, et l'autre un noble personnage mort depuis long-tems ; mais de ces trois hommes le premier fut le seul qui me fit des offres lorsque j'étais réellement bisogneux ; le second le fit de bon cœur, — mais je n'avais pas besoin des secours de Bankes, et dans le cas contraire je ne les aurais même pas acceptés (quoique j'aie de l'amitié et de l'estime pour lui); et le troisième. . . . . [1]

» Ainsi vous voyez que j'ai vu d'étranges choses dans mon tems. Quant à votre offre, c'était en 1815, lorsque je n'étais pas sûr de demeurer avec cinq livres sterling. Je la refusai, mais je ne l'ai pas oubliée, quoique probablement vous l'ayiez oubliée vous-même.

[1] Suppression de Moore.

P. S. Le *Ricciardo* de Foscolo a été prêté, sans avoir eu ses feuilles coupées, à quelques Italiens, maintenant en *villeggiatura,* en sorte que je n'ai pas eu l'occasion d'écouter leur avis ou de lire moi-même l'ouvrage. Ils s'en sont emparés, et parce que c'était de Foscolo, et en raison de la beauté du papier et de l'impression. Si je trouve qu'il prend, je le ferai réimprimer ici. Les Italiens ont de Foscolo une aussi haute opinion que de qui que ce soit au monde, tout divisés et misérables qu'ils sont, sans loisirs à consacrer à la lecture, et n'ayant de tête ni de cœur que pour juger les extraits des journaux français et de la gazette de Lugano.

» Nous nous entre-regardons tous les uns les autres, comme des loups à la poursuite de leur proie, n'attendant que la première occasion pour faire des choses inexprimables. C'est un grand monde dans le chaos, ou ce sont des anges en enfer, tout comme il vous plaira : mais du chaos est sorti le paradis, et de l'enfer — je ne sais quoi ; mais le diable est entré ici, et c'est un rusé compagnon, vous savez.

» Vous n'avez pas besoin de m'envoyer d'autres ouvrages périodiques que la *Revue d'Édimbourg* et la *Quarterly,* et de tems en tems un *Blackwood-Magazine* ou une *Monthly Review*. Quant au reste, je ne me sens jamais assez de curiosité pour porter mon regard au-delà des couvertures. . . . .
. . . .

» Songez que si vous mettiez mon nom à *Don*

Juan dans ces jours d'hypocrisie, les hommes de loi pourraient faire opposition auprès de la chancellerie à mon droit de tutelle sur ma fille, en articulant que c'est une *parodie* : — tels sont les dangers d'une folle plaisanterie. Je n'ai pas su cela d'abord, mais vous pourrez, je crois, en constater l'exactitude, et soyez sûr que les Noël ne laisseraient pas échapper cette occasion. Or, je préfère mon enfant à un poëme, et vous feriez vous-même ainsi, quoique vous en ayez une demi-douzaine........

» Si vous feuilletez les premières pages de l'*Histoire de la Pairie* d'Huntingdon, vous verrez combien Ada fut un nom commun dans les premiers tems des Plantagenet. J'ai trouvé ce nom dans ma propre lignée, sous les règnes de Jean et de Henri, et l'ai donné à ma fille. C'était aussi celui de la sœur de Charlemagne. Il est dans un des premiers chapitres de *la Genèse*, comme nom de la femme de Lamech, et je suppose qu'Ada est le féminim d'Adam. Il est court, ancien, sonore, et a été dans ma famille ; voilà pourquoi je l'ai donné à ma fille. »

LETTRE CCCXCI.

A M. MURRAY.

Ravenne, 12 octobre 1820.

« Par terre et par mer une quantité considérable de livres est arrivée, et je vous en ai obligation et reconnaissance ; mais

Medio de fonte leporum
Surgit amari aliquid, etc.[1]

Ce qui, par interprétation, veut dire :

» Je suis reconnaissant de vos livres, mon cher Murray, mais pourquoi ne m'envoyez-vous pas *le Monastère* de Scott, le seul livre d'auteur vivant en quatre volumes que je voudrais voir au prix d'un *baioccolo*, plus les autres ouvrages du même auteur, et quelques *Revues d'Édimbourg* et *Quarterly-Review*, comme chroniques concises des tems.) Au lieu de cela, voici la ***, poésie de Johnny Keats, et trois romans, par Dieu sait qui, excepté que l'un d'eux porte le nom de Peg***, — fille que je croyais avoir été renvoyée à sa quenouille. Crayon est fort bon ; les *Nouvelles de Hogg* sont dures, mais de *haut-goût*, et bien venues.

» Les livres de voyage coûtent cher, et je n'en ai pas besoin, ayant déjà voyagé moi-même ; d'ailleurs ils mentent. Remerciez l'auteur (masculin ou fémi-

---

[1] Vers d'Horace :

Du sein des jouissances il s'élève quelque chose d'amer.

(*Note du Trad.*)

nin) du *Profligate*[1] pour son présent. Ne m'envoyez plus, je vous prie, en fait de poésie, que ce qui est rare et décidément bon. Il y a sur mes bureaux une telle friperie de Keats et autres semblables, que j'ai honte d'y jeter les regards. Je ne dis rien contre vos révérends ecclésiastiques, votre S**s et votre C**s, — c'est fort beau, mais dispensez-moi, je vous prie, du plaisir. Au lieu de poésie, si vous voulez me favoriser d'un peu de *soda-powder*, je serai enchanté ; mais toute espèce de prose (moins les voyages et les romans qui ne sont pas de Scott), sera bienvenue, surtout les *Contes de mon Hôte*, de Scott, etc. Dans les notes de *Marino Faliero*, il peut être à propos de dire que Benintende n'était pas réellement des *Dix*, mais seulement *grand-chancelier*, office séparé (quoique important); ç'a été une altération arbitraire de ma part. De plus, les doges furent tous enterrés dans l'église Saint-Marc avant Faliero. Il est étrange qu'à la mort de son prédécesseur, André Dandolo, les Dix décrétèrent que tous les doges futurs seraient enterrés avec leurs familles dans leurs propres églises ; — décret que l'on croirait inspiré par une sorte de pressentiment. Ainsi donc, tout ce que je dis des doges ses ancêtres, comme enterrés à Saint-Jean et Saint-Paul, est contraire au fait ; puisqu'ils l'avaient été à Saint-Marc. Faites une note de ceci, et signez-la *Éditeur*.

---

[1] *L'Homme perdu.*

» Comme j'ai de grandes prétentions à l'exactitude, je n'aimerais pas à être plaisanté, même sur de telles bagatelles, sous ce rapport. Quant au drame, on en peut gloser comme on voudra ; mais non pas de mon *costume* et de mes *dramatis personæ* [1], qui ont eu une existence réelle.

» Dans les notes j'ai omis Foscolo sur ma liste des illustres Vénitiens vivans ; je le considère comme un auteur italien en général, et non comme un pur provincial ainsi que les autres ; et en tant qu'Italien, il a eu son mot dans la préface du quatrième chant de *Childe-Harold*.

» Quant à la traduction française de mes œuvres, — *oimè ! oimè* [2] ! — Pour la traduction allemande, je ne la comprends pas, ni la longue dissertation annexée à la fin sur les Faust. Excusez-moi de me hâter. Quant à la politique, il n'est pas prudent d'en parler, mais rien n'est encore décidé.

» Je suis fort en colère de ne pas avoir *le Monastère* de Scott. Vous êtes trop libéral de vos envois en fait de quantité, et vous inquiétez trop peu de la qualité. J'avais déjà tous les numéros de la *Quarterly* (au nombre de quatre), et douze de la *Revue d'Édimbourg* ; mais peu importe, nous en aurons de nouveaux bientôt. Plus de Keats, je vous en conjure : — déchirez-le tout vivant ; si quelqu'un

---

[1] Formule latine adoptée en anglais pour désigner les personnages.
[2] Hélas ! hélas !

(*Notes du Trad.*)

d'entre vous ne le fait pas, je l'écorcherai moi-même. Il n'y a pas moyen de supporter les niaises stupidités de ce vain idiot.

» Je ne me sens pas disposé à m'occuper encore de *Don Juan*. Que croyez-vous que disait l'autre jour une jolie Italienne ? Elle l'avait lu en français, et m'en faisait ses complimens avec les restrictions de rigueur. Je répondis que ce qu'elle disait était vrai, mais que je soupçonnais que *Don Juan* vivrait plus long-tems que *Childe-Harold*. — « Ah ! (dit-elle)
» j'aimerais mieux la renommée de *Childe-Harold*
» pour trois ans, qu'une immortalité due à *Don*
» *Juan !* » — La vérité est que c'est trop vrai, et les femmes détestent maintes choses qui arrachent les oripeaux du sentiment; et elles ont raison, puisqu'elles seraient dépouillées de leurs armes. Je n'ai point connu de femme qui n'eût en horreur les *Mémoires du chevalier de Grammont*, pour la même raison; même lady*** avait coutume de les calomnier.

» Je n'ai pas reçu l'ouvrage de Rose. Il a été saisi à Venise. Tel est le libéralisme des Huns, avec leur armée de deux cent mille hommes, qu'ils n'osent pas laisser circuler un volume tel que celui de Rose. »

LETTRE CCCXCII.

A M. MURRAY.

Ravenne, 16 octobre 1820.

» *L'abbé*[1] vient d'arriver ; mille remercîmens, ainsi que pour *le Monastère*,—quand vous me l'enverrez ! ! !

» *L'Abbé* sera pour moi d'un intérêt plus qu'ordinaire, car un de mes ancêtres maternels, sir J. Gordon de Gight, le plus bel homme de son siècle, mourut sur l'échafaud à Aberdeen, pour sa fidélité à Marie Stuart, dont il était le parent; et dont on le prétendait aussi l'amant. Son histoire a été longuement traitée par les chroniques du tems. Si je ne me trompe, il fut mêlé à l'évasion de la reine du château Loch-Leven, ou à sa captivité dans ce même château-fort. Mais vous savez cela mieux que moi.

» Je me rappelle Loch-Leven comme un souvenir d'hier. Je le vis en allant en Angleterre en 1798, à l'âge de dix ans. Ma mère, qui était aussi orgueilleuse que Lucifer d'appartenir à une branche des Stuarts, et de descendre en ligne directe des vieux Gordons, non des Seyton-Gordons, comme elle nommait avec dédain la branche ducale, me raconta l'histoire, en me rappelant toujours combien les Gordons, ses aïeux, étaient supérieurs aux Byrons du Sud;—nonobstant notre descendance normande et

---

[1] Roman de Walter Scott. (*Note du Trad.*)

toujours perpétuée de mâle en mâle, sans tomber jamais en quenouille, comme a fait la lignée de ces Gordons dans la propre personne de ma mère.

» Je vous ai depuis peu si souvent écrit, que cette courte lettre sera sans doute bien venue. »

» Votre, etc. »

LETTRE CCCXCIII.

A M. MURRAY.

Ravenne, 17 octobre 1820.

« Je vous envoie ci-joint la dédicace de *Marino Faliero* à Goëthe. Informez-vous s'il a ou non le titre de baron. Je crois que oui. Faites-moi connaître votre opinion.

» *P. S.* Faites-moi savoir ce que M. Hobhouse et vous avez décidé sur les deux lettres en prose et leur publication.

» Je vous envoie aussi un abrégé italien de l'appendix du traducteur allemand de Manfred, où vous verrez cité ce que Goëthe dit du corps entier des poètes anglais (et non de moi en particulier.) C'est là-dessus que la dédicace se fonde, comme vous le verrez, quoique j'y eusse songé auparavant; car je regarde Goëthe comme un grand homme. »

La singulière dédicace envoyée avec cette lettre n'a pas encore été publiée, ni n'est parvenue, que je sache, entre les mains de l'illustre Allemand. Elle est écrite dans le style le plus fantasque et le plus ironique que le poète ait jamais manié ; et la sévérité immodérée avec laquelle il y traite les objets favoris de sa colère et de sa moquerie, me force de priver le lecteur de quelques passages fort amusans [1].

DÉDICACE AU BARON GOETHE.

« Monsieur,

» Dans l'appendix d'un ouvrage anglais, traduit depuis peu en allemand et publié à Leïpsik, un jugement de vous sur la poésie anglaise est cité dans les termes suivans : « Dans la poésie anglaise, on
» trouve un grand génie, une puissance universelle,
» un sentiment de profondeur, avec assez de ten-
» dresse et de force ; mais ces qualités ne constituent
» pas tout-à-fait le poète. »

» Je regrette de voir un grand homme tomber dans une grande erreur. Une telle opinion de votre part prouve seulement que le *Dictionnaire des dix mille auteurs anglais vivans*, n'a pas été traduit en allemand. Vous aurez lu, dans la version de votre ami Schlegel, le dialogue de *Macbeth* :

Ils sont dix mille !

MACBETH.

Dix mille *oies*, coquin ?

Réponse.

Dix mille *auteurs*, seigneur.

» Or, sur ces dix mille auteurs, il y a présente-

---

[1] Le lecteur aura encore ici une grande reconnaissance pour la réserve de M. Moore !!! (*Note du Trad.*)

ment dix-neuf cent quatre-vingt-sept poètes, tous vivans en ce moment, quels que soient devenus leurs ouvrages, ce que leurs libraires savent bien; et parmi eux il y en a plusieurs qui possèdent une bien plus grande réputation que la mienne, quoique considérablement moindre que la vôtre. C'est à la négligence de vos traducteurs allemands que vous devez de ne pas soupçonner les œuvres de. . . . . .
. . . .
Il y en a encore un autre nommé. . . . .
. . . .

» Je mentionne ces poètes par forme d'exemple, pour vous éclairer. Ils ne constituent que deux briques de notre Babel (briques de Windsor, soit dit en passant); mais ils peuvent servir comme spécimen de l'édifice.

» Vous avancez, de plus, « que ce caractère do-
» minant de l'ensemble de la poésie anglaise ac-
» tuelle, est le dégoût et le mépris de la vie. » Mais je soupçonne plutôt que, par un seul ouvrage en prose, vous, oui, vous-même, avez excité un plus grand mépris pour la vie que tous les volumes anglais de poésie qui aient été jamais écrits. Mme de Staël dit « que Werther a occasioné plus de suicides
» que la plus belle femme », et je crois réellement qu'il a mis plus d'individus hors de ce monde que Napoléon lui-même, — excepté dans l'exercice de sa profession. Peut-être, illustre baron, le jugement acrimonieux porté par un célèbre journal du Nord

sur vous en particulier, et sur les Allemands en général, vous a autant indisposé contre la poésie que contre la critique de l'Angleterre. Mais vous ne devez pas avoir égard à nos critiques, qui sont au fond de bons vivans, — et vu leurs deux professions, — car ils font la loi, et puis l'appliquent. Personne ne peut déplorer leur jugement précipité et injuste à votre égard, plus que je ne le fais moi-même; et j'ai exprimé mes regrets à votre ami Schlegel, en 1816, à Coppett.

» Dans l'intérêt de mes dix mille frères vivans, et dans le mien propre, j'ai pris ainsi en considération une opinion relative à la poésie anglaise en général, opinion qui méritait d'être remarquée, puisqu'elle était de vous.

» Mon principal but en m'adressant à vous, a été de témoigner mon sincère respect et mon admiration pour un homme qui, pendant un demi-siècle, a conduit la littérature d'une grande nation, et qui passera à la postérité comme le premier caractère littéraire de son tems.

» Vous avez été heureux, monsieur, non-seulement par les écrits qui ont illustré votre nom, mais par ce nom même, suffisamment musical pour être articulé par la postérité. En ceci vous avez l'avantage sur quelques-uns de vos compatriotes, dont les noms seraient peut-être immortels aussi, — si l'on pouvait les prononcer. On pourrait peut-être supposer, d'après ce ton apparent de légèreté, que j'ai l'inténtion de vous manquer de respect; mais ce serait une erreur; je suis toujours égrillard en prose. Vous considérant, comme je le fais, avec une conviction réelle et ardente, tant dans votre propre pays que chez la plupart des autres nations, comme la plus haute supériorité littéraire qui ait existé en Europe depuis la mort de Voltaire, j'ai senti et sens encore le désir de vous dédier l'ouvrage suivant,—non comme tragédie ou comme poème (car je ne puis prononcer s'il doit avoir l'une ou l'autre qualification, ou même n'avoir ni l'une ni l'autre), mais comme marque d'estime et d'admiration de la part d'un étranger envers un homme qui a été salué en Allemagne le Grand Goëthe.

» J'ai l'honneur d'être, avec le plus sincère respect, votre très-obéissant et très-humble serviteur.

BYRON.

Ravenne, 14 octobre 1820.

» *P. S.* Je m'aperçois qu'en Allemagne ainsi qu'en Italie, il y a un grand débat sur ce qu'on nomme le *classique* et le *romantique*,—termes qui n'étaient point des objets de classification en Angleterre, du moins quand je l'ai quittée, il y a quatre ou cinq ans. Quelques écrivassiers anglais, il est vrai, ont outragé Pope et Swift, mais la raison en est qu'ils ne savaient eux-mêmes écrire ni en prose ni en vers; mais on ne les a pas crus dignes de former une secte. Peut-être quelque distinction de ce genre est-elle née depuis peu, mais je n'en ai pas beaucoup entendu parler, et ce serait la preuve d'un si mauvais goût, que je serais fâché d'y croire. »

LETTRE CCCXCIV

A M. MOORE.

Ravenne, 17 octobre 1820.

» Vous me devez deux lettres, — acquittez-vous. Je désire savoir ce que vous faites. L'été est passé, et vous retournerez à Paris. A propos de Paris, ce n'était pas Sophie *Gail*, mais Sophie *Gay*, — le mot anglais *Gay*[1], — qui était entrée en correspondance avec moi[2]. Pouvez-vous me dire qui elle est, comme vous le fites de défunte *** ?

» Avez-vous continué votre poème? J'ai reçu la traduction française du mien. Pensez seulement à être traduit dans une langue étrangère sous un si abominable travestissement!!! . . . .

» Avez-vous fait copier mon Mémoire? J'en ai commencé une continuation. Vous l'enverrai-je telle qu'elle est maintenant?

» Je ne puis rien vous dire sur l'Italie, car le

---

[1] *Gay*, qui est le même mot que *Gai* en français.

(*Note du Trad.*)

[2] Je m'étais mépris * sur le nom de la dame dont Byron s'informait, et lui avais répondu qu'elle était morte. Mais en recevant cette lettre-ci, je découvris qu'il s'agissait de Mme Sophie Gay, mère d'une personne aussi célèbre par sa poésie que par sa beauté, Mlle Delphine Gay.

(*Note de Moore.*)

* C'était Byron et non Moore qui s'était mépris. Voir la lettre 294. (*Note du Trad.*)

gouvernement me regarde ici d'un œil soupçonneux, comme j'en suis bien informé. Pauvres gens! — comme si moi, étranger solitaire, je pouvais leur faire quelque mal. C'est parce que j'aime avec passion le tir de la carabine et du pistolet; car ils ont pris l'alarme à la quantité de cartouches que je consommais, — les benêts !

» Vous ne méritez pas une longue lettre, — pas même la moindre lettre, à cause de votre silence. Vous avez un nouveau Bourbon, ce me semble, que l'on a baptisé *Dieu-Donné* [1]. — Peut-être l'honneur du présent est susceptible de contestation. . . . .
. . . .

» La reine a fourni un joli thème aux journaux. Publia-t-on jamais pareille évidence? C'est pire que *Little* ou *Don Juan*. Si vous ne m'écrivez bientôt, je vous ferai une querelle. »

LETTRE CCCXCV.

A M. MURRAY.

Ravenne, 25 octobre 1820.

« Pressez, je vous prie, la remise du paquet ci-joint à lady Byron. C'est pour affaires.

» En vous remerciant pour *l'Abbé*, j'ai commis quatre grandes erreurs. Sir John Gordon n'était pas de Gight, mais de Bogagight; il périt non pour sa fidélité, mais dans une insurrection. Il n'eut aucun

---

[1] On sait que ce mot composé, traduit du latin *Deodatus*, veut dire, à proprement parler, *donné par Dieu*. (*Note du Trad.*)

rapport avec les événemens de Loch-Leven ; car il était mort quelque tems avant l'époque de l'emprisonnement de la reine : et quatrièmement je ne suis pas sûr qu'il ait été ou non l'amant de la reine ; car Robertson n'en dit rien, tandis que Walter Scott place Gordon dans la liste qu'à la fin de *l'Abbé* il donne des admirateurs de Marie (comme ayant tous été malheureux.)

» J'ai dû commettre toutes ces méprises en me rappelant le récit de ma mère sur ce sujet, quoiqu'elle fût plus exacte que je ne suis, et se piquât de précision sur les points de généalogie, comme toute l'aristocratie écossaise.

» Votre, etc.

» *P. S.* Vous avez bien fait de ne pas publier la prose destinée aux *Blackwood's* et *Robert's Magazines*, excepté ce qui concerne Pope ; — vous avez laissé le tems se passer. »

Le pamphlet en réponse au *Blackwood's Magazine*, dont il est ici question, fut occasioné par un article inséré dans cet ouvrage périodique, sous le titre de *Remarques sur Don Juan*, et, quoique mis sous presse par M. Murray, ne fut jamais publié. L'auteur de l'article ayant, à propos de certains passages de *Don Juan*, pris occasion d'exprimer quelques censures sévères sur la conduite conjugale du poète, Lord Byron, dans sa réplique, entre dans quelques détails sur ce pénible sujet ; et les extraits suivans de sa défense, si l'on doit nommer défense une réponse à des griefs qui n'ont jamais été définis, — seront lus avec un vif intérêt.

» Mon savant confrère poursuit : « C'est en vain,
» dit-il, que Lord Byron essaierait de justifier sa
» conduite dans cette affaire ; et aujourd'hui qu'il a
» si publiquement et si audacieusement appelé l'en-
» quête et le reproche, nous ne voyons pas pour-
» quoi il ne serait point clairement averti par la
» voix de ses concitoyens. » Jusqu'à quel point la
» publicité d'un poème anonyme, et l'audacieuse
» fiction d'un caractère imaginaire, que le rédac-
» teur suppose avoir été créé en vue de lady Byron,
» peuvent-elles mériter cette formidable dénoncia-
» tion *de leurs douces voix ?* je ne le sais ni ne m'en
» soucie. Mais quand il dit que je ne puis justifier
» ma conduite dans cette affaire, j'acquiesce à cette
» assertion, parce qu'on ne peut se justifier tant
» qu'on ne sait pas de quoi l'on est accusé ; et je
» n'ai jamais eu, — Dieu le sait, — qu'un désir,
» celui d'obtenir une accusation — des charges spé-
» ciales quelconques, qui me fussent soumises, sous
» une forme tangible, par ma partie adverse, non
» par des tiers, — à moins qu'on ne prenne pour
» telles les atroces calomnies de la rumeur publique,
» et le mystérieux silence des conseillers officiels
» de milady. Mais le rédacteur n'est-il pas content
» de ce qu'on a déjà dit et fait ? Le cri général de
» ses concitoyens n'a-t-il pas prononcé sur ce sujet

» — une sentence sans débats, et une condamna-
» tion sans charges? N'ai-je pas été exilé par l'ostra-
» cisme, hormis que les écailles sur lesquelles on
» écrivait ma proscription étaient anonymes? Le ré-
» dacteur ignore-t-il l'opinion et la conduite du pu-
» blic à cette occasion? S'il l'ignore, je ne l'ignore
» pas ; le public même l'oubliera long-tems avant
» que je cesse de m'en souvenir.

» L'homme qui est exilé par une faction a la con-
» solation de penser qu'il est un martyr ; il est sou-
» tenu par l'espérance, et par la dignité de la cause,
» réelle ou imaginaire, qu'il a embrassée. Celui qui
» se retire pour dettes peut se reposer dans l'idée
» que le tems et la prudence relèveront ses affaires ;
» celui qui est condamné par la loi n'a qu'un ban-
» nissement à terme, et en rêve l'abréviation, ou
» bien, peut-être, il connaît ou suppose quelque in-
» justice dans la loi, ou dans l'application de la loi à
» son égard. Mais celui qui est proscrit par l'opinion
» générale, sans l'intermède d'une politique enne-
» mie, d'un jugement illégal, ou d'affaires embar-
» rassées, doit, innocent ou coupable, supporter
» toute l'amertume de l'exil, sans espoir, sans or-
» gueil, sans allégement. Ce dernier cas fut le
» mien. Sur quels motifs le public fonda-t-il son opi-
» nion? je l'ignore ; mais cette opinion fut générale
» et décisive. On ne savait rien de moi ; sinon que
» j'avais composé ce qu'on appelle de la poésie, que
» j'étais noble, que je m'étais marié, que j'étais de-

» venu père, et que j'avais eu des différends avec ma
» femme et ses parens, on ne savait pourquoi, puis-
» que les personnes plaignantes refusaient d'articu-
» ler leurs griefs. Le monde *fashionable*¹ se divisa
» en partis, et mon parti ne consista qu'en une très-
» faible minorité; le monde raisonnable se rangea
» naturellement du plus fort côté, qui se trouva être
» celui de lady Byron. La presse fut active et ignoble;
» et telle fut la rage du tems, que la malheureuse
» publication de deux pièces de vers, plutôt louan-
» geuses que défavorables à l'égard des personnes
» qui en étaient le sujet, fut métamorphosée en une
» espèce de crime par la torture de l'interprétation.
» Je fus accusé des vices les plus monstrueux par la
» rumeur publique et la rancune particulière : mon
» nom, qui avait été un nom chevaleresque et noble
» depuis que mes pères avaient aidé Guillaume-le-
» Normand dans la conquête de son royaume, mon
» nom, dis-je, fut taché. Je sentis que si ce qu'on chu-
» chotait, grommelait et murmurait, était vrai, je
» n'étais plus bon pour l'Angleterre; que si c'était
» faux, l'Angleterre n'était plus bonne pour moi. Je
» me retirai : mais ce n'était pas assez. Dans d'au-
» tres pays, en Suisse, à l'ombre des Alpes, et près
» de l'azur profond des lacs, je fus poursuivi et at-
» teint par le même fléau. Je franchis les monta-

---

¹ Nous avons conservé le terme anglais, qui commence déjà à se na-
turaliser dans notre langue. Nous aurions d'ailleurs fort bien pu dire:
Le beau monde, le monde du bel air, etc.   (*Note du Trad.*)

» gnes, mais ce fut la même chose; alors j'allai un
» peu plus loin, et m'établis près des flots de l'Adria-
» tique, comme le cerf aux abois s'enfuit dans les
» eaux.

» Si j'en puis juger par les rapports du petit nom-
» bre d'amis qui se groupèrent autour de moi, le
» cri de réprobation dont je parle outrepassa tout
» précédent, toute circonstance analogue, même les
» cas où des motifs politiques ont animé la calomnie
» et doublé l'inimitié. Je fus averti de ne point pa-
» raître dans les théâtres, de crainte que je ne fusse
» sifflé, ni d'aller exercer mes droits dans le parle-
» ment, de crainte que je ne fusse insulté dans la
» route. Le jour même de mon départ, mon plus in-
» time ami m'a dit ensuite qu'il était dans l'appré-
» hension de voies de fait de la part du peuple qui
» pourrait s'assembler à la porte de la voiture. Tou-
» tefois, ces conseils ne m'empêchèrent pas de voir
» Kean dans ses meilleurs rôles, ni de voter con-
» formément à mes principes; et quant aux troisièmes
» et dernières appréhensions de mes amis, je ne
» pouvais les partager, parce que je n'ai pu en com-
» prendre l'étendue que quelque tems après avoir
» traversé la Manche. D'ailleurs, je ne suis pas de
» nature à être très-impressionné par la colère des
» hommes, quoique je puisse me sentir blessé par
» leur aversion. Contre tout outrage individuel, je
» pouvais moi-même m'assurer protection et ven-
» geance; et contre les outrages de la foule, j'aurais

» été probablement capable de me défendre, avec
» l'assistance d'autrui, comme en diverses occasions
» semblables.

» Je quittai mon pays, en voyant que j'étais l'objet
» du blâme général. Je n'imaginai pas, à la vérité,
» comme Jean-Jacques Rousseau, que tout le genre
» humain était en conspiration contre moi, quoique
» j'eusse peut-être d'aussi bons motifs qu'il en eut
» jamais pour une telle chimère; mais je m'aperçus
» que j'étais à un point extraordinaire devenu per-
» sonnellement odieux en Angleterre, peut-être par
» ma faute, mais le fait était incontestable. Le public,
» en général, aurait été difficilement excité jusqu'à
» un tel point contre un homme plus populaire,
» sans accusation du moins ou sans charge quelcon-
» que positivement exprimée ou spécifiée : car je
» puis à peine concevoir que l'accident commun et
» quotidien d'une séparation entre mari et femme
» ait pu de lui-même produire une si grande fer-
» mentation. Je n'élèverai pas les plaintes usuelles
» de préjugé, de condamnation par avance, d'in-
» justice, de partialité, etc., monnaie ordinaire des
» personnes qui ont eu ou doivent subir un procès;
» mais je fus un peu surpris de me trouver condamné
» sans acte d'accusation, et de m'apercevoir que,
» dans l'absence de ces griefs monstrueux, si énor-
» mes qu'ils pussent être, tout crime possible ou
» impossible était substitué en leur place par la ru-
» meur publique, et tenu pour accordé. Cela ne

» pouvait arriver qu'à l'égard d'une personne fort
» peu aimée, et je ne connaissais aucun remède,
» ayant déjà usé de tous les moyens que je pouvais
» avoir de plaire à la société. Je n'avais point de
» parti dans le monde, quoiqu'on m'ait dit le con-
» traire dans la suite; — mais je ne l'avais pas for-
» mé, et je n'en connaissais donc pas l'existence :
» — point en littérature : — et en politique j'avais
» voté avec les whigs, avec cette importance qu'un
» vote whig possède dans ces jours de torysme, sans
» autre liaison personnelle avec les meneurs des
» deux chambres que celle que sanctionnait la so-
» ciété où je vivais, sans droit ou prétention au
» moindre témoignage d'amitié de la part de qui
» que ce fût, excepté quelques camarades de mon
» âge, et quelques hommes plus avancés dans la vie,
» que j'avais eu le bonheur de servir dans des cir-
» constances difficiles. C'était, en effet, être seul ;
» et je me souviens que quelque tems après Mme de
» Staël me dit en Suisse : « Vous n'auriez pas dû
» entrer en guerre avec le monde : — c'est trop fort
» pour un seul individu ; je l'ai essayé moi-même
» dans ma jeunesse, mais cela ne mène à rien. »
» J'acquiesce complétement à la vérité de cette re-
» marque ; mais le monde m'a fait l'honneur de com-
» mencer la guerre, et assurément, si la paix ne
» peut être obtenue qu'en le courtisant et lui payant
» tribut, je ne suis pas propre à obtenir sa faveur.
» Je pensai, avec Campbell :

> Allons ; épouse une destinée d'exil,
> Et si le monde ne t'a pas aimé,
> Tu peux supporter l'isolement.

. . . .

» J'ai entendu dire, et je crois, qu'il y a des êtres
» humains constitués de manière à être insensibles
» aux injures ; mais je crois que le meilleur moyen
» de s'abstenir de la vengeance est de se placer hors
» de la tentation. J'espère n'en avoir jamais d'occa-
» sion ; car je ne suis point sûr de pouvoir me re-
» tenir, ayant reçu de ma mère quelque chose du
» *perfervidum ingenium Scotorum*[1]. Je n'ai point
» cherché, ni ne chercherai la vengeance, et peut-
» être elle ne viendra jamais sur mon chemin. Je
» n'entends point ici parler de ma partie adverse,
» qui pouvait avoir tort ou raison, mais de plusieurs
» personnes qui ont donné cette cause pour prétexte
» à leur propre inimitié. . . . .

. . . .

» Le rédacteur parle de la voix générale de ses
» concitoyens ; je parlerai de quelques-uns en par-
» ticulier.

» Au commencement de 1817, il parut dans la
» *Quarterly-Review* un article écrit, je crois, par
» Walter-Scott, article qui lui fit grand honneur,
» et qui fut loin d'être déshonorant pour moi, quoi-
» que, sous le double rapport du talent poétique et

---

[1] Bouillant caractère des Écossais.

» du caractère personnel, il fût plus favorable qu'il
» ne fallait à l'ouvrage et à l'auteur dont il traitait.
» Il fut écrit à une époque où un égoïste n'eût pas
» voulu et un lâche n'eût pas osé dire un mot en fa-
» veur de l'un ou de l'autre; il fut écrit par un
» homme à qui l'opinion publique m'avait donné un
» moment pour rival, — distinction haute et peu
» méritée, mais qui ne nous empêcha point, moi de
» l'aimer, lui de répondre à cette amitié. L'article
» en question fut écrit sur le troisième chant de
» *Childe-Harold*; et, après plusieurs observations
» qu'il ne me serait pas plus convenable de répéter
» que d'oublier, il finissait par exprimer l'espoir de
» mon retour en Angleterre. Comment ce vœu fut-il
» accueilli en Angleterre? je ne sais pas; mais il
» offensa grièvement les dix ou vingt mille respec-
» tables voyageurs anglais alors réunis à Rome. Je
» ne visitai Rome que quelque tems après, en sorte
» que je n'eus pas l'occasion de connaître par moi-
» même le fait; mais je fus informé long-tems après,
» que la plus grande indignation avait été manifes-
» tée dans le cercle anglais de cette année, où se
» trouvaient — parmi un levain considérable de
» Welbeck-Street et de Devonshire-Place — plu-
» sieurs familles réellement bien nées et bien éle-
» vées, qui n'en participèrent pas moins aux senti-
» mens de la circonstance. « Pourquoi retournerait-il
» en Angleterre? » fut l'exclamation générale. —
» Je réponds : *pourquoi*? C'est une question que je me

» suis quelquefois posée à moi-même, et je n'ai ja-
» mais pu y donner une réponse satisfaisante. Je n'a-
» vais alors aucune pensée de retour, et si j'en ai
» aujourd'hui, c'est une pensée d'affaires et non de
» plaisir. De tous ces liens qui ont été mis en piè-
» ces, il y a quelques anneaux encore entiers, quoi-
» que la chaîne elle-même soit brisée. J'ai des de-
» voirs et des relations qui peuvent un jour requérir
» ma présence, — et je suis père. J'ai encore quel-
» ques amis que je désire rencontrer, et, peut-être,
» un ennemi. Ces causes, et les minutieux détails
» d'intérêt que le tems accumule durant l'absence
» de tout homme dans ses affaires et sa propriété,
» me rappelleront probablement en Angleterre ;
» mais j'y retournerai avec les mêmes sentimens que
» lors de mon départ, à l'égard du pays lui-même,
» quoique j'aie pu en changer relativement aux in-
» dividus, suivant que j'ai été depuis plus ou moins
» bien informé de leur conduite : car c'est bien long-
» tems après mon départ que j'ai connu leurs pro-
» cédés et leur langage dans toute leur réalité et
» leur plénitude. Mes amis, comme font tous les
» amis, par des motifs conciliatoires, m'ont caché
» tout ce qu'ils ont pu, et même certaines choses
» qu'ils auraient dû dévoiler. Toutefois, ce qui est
» différé n'est pas perdu, — mais il n'a pas tenu à
» moi qu'il n'y ait eu rien de différé.

» J'ai rappelé la scène qu'on a dit s'être passée à
» Rome, pour montrer que le sentiment dont j'ai

» parlé n'était pas borné aux Anglais d'Angleterre,
» et c'est une partie de ma réponse au reproche
» lancé contre ce qu'on appelle mon exil égoïste et
» volontaire. Volontaire, oui ; car quel homme vou-
» drait demeurer parmi un peuple nourrrissant une
» haine si vive contre lui? Jusqu'à quel point ai-je
» été égoïste : c'est ce que j'ai déjà expliqué. »

Les passages suivans du même pamphlet ne seront pas trouvés moins curieux, sous un point de vue littéraire.

« Ici je désire dire quelques mots sur l'état ac-
» tuel de la poésie anglaise. Peu de personnes dou-
» teront que ce ne soit l'âge de déclin de la poésie
» anglaise, quand elles auront envisagé le sujet avec
» calme. La présence d'hommes de génie parmi les
» poètes actuels ne contredit que peu le fait, parce
» qu'on a très-bien dit que, « après celui qui forme
» le goût de sa nation, le plus grand génie est celui
» qui le corrompt. » Personne n'a contesté le génie
» à Marino, qui corrompit, non-seulement le goût
» de l'Italie, mais celui de toute l'Europe pour près
» d'un siècle. La grande cause de l'état déplorable
» de la poésie anglaise doit être attribuée à cette ab-
» surde et systématique dépréciation de Pope, pour
» laquelle il y a eu, pendant ces dernières années,
» une sorte de concurrence épidémique. Les hommes
» des opinions les plus opposées se sont unis sur ce
» point. Warton et Churchill ont commencé, ayant
» probablement tiré cette idée des héros de la *Dun-*

» *ciade*, et de l'intime conviction que leur propre
» réputation ne serait rien tant que le plus parfait
» et le plus harmonieux des poètes ne serait pas ra-
» baissé à ce qu'ils regardaient comme son juste ni-
» veau; mais même ils n'osèrent pas le descendre
» au-dessous de Dryden. Goldsmith, Rogers et Camp-
» bell, ses plus heureux disciples, et Hayley qui,
» tout faible qu'il est, a laissé un poème [1] qu'on ne
» laissera pas volontiers périr, ont conservé la ré-
» putation de ce style pur et parfait; et Crabbe, le
» premier des poètes vivans, a presque égalé le maî-
» tre. . . . .

» Mais ces trois personnages, S***, W*** et C*** [2],
» eurent tous une antipathie naturelle pour Pope,
» et je respecte en eux ce seul sentiment ou principe
» primitif qu'ils aient imaginé de conserver. Puis se
» sont joints à eux ceux qui ne les ont joints qu'en
» ce point seul: les réviseurs d'Édimbourg, la masse
» hétérogène des poètes anglais vivans (excepté
» Crabbe, Rogers, Gifford et Campbell), qui, par
» préceptes et par pratique, a prononcé son adhé-
» sion, et moi-même enfin, qui ai honteusement
» dévié dans la pratique, mais qui ai toujours aimé
» et honoré la poésie de Pope de toute mon ame, et
» espère le faire jusqu'à ma dernière heure. J'ai-
» merais mieux voir tout ce que j'ai écrit servir de

---

[1] *The Triumph of Temper.*
[2] Probablement *Southey*, *Wordsworth* et *Coleridge*.

(*Notes du Trad*)

» doublure au même coffre où je lis actuellement le
» onzième livre d'un moderne poème épique publié
» à Malte en 1811 (je l'ouvris pour prendre de quoi
» me changer après le paroxysme d'une fièvre tierce,
» pendant l'absence de mon domestique, et je le
» trouvai paré en dedans du nom du fabricant Eyre,
» Cockspur-Street, et de la poésie épique ci-dessus
» mentionnée); oui, j'aimerais mieux cela, que sa-
» crifier ma ferme croyance dans la poésie de Pope
» comme type orthodoxe de la poésie anglaise. . .
. . . .
» Néanmoins, je n'irai pas si loin que *** qui,
» dans son *postscriptum*, prétend que nul grand
» poète n'obtint jamais une renommée immédiate :
» cette assertion est aussi fausse qu'elle est absurde.
» Homère a dû sa gloire à sa popularité; il récitait
» ses vers, — et sans la vive impression du mo-
» ment, comment l'*Iliade* eût-elle été apprise par
» cœur, et transmise par la tradition? Ennius, Té-
» rence, Plaute, Lucrèce, Horace, Virgile, Eschyle,
» Sophocle, Euripide, Sappho, Anacréon, Théocrite,
» tous les grands poètes de l'antiquité firent les dé-
» lices de leurs contemporains. Un poète, avant
» l'invention de l'imprimerie, ne devait son exis-
» tence même qu'à sa popularité actuelle. L'histoire
» nous apprend que les meilleurs nous sont parve-
» nus. La raison en est évidente; les plus popu-
» laires trouvèrent le plus grand nombre de copis-
» tes, et dire que le goût de leurs contemporains

» était corrompu, c'est une thèse que peuvent diffi-
» cilement soutenir les modernes, dont les plus puis-
» sans ont à peine approché des anciens. Dante,
» Pétrarque, Arioste, le Tasse furent tous les favo-
» ris des lecteurs contemporains. Dante acquit la cé-
» lébrité long-tems avant sa mort; et, peu après,
» les états négocièrent pour ses cendres, et dispu-
» tèrent touchant les lieux où il avait composé la
» *Divina Comedia*. Pétrarque fut couronné au Capi-
» tole. Arioste fut respecté par les voleurs qui avaient
» lu l'*Orlando furioso*... Le Tasse, malgré les criti-
» ques des *Cruscanti*, aurait été couronné au Capi-
» tole, sans sa mort prématurée.

» Il est aisé de prouver la popularité immédiate
» des principaux poètes de la seule nation moderne
» d'Europe qui ait une langue poétique, de la nation
» italienne. Chez nous, Shakspeare, Spenser, John-
» son, Waller, Dryden, Congreve, Pope, Young,
» Shenstone, Thomson, Goldsmith, Gray furent
» tous aussi populaires durant leur vie que depuis
» leur mort. L'élégie de Gray a plu sur-le-champ,
» et plaira éternellement. Ses odes n'eurent pas le
» même succès, mais elles ne sont pas non plus au-
» jourd'hui aussi agréables que son élégie. La car-
» rière politique de Milton nuisit à son succès; mais
» l'épigramme de Dryden, et le débit même du *Pa-*
» *radis perdu*, relativement au moindre nombre des
» lecteurs à l'époque de sa publication, prouvent
» que Milton fut honoré par ses contemporains.

» On peut demander pourquoi — ayant cette opi-
» nion sur l'état actuel de la poésie anglaise, et
» ayant eu long-tems comme écrivain l'oreille du
» public, — je n'ai pas adopté un plan différent
» dans mes propres compositions, ou tâché de cor-
» riger plutôt que d'encourager le goût du jour? A
» cela je répondrai qu'il est plus aisé de voir la
» mauvaise route que de suivre la bonne, et que je
» n'ai jamais entretenu la perspective de remplir
» une place permanente dans la littérature de mon
» pays. Ceux qui me connaissent le savent, et savent
» aussi que j'ai été grandement étonné du succès
» temporaire de mes ouvrages, n'ayant flatté aucune
» personne ni aucun parti, et ayant exprimé des
» opinions contraires à celles de la généralité des
» lecteurs. Si j'avais pu prévoir le degré d'atten-
» tion qui m'a été accordé, assurément j'aurais étu-
» dié davantage pour le mériter. Mais j'ai vécu dans
» des contrées étrangères et lointaines, ou dans ma
» patrie, au milieu d'un monde agité qui n'était pas
» favorable à l'étude ou à la réflexion; en sorte que
» presque tout ce que j'ai écrit a été pure passion,
» — passion; il est vrai, de différentes sortes, mais
» toujours passion : car chez moi (si ce n'est point
» parler en Irlandais que parler ainsi), mon indif-
» férence était une sorte de passion, résultat de l'ex-
» périence, et non pas la philosophie de la nature.
» Écrire devient une habitude, comme la galanterie
» chez une femme. Il y a des femmes qui n'ont

» point eu d'intrigue; mais fort peu qui n'en aient
» eu qu'une; ainsi il y a des millions d'hommes qui
» n'ont jamais écrit un livre, mais peu qui n'en aient
» écrit qu'un. Donc, ayant écrit une fois, je conti-
» nuai d'écrire, encouragé sans doute par le succès
» du moment, mais n'en prévoyant aucunement la
» durée, et, j'oserai le dire, en concevant à peine
» le désir. . . . .

» J'ai ainsi exprimé publiquement sur la poésie
» du jour l'opinion que j'ai depuis long-tems ex-
» primée à tous ceux qui me l'ont demandée, et même
» à quelques personnes qui auraient mieux aimé ne
» pas l'entendre, comme à Moore, à qui je disais
» dernièrement : « Nous sommes tous dans la mau-
» vaise voie, excepté Rogers, Crabbe et Campbell. »
» Sans être vieux d'années, je suis trop vieilli pour
» sentir en moi assez de verve pour entreprendre
» une œuvre qui montrât ce que je tiens pour bonne
» poésie; et je dois me contenter d'avoir dénoncé
» la mauvaise. Il y a, j'espère, de plus jeunes talens
» qui s'élèvent en Angleterre, et qui, échappant à
» la contagion, rappelleront dans leur patrie la
» poésie aujourd'hui exilée de notre littérature, et
» la rétabliront telle qu'elle fut autrefois et qu'elle
» peut encore être.

» En même tems, le meilleur signe d'amende-
» ment sera le repentir, et de nouvelles et fréquentes
» éditions de Pope et de Dryden.

» On trouvera dans l'*Essai sur l'Homme* une mé-

» taphysique aussi comfortable et dix fois plus de
» poésie que dans l'*Excursion*. Si vous cherchez la
» passion, où la trouverez-vous plus vive que dans
» l'*Épître d'Héloïse à Abailard*, ou dans *Palamon*
» *et Arcite?* Souhaitez-vous de l'invention, de l'i-
» magination, du sublime, des caractères? cher-
» chez cela dans le *Vol de la Boucle de cheveux*,
» dans les *Fables* de Dryden, dans l'*Ode sur la fête*
» *de sainte Cécile*, dans *Absalon et Achitophel*.
» Vous découvrirez dans ces deux poètes seuls toutes
» les qualités dont vous ne saisiriez pas une ombre
» en secouant une quantité innombrable de vers et
» Dieu sait combien d'écrivains de nos jours,—plus,
» l'esprit, dont ces derniers n'ont pas. Je n'ai point
» toutefois oublié Thomas Brown le jeune, ni la fa-
» mille Fudge, ni Whistlecraft; mais ce n'est pas
» de l'esprit, — c'est de l'*humour* [1]. Je ne dirai rien
» de l'harmonie de Pope et de Dryden, en compa-
» raison des poètes vivans, dont pas un (excepté
» Rogers, Gifford, Campbell et Crabbe) ne saurait
» écrire un couplet héroïque. Le fait est que l'ex-
» quise beauté de leur versification a détourné l'at-
» tention publique de leurs autres mérites, comme
» l'œil vulgaire se fixera plus sur la splendeur de
» l'uniforme que sur la qualité des troupes. C'est
» cette harmonie même, surtout dans Pope, qui a
» soulevé contre lui ce vulgaire et abominable ba-

---

[1] *Voir* notre note quelques pages plus haut. (*Note du Trad.*)

» vardage : — parce que sa versification est par-
» faite, on affirme que c'est sa seule perfection ;
» parce que ses pensées sont vraies et claires, on
» avance qu'il n'a pas d'invention ; et parce qu'il est
» toujours intelligible, on tient pour incontestable
» qu'il n'a pas de génie. On nous dit avec un rire
» moqueur que c'est le poète de la raison, comme
» si c'était une raison pour n'être pas poète. Pre-
» nant passage par passage, je me chargerai de ci-
» ter de Pope plus de vers brillans d'imagination
» que de deux poètes vivans, quels qu'ils soient.
» Pour tirer à tout hasard un exemple d'une espèce
» de composition peu favorable à l'imagination, —
» la satire, — prenons le caractère de Sporus, avec
» l'admirable jeu d'imagination qui se répand sur
» lui, et mettons en regard un égal nombre de vers
» qui, choisis dans deux poètes vivans quelconques,
» soient de la même force et de la même variété :
» — où les trouverons-nous ?

» Je ne cite qu'un exemple sur mille en réponse à
» l'injustice faite à la mémoire de celui qui donna
» l'harmonie à notre langage poétique. Les clercs
» de procureurs et les autres génies spontanés ont
» trouvé plus aisé de se torturer, à l'imitation des
» nouveaux modèles, que de travailler d'après l'art
» symétrique du poète qui avait enchanté leurs
» pères. Ils ont d'ailleurs été frappés par cette re-
» marque que la nouvelle école faisait revivre le
» langage de la reine Élisabeth, le véritable anglais,

» attendu que tout le monde, sous le règne de la
» reine Anne, n'écrivait qu'en français, par une
» espèce de trahison littéraire.

» Le vers blanc, que, hors du drame, nul auteur
» capable de rimer n'employa jamais, à l'exception
» de Milton, devint à l'ordre du jour : — on rima
» de telle sorte que le vers parut plus blanc que s'il
» n'eût pas eu de rime. Je sais que Johnson a dit,
» après quelque hésitation, « qu'il ne pouvait pas
» s'inspirer le désir que Milton eût rimé. » Les opi-
» nions de ce véritable grand homme, que c'est aussi
» la mode de décrier aujourd'hui, seront toujours
» accueillies par moi avec cette déférence que le
» tems rétablira dans son universalité ; mais, malgré
» mon humilité, je ne suis pas convaincu que le
» *Paradis perdu* n'eût pas été plus noblement trans-
» mis à la postérité, non pas peut-être en couplets [1]
» héroïques (rhythme qui bien balancé pourrait
» soutenir le sujet), mais dans la stance de Spenser
» ou du Tasse, ou dans le tercet de Dante, formes
» que les talens de Milton auraient pu facilement
» greffer sur notre langue. *Les Saisons* de Thomson
» auraient été meilleures en rimes, quoique tou-
» jours inférieures à son *Château de l'Indolence* ;
» et M. Southey n'eût pas fait une plus mauvaise

---

[1] Nous avons rendu à ce mot sa signification primitive et étymologique, qu'il a conservé en anglais : *couples de vers*, c'est-à-dire, *vers rimant deux à deux*, que nous nommons assez ridiculement *rimes plates* par opposition aux *rimes croisées*. (*Note du Trad.*)

» *Jeanne d'Arc*, quoiqu'il eût pu employer six mois
» au lieu de six semaines pour la composer. Je re-
» commande aussi aux amateurs des vers lyriques la
» lecture des odes du lauréat en regard de celle de
» Dryden sur *sainte Cécile*.

» Aux génies célestes et jeunes clercs inspirés de
» notre tems, ceci, en grande partie, paraîtra pa-
» radoxal, et le paraîtra encore à la classe plus éle-
» vée de nos critiques; mais ce fut vrai il y a vingt
» ans, et ce sera de nouveau reconnu pour tel dans
» dix. . . . .
. . . .

» Les disciples de Pope furent Johnson, Goldsmith,
» Rogers, Campbell, Crabbe, Gifford, Matthias,
» Hayley, et l'auteur du *Paradis des Coquettes*, aux-
» quels on peut ajouter Richards, Heber, Wran-
» gham, Blaud, Hodgson, Merivale, et d'autres qui
» n'ont pas eu leur renommée pleine et entière parce
» qu'il y a un hasard dans la renommée comme dans
» toute autre chose. Mais de toutes les nouvelles
» écoles, — je dis *toutes*, car, comme le démon,
» dont le nom est Légion, elles sont plusieurs, —
» a-t-il surgi un seul élève qui n'ait pas rendu son
» maître honteux de l'avouer? à moins que ce ne
» soit ***, qui a imité tout le monde, et a quelque-
» fois surpassé ses modèles. Scott a eu la faveur par-
» ticulière d'être imité par le beau sexe; il y eut
» miss Halford, et miss Mitford, et miss Francis;
« mais, sauf respect, aucune imitation n'a fait beau-

» coup d'honneur à l'original. ***, Southey, Cole-
» ridge ou Wordsworth ont-ils fait un élève de renom?
» ***, Moore, ou tout autre écrivain de quelque ré-
» putation, a-t-il eu un imitateur, ou plutôt un
» disciple passable? Or, il est remarquable que
» presque tous les partisans de Pope, que j'ai nom-
» més, aient produit eux-mêmes des chefs-d'œuvre
» et des modèles; et ce n'a pas été le nombre des
» imitateurs qui a enfin nui à sa gloire, mais le dé-
» sespoir de l'imitation....... La même raison qui
» engagea le bourgeois athénien à voter pour le
» bannissement d'Aristide, « parce qu'il était fa-
» tigué de l'entendre toujours appeler le Juste; »
» a produit l'exil temporaire de Pope des états de la
» littérature. Mais le terme de son ostracisme expi-
» rera, et le plutôt vaudra le mieux, non pour lui,
» mais pour ceux qui l'ont banni, et pour la géné-
» ration nouvelle, qui

« Rougira de découvrir que ses pères furent ses ennemis. »

LETTRE CCCXCVI.

A M. MOORE.

Ravenne, 4 novembre 1820.

« J'ai reçu de M. Galignani les lettres, duplicatas et reçus ci-joints, qui s'expliqueront d'eux-mêmes[1].

---

[1] M. Galignani s'était adressé à Lord Byron pour obtenir de lui un droit légal sur les œuvres de sa seigneurie, dont il avait été jusqu'alors le seul éditeur en France, afin d'être à même d'empêcher que d'autres, à l'avenir, n'usurpassent le même privilége. (*Note de Moore.*)

Comme les poèmes sont devenus votre propriété par achat, droit et justice, toute affaire de publication doit être décidée par vous. Je ne sais jusqu'à quel point mon acquiescement à la requête de M. Galignani serait légal ; mais je doute qu'il fût honnête. Au cas que vous vous décidiez à vous arranger avec lui, je vous envoie les pouvoirs nécessaires, et, en agissant ainsi, je me lave les mains relativement à cette affaire. Je ne les signe que pour vous mettre à même d'exercer le droit que vous possédez à juste titre. Je n'ai plus rien à faire, sauf à dire, dans ma réponse à M. Galignani, que les lettres, etc., vous sont envoyées, et pourquoi.

» Si vous pouvez réprimer ces pirates étrangers, faites-le ; sinon, jetez au feu les procurations. Je ne puis avoir d'autre but que de vous garantir votre propriété.

» Votre, etc.

» *P. S.* J'ai lu une partie de la *Quarterly*, qu vient d'arriver ; M. Bowles aura une réponse : — il n'est pas tout-à-fait exact dans son dire touchant les *Poètes anglais et les Réviseurs écossais*. On défend Pope, à ce que je vois, dans la *Quarterly*. Que l'on continue toujours ainsi. C'est un péché, une honte, une damnation que de penser que Pope ait besoin d'un tel secours ; — mais il en est ainsi. Ces misérables charlatans du jour, ces poètes se déshonorent et renient Dieu en courant sus à Pope, le plus irréprochable des poètes, et peut-être même des hommes. »

LETTRE CCCXCVII.

A M. MOORE.

Ravenne, 15 novembre 1820.

« Merci de votre lettre, qui a été un peu longue à venir, — mais vaut mieux tard que jamais. M. Galignani a donc, ce semble, été supplanté et pillé lui-même, en seconde main, par un autre éditeur parisien, qui a audacieusement imprimé une édition de *L.-B's Works*[1] au prix ultra-libéral de 10 fr., et (comme Galignani le remarque douloureusement) 8 fr. seulement pour les libraires! *Horresco referens*[2]! Songer que les œuvres complètes d'un homme rapportent si peu!

» Galignani m'envoie, dans une lettre pressée, une permission pour lui, donnée par moi, de publier, etc., etc., lequel permis j'ai signé et envoyé à M. Murray. Voulez-vous expliquer à Galignani que je n'ai aucun droit de disposer de la propriété de Murray sans l'agrément de celui-ci? et que je dois par conséquent l'adresser à Murray pour retirer le permis de ses griffes, — chose fort difficile, je présume. J'ai écrit à Galignani dans ce sens; mais un mot de la bouche d'un illustre confrère le convaincrait que

---

[1] OEuvres de L. B.
[2] Virg. Æn. lib. II. *Je frémis en le racontant.* (*Notes du Tr.*)

je n'ai pu honnêtement acquiescer à son désir, quoique je le pusse légalement. J'ai fait ce qui dépendait de moi, c'est-à-dire j'ai signé l'autorisation et l'ai envoyée à Murray. Que les chiens divisent la carcasse, si elle est tuée à leur gré.

» Je suis content de votre épigramme. Il est ridicule que nous laissions tous deux notre esprit rompre avec nos sentimens ; car je suis sûr que nous sommes au fond partisans de la reine. Mais il n'y a pas moyen de résister à un jeu de mots. — A propos, nous avons aussi, dans cette partie du monde, une diphthongue non pas grecque, mais espagnole, — me comprenez-vous ? — qui est sur le point de bouleverser tout l'alphabet. Elle a été d'abord prononcée à Naples, et se propage ; — mais nous sommes plus près des barbares, qui sont en force sur le Pô, et le traverseront sous le premier prétexte légitime.

» Il y aura à régler avec le diable, et l'on ne peut dire qui sera ou ne sera pas sur son livre de comptes. Si une gloire inattendue survenait à quelqu'un de votre connaissance, faites-en une Mélodie, afin que son ombre, comme celle du pauvre Yorick, ait la satisfaction d'être plaintivement pleurée — ou même plus noblement célébrée, comme *Oh! n'exhalez pas son nom*. Au cas que vous ne l'en jugiez pas digne, voici un chant à la place :

> Quand un homme n'a pas à combattre pour la liberté dans sa patrie,
> Qu'il combatte pour celle de ses voisins ;

Qu'il songe aux gloires de la Grèce et de Rome;
Et se fasse briser la tête pour ses travaux.

Servir le genre humain est un plan chevaleresque,
Qui toujours est noblement récompensé;
Combattez donc pour la liberté partout où vous pouvez;
Et si vous n'êtes pas fusillé ou pendu, vous serez chevalier.

. . . .

» Voici une épigramme que je fis pour l'endossement de l'acte de séparation en 1816; mais les hommes de loi objectèrent qu'elle était superflue.

Endossement de l'acte de Séparation, en avril 1816.

Il y a un an, vous juriez, chère amie !
D'aimer, de respecter, *et cœtera*;
Tel fut le serment que vous me fîtes,
Et voici précisément ce qu'il vaut.

» Pour l'anniversaire du 2 janvier 1821, j'ai d'avance un petit compliment, que j'ajoute en cas d'accident:

A Pénélope, 2 janvier 1821.

Ce jour fut de tous les jours
Le pire pour vous et pour moi:
Il y a juste *six* ans que nous n'étions qu'*un*,
Et *cinq* que nous redevînmes *deux*.

» Excusez, je vous prie, toutes ces absurdités; car il faut que je les dise, dans la crainte de m'étendre sur de plus sérieux sujets, que, dans l'état actuel des choses, il n'est pas prudent de confier à une poste étrangère. Je vous disais, dans ma dernière, que j'avais continué mes *Mémoires*, et que j'en avais fait douze feuilles de plus; mais je soupçonne que je les interromprai : en ce cas, je vous enverrai cela par la poste, quoique j'éprouve quelque remords à faire payer à un ami tant de frais de port ; car nous n'avons pas nos ports francs au-delà de la frontière. . . . .

. . . .

LETTRE CCCXCVIII.

A M. MURRAY.

Ravenne, 9 novembre 1820.

. . . .

« La semaine dernière, je vous ai envoyé la correspondance de Galignani et quelques documens sur votre propriété. Vous avez maintenant, je crois, une occasion de réprimer, ou du moins de limiter ces réimpressions françaises. Vous pouvez laisser tous vos auteurs publier ce qu'il leur plaît contre moi et mes œuvres. Un éditeur n'est et ne peut être responsable de tous les ouvrages qui sortent de chez son imprimeur.

» La *Dame blanche d'Avenel* n'est pas tout-à-fait aussi bonne qu'une réelle et authentique (*Donna Bianca*) dame blanche de Colalto, spectre qu'on a vu plusieurs fois dans la Marche de Trévise. Il y a un homme (un chasseur) encore vivant qui l'a vue. Hoppner pourrait vous raconter tout ce qui la concerne, et Rose peut-être aussi. Je n'ai moi-même aucun doute sur l'histoire et le spectre. Ce fantôme est toujours apparu dans des circonstances particulières, avant la mort d'un membre de la famille, etc. J'ai entendu Mme de Benzoni dire qu'elle connaissait un monsieur qui avait vu la dame blanche traverser sa chambre au château de Colalto. Hoppner a vu et questionné un chasseur qui la rencontra à la chasse, et ne chassa plus depuis. C'était une jeune femme de chambre qu'un jour la comtesse Colalto, qu'elle était en train de coiffer, vit dans la glace faire un sourire à son mari ; la comtesse l'avait fait sceller dans la muraille du château, comme Constance de Beverley. Depuis, elle a toujours hanté les Colalto. On la peint comme femme blonde fort belle. C'est un fait authentique. »

LETTRE CCCXCIX.

A M. MURRAY.

Ravenne, 18 novembre 1820.

« La mort de Waite est un coup funeste pour les dents comme pour le cœur de tous ceux qui le connaissaient. Bon Dieu ! lui et Blake[1] défunts tous deux ! Je les laissai dans la plus parfaite santé, et ne pensai guère à la possibilité de cette perte nationale dans le court espace de cinq ans. Ils étaient, en fait de véritable grandeur, autant supérieurs à Welling-

---

[1] Célèbre coiffeur. (*Note de Moore.*)

ton, que celui qui conserve la chevelure et les dents est préférable au sanglant et impétueux guerrier qui obtient un nom en cassant les têtes et en brisant les molaires? Qui lui succède? Où trouver maintenant la poudre dentifrice, douce et cependant efficace? — la teinture? — les brosses à nétoyer? Obtenez, je vous prie, tous les renseignemens que vous pourrez sur ces questions tusculanes: Cette pensée me fait mal à la machoire. Pauvres diables! je me flattais de l'espérance de les revoir tous deux; et cependant ils sont allés dans ce lieu où les dents et les cheveux durent plus long-tems que dans la vie. J'ai vu ouvrir un millier de tombeaux, et me suis toujours aperçu que, quoi qu'il fût arrivé, les dents et les cheveux restaient à ceux qui ne les avaient pas perdus à l'époque de leur mort. N'est-ce pas ridicule? Ce sont les choses qui se perdent les premières dans la jeunesse, et qui durent le plus longtems dans la poussière, si les gens veulent mourir pour les conserver. C'est une singulière vie, et une singulière mort, que la mort et la vie des humains.

» Je savais que Waite était marié; mais je ne songeais guère que les autres funérailles viendraient sitôt le surprendre. C'était un tel élégant, un tel petit-maître, un tel bijou d'homme! Il y a à Bologne un tailleur qui lui ressemble beaucoup, et qui est aussi au pinacle de sa profession. Ne négligez pas ma commission. Par qui ou par quoi peut-il être remplacé? Que dit le public?

» Je vous renvoie la préface. N'oubliez pas que l'extrait de la chronique italienne doit être traduit. Quant à ce que vous dites pour m'engager à retoucher les chants de *Don Juan* et les *Imitations d'Horace*, c'est fort bien ; mais je ne puis fourbir. Je suis comme le tigre (en poésie) ; si je manque mon coup au premier bond, je retourne en grondant dans mon antre. Je n'ai point de second élan ; je ne puis corriger ; je ne le puis ni ne le veux. Personne ne réussit dans cette tâche, grands ou petits. Le Tasse refit toute sa *Jérusalem* ; mais qui lit jamais cette version ? tout le monde va à la première. Pope ajouta au *Vol de la boucle de cheveux*, mais ne réduisit pas son poème. Il faut que vous preniez mes productions comme elles sont ; si elles ne sont pas propres au succès, réduisez-en le prix d'estimation en conséquence. Je les jetterais plutôt que de les tailler et les rogner. Je ne dis pas que vous n'ayez pas raison ; je répète seulement que je ne puis perfectionner...

« Votre, etc. »

» *P. S.* Quant aux éloges de ce petit *** Keats, je ferai la même observation que Johnson, quand Sheridan, l'acteur, obtint une pension. « Quoi ! il » a obtenu une pension ? Alors il est tems que je ré- » signe la mienne. » Personne n'a pu être plus fier des éloges de la *Revue d'Édimbourg* que je ne le fus, ou plus sensible à sa censure, comme je l'ai montré dans *les Poètes Anglais et les Réviseurs Écossais*. A présent, tous les hommes qu'elle a jamais loués sont dégradés par cet absurde article. Pourquoi n'examine-t-elle et ne loue-t-elle pas le *Guide de la Santé de Salomon ?* Il y a plus de bon sens et autant de poésie que dans Johnny Keats. . . . .

LETTRE CCCC.

A M. MURRAY.

Ravenne, 23 novembre 1820.

« Les *Imitations*, dit Hobhouse, demanderont bon nombre de taillades pour être adaptées aux tems, ce qui sera une longue affaire, car je ne me sens pas du tout laborieux à présent. L'effet quelconque qu'elles doivent avoir serait peut-être plus grand sous une forme séparée, et d'ailleurs elles doivent porter mon nom. Or, si vous les publiez dans le même volume que *Don Juan*, elles me déclarent auteur de *Don Juan*, et je ne juge pas à propos de risquer un procès en chancellerie sur la tutelle de ma fille, puisque dans votre Code actuel un poème facétieux est suffisant pour ôter à un homme ses droits sur sa famille.

» Quant à l'état des affaires en ce pays, il serait difficile et peu prudent d'en parler longuement, les Huns ouvrant toutes les lettres. S'ils les lisent, quand ils les ont ouvertes, ils peuvent voir en caractères lisibles tracés de ma main, que je les regarde comme de *damnés bélitres et barbares*, et leur empereur comme un *sot*; et eux-mêmes comme plus sots que lui ; ce qu'ils peuvent envoyer à Vienne sans que je m'en soucie. Ils se sont rendus maîtres de la police papale, et font les fanfarons ; mais un jour ou l'autre ils paieront tout cela ; ce ne sera peut-être pas bientôt, parce que ces malheureux Italiens n'ont aucune consistance ; mais je suppose que la Providence se fatiguera enfin des barbares . . . .

« Votre, etc. »

LETTRE CCCCI.

A M. MOORE.

Ravenne, 9 décembre 1820.

« Outre cette lettre, vous recevrez trois paquets contenant, somme toute, dix-huit autres feuilles de *Memoranda*, qui, je le crains, vous coûteront plus de frais de port que ne rapportera leur impression dans le siècle prochain. Au lieu d'attendre si long-tems, si vous pouviez en faire quelque chose maintenant en cas de survivance (c'est-à-dire après ma mort), je serais fort content, — attendu qu'avec tout le respect dû à votre progéniture, je vous préfère à vos petits-enfans. Croyez-vous que Longman ou Murray voulussent avancer une certaine somme à présent, en s'engageant à ne pas publier avant mon décès ? — Qu'en dites-vous ?

» Je vous laisse sur ces dernières feuilles un pouvoir discrétionnaire, parce qu'elles contiennent peut-être une ou deux choses d'une trop dure sincérité envers le public. Si je consens à ce que vous dispo-

siez maintenant de ces *Mémoires*, où est le mal?
Les goûts peuvent changer. Je voudrais, à votre
place, essayer d'en disposer, non les publier; et si
vous me survivez (comme cela est fort probable),
ajoutez ce qu'il vous plaira de ce que vous savez
vous-même; mais surtout contredisez-moi, si j'ai
parlé à faux; car mon principal but est la vérité,
même à mes propres dépens.

» J'ai quelques notions de votre compatriote Muley Moloch. Il m'a écrit plusieurs lettres sur le christianisme pour me convertir, et, en conséquence, si je n'avais pas été déjà chrétien, je le serais probablement à présent. Je pensai qu'il y avait en lui un talent sauvage, mêlé à un nécessaire levain d'absurdité,—comme cela doit être à l'égard de tout talent, lâché sur le monde sans martingale. . . . .

» J'ai d'énormes quantités de papiers en Angleterre, tant pièces originales que traductions,—une tragédie, etc., etc.; et je copie maintenant un cinquième chant de *Don Juan*, en cent quarante-neuf stances. . . . .

» Dans ce pays-ci on court aux armes; mais je ne veux point parler politique. Parlons de la reine, de son bain et de sa bouteille, — ce sont les seules bigarrures du jour.

» Si vous rencontrez quelques-unes de mes connaissances, saluez-les de ma part. Les prêtres essaient ici de me persécuter,—mais je m'en moque.

» Votre, etc. »

LETTRE CCCCII.

A M. MOORE.

Ravenne, 9 décembre 1820.

« J'ouvre ma lettre pour vous raconter un fait, qui vous montrera l'état de ce pays mieux que je ne puis le faire. Le commandant des troupes est à présent un cadavre gisant dans ma maison. Il a été tué d'un coup d'arme à feu, à huit heures passées, à deux cents pas environ de ma porte. J'endossais ma redingote pour rendre visite à madame la comtesse G***, quand j'entendis le coup. En arrivant dans la salle, je trouvai tous mes domestiques sur le balcon, s'écriant qu'un homme avait été assassiné. Sur-le-champ je courus en bas, en exhortant Tita (le plus brave de tous) à me suivre. Le reste voulait nous empêcher de sortir, parce que tout le monde ici a, ce me semble, la coutume de fuir loin du daim abattu. Toutefois, nous descendîmes, et trouvâmes l'individu gisant sur le dos, près de mourir, sinon tout-à-fait mort, avec cinq blessures, une au cœur, deux à l'estomac, une au doigt, et l'autre au bras. Quelques soldats voulurent m'empêcher de passer. Cependant nous passâmes, et je trouvai Diego, l'adjudant, se désolant comme un enfant, — un chirurgien qui ne s'occupait nullement de sa profession, — un prêtre qui saccadait une prière tremblante, et le commandant, pendant tout ce tems, sur son dos, sur le dur et froid pavé, sans lumière ni secours, ni rien autour de lui que la confusion et l'épouvante.

» Comme personne ne pouvait ou ne voulait rien faire que hurler et prier, et que nul n'aurait remué du doigt le malheureux dans la crainte des conséquences, je perdis patience, — fis prendre le corps à mon domestique et à une couple de personnes de la foule, — emmenai deux soldats pour la garde, — dépêchai Diego au cardinal pour lui annoncer la nouvelle, et fis monter le commandant dans mon appartement. Mais c'était trop tard, il était fini, — sans être défiguré ; — il avait perdu tout son sang à l'intérieur : — on n'en obtint pas au-dehors plus d'une ou deux onces.

» Je le fis déshabiller en partie, — le fis examiner par le chirurgien, et l'examinai moi même. Il avait été tué par deux balles mâchées. Je sentis une de ces balles, qui avait traversé tout son corps, à l'exception de la peau. Tout le monde devine pourquoi il a été tué, mais on ne sait pas comment. L'arme a été trouvée près de lui, — un vieux fusil à moitié limé. Il n'a dit que *ô Dio!* et *Gesù!* deux ou trois fois, et il paraît avoir peu souffert. Pauvre diable! c'était un brave officier, mais il s'était fait détester par le peuple. Je le connaissais personnellement, et l'avais souvent rencontré dans les *conversazioni* et ailleurs. Ma maison est pleine de soldats, de dragons, de docteurs, de prêtres, et de toutes sortes de personnes, — quoique je l'aie maintenant débarrassée et que j'aie placé deux sentinelles à la porte. Demain on emportera le corps. La ville est dans la plus grande confusion, comme vous pouvez présumer.

» Vous saurez que si je n'avais pas fait enlever le corps, on l'aurait laissé dans la rue jusqu'au lendemain matin, par crainte des conséquences. Je n'aimerais pas à laisser même un chien mourir de cette façon, sans secours, — et quant aux conséquences, je ne m'en soucie pas dans l'accomplissement d'un devoir.

» Votre, etc.

» *P. S.* Le lieutenant de garde près du corps, fume sa pipe dans un grand calme. — Drôle de peuple que celui-ci ! »

LETTRE CCCCIII.

A M. MOORE.

Ravenne, 25 décembre 1820.

« Vous recevrez ou devez avoir reçu le paquet et les lettres que j'ai envoyés à votre adresse il y a quinze jours (ou peut-être davantage), et je serai content d'avoir une réponse, parce que, dans ce tems et en ces lieux, les paquets de la poste courent risque de ne pas atteindre leur destination.

» J'ai songé d'un projet pour vous et pour moi, au cas que nous retournions tous deux à Londres, ce qui (si une guerre napolitaine ne s'allume pas) peut être réputé possible pour l'un de nous, au printems de 1821. Je présume que vous aussi, serez de retour à cette époque, ou jamais; mais vous me donnerez là-dessus quelque indication. Voici ce projet : c'est de fonder, vous et moi, conjointement un journal, — ni plus ni moins, — hebdomadaire ou autre, en apportant quelques améliorations ou modifications au plan des bélitres qui dégradent à présent ce département de la littérature, — mais un journal que nous publierons dans la forme voulue, et néanmoins avec attention.

» Il devra toujours y avoir une pièce de poésie de l'un ou l'autre de nous deux, en laissant place, toutefois, à tous les dilettanti rimeurs qui seraient jugés dignes de paraître dans la même colonne; mais ceci doit être un *sine qua non*; et de plus, autant de prose que nous pourrons. Nous prendrons un bureau, — sans annoncer nos noms, mais en les laissant soupçonner — et, avec la grâce de la Providence, nous donnerons au siècle quelques nouvelles lumières sur la politique, la poésie, la biographie, la critique, la morale et la théologie, et sur toute autre *ique*, *ie* et *ologie* quelconque.

» Ainsi, mon cher, si nous nous y mettions avec empressement, nos dettes seraient payées en une douzaine de mois, et à l'aide d'un peu de diligence et de pratique, je ne doute pas que nous ne missions derrière nous ces mauvais diseurs de lieux communs, qui ont si long-tems outragé le sens commun et le

commun des lecteurs. Ils n'ont d'autre mérite que la pratique et l'impudence, deux qualités que nous pouvons acquérir ; et quant au talent et à l'instruction, ce serait bien le diable si, après les preuves que nous en avons données, nous ne pouvions fournir rien de mieux que les tristes plats qui ont froidement servi au déjeûner de la Grande-Bretagne pendant tant d'années. Qu'en pensez-vous? dites-le moi, et songez que si nous fondons une telle entreprise, il faut que nous y mettions de l'empressement. Voilà une idée, — faites-en un plan. Vous y ferez telle modification qu'il vous plaira, seulement consacrons-y l'emploi de nos moyens, et le succès est très-probable. Mais il faut que vous viviez à Londres, et moi aussi, pour mener l'affaire à bien, et il faut que nous gardions le secret . . . .
. . . .

» Votre affectionné,

B.

» *P. S.* Si vous songiez à un juste milieu entre un Spectateur et un journal ; — pourquoi non ? — Seulement pas le dimanche. Non que le dimanche ne soit un jour excellent, mais il est déjà pris. Nous prendrons le nom de *Tenda Rossa*, nom que Tassoni donna à une de ses réponses dans une controverse, par allusion à la menace délicate que Timour-Lam adressait à ses ennemis par un *Tenda* de cette couleur, avant de donner bataille. Ou bien *Gli* ou *I Carbonari*, si cela vous fait plaisir, — ou tout autre nom, — récréatif et amusant, — que vous pourrez préférer. Répondez. Je conclus poétiquement avec le crieur : « Je vous souhaite un joyeux Noël. »

L'année 1820 fut, comme on sait, une époque signalée par les nombreux efforts de l'esprit révolutionnaire qui éclata alors, comme un feu mal étouffé, dans la plus grande partie du sud de l'Europe. En Italie, Naples avait déjà levé l'étendard constitutionnel, et son exemple avait promptement agi sur toute cette contrée. Dans la Romagne, il s'était organisé, sous le nom de Carbonari, des sociétés secrètes qui n'attendaient qu'un mot de leurs chefs pour entrer en pleine insurrection. Nous avons vu, dans le journal de Lord Byron, en 1814, quel immense intérêt il prit aux dernières luttes de la France révolutionnaire sous Napoléon ; et ses exclamations : « Oh! vive la république! ».— Tu dors, Brutus! » montrent jusqu'à quel point, en théorie du moins, son ardeur politique s'étendait. Depuis lors, il n'avait que rarement tourné ses pensées sur la politique, la marche calme et ordinaire des affaires publiques n'ayant que peu intéressé un esprit comme le sien, dont rien moins qu'une crise ne semblait digne d'exciter les sympathies. L'état de l'Italie lui offrait la promesse d'une telle occasion ; et en sus de ce grand intérêt national, qui pouvait remplir tous les désirs d'un ami de la liberté, encore tout échauffé par les pages de Dante et de Pétrarque, il avait aussi des liens et des considérations privées pour s'enrôler comme partie dans le débat. Le frère de madame Guiccioli, le comte Pietro Gamba, qui avait passé quelque tems à Rome et à Naples, était alors de retour de son voyage; et les dispositions amicales auxquelles, malgré une première et naturelle tendance à des sentimens opposés, il avait été enfin amené à l'égard du noble amant de sa sœur, ne peuvent être mieux dépeintes qu'avec les propres paroles de la belle comtesse.

« A cette époque, dit Mme Guiccioli, vint à Ra-
» venne, de retour de Rome et de Naples, mon bien-
» aimé frère Pietro. Il avait conçu contre le carac-
» tère de Lord Byron des préventions que lui avaient
» inspirées les ennemis du noble poète; il était fort
» affligé de mon intimité avec lui, et mes lettres
» n'avaient pas réussi à détruire tout-à-fait la défa-
» vorable impression qu'avaient produite les détrac-
» teurs de Lord Byron. Mais à peine l'eût-il vu et
» connu, qu'il reçut cette impression qui ne peut
» être causée par de simples qualités extérieures,
» mais seulement par la réunion de tout ce qu'il y a
» de plus beau et de plus grand dans le cœur et
» dans l'esprit de l'homme. Toutes ses préventions
» s'évanouirent, et la conformité d'idées et d'études
» contribua à nouer entre mon frère et Lord Byron
» une amitié qui ne devait finir qu'avec leur vie. »

---

[1] In quest' epoca venne a Ravenna di ritorno da Roma a Napoli mio diletto fratello Pietro. Egli era stato prevenuto da dei nemici di Lord

Le jeune Gamba, qui n'avait alors que vingt ans, le cœur plein de tous ces rêves de régénération italienne, que lui avait inspirés, non-seulement l'exemple de Naples, mais l'esprit général de tout ce qui l'entourait, s'était, en même tems que son père, qui était encore dans la force de l'âge, enrôlé dans les bandes secrètes qui étaient en train de s'organiser par toute la Romagne, et Lord Byron, par leur intervention, avait été aussi admis dans la confrérie. Cette héroïque adresse au gouvernement napolitain (écrite en italien [1] par le noble poète, et, suivant toute probabilité, envoyée par lui à Naples, mais interceptée en route) montrera combien était profond, ardent, expansif, son zèle pour cette grande et universelle cause de la liberté politique, pour la-

---

Byron contro il di lui carattere; molto lo affligeva la mia intimità con lui, e le mie lettere non avevano riuscito a bene distruggere la cattiva impressione ricevuta dai detrattori di Lord Byron. Ma appena lo vide e lo conobbe, egli pure ricevette quella impressione che non può essere prodotta da dei pregi esteriori, ma solamente dall' unione di tutto ciò che vi è di più bello e di più grande nel cuore e nella mente dell' uomo. Svanì ogni sua anteriore prevenzione contro di Lord Byron, e la conformità delle loro idee e degli studii loro contribuì a stringerli in quella amicizia che non doveva avere fine che colla loro vita.

[1] On a trouvé dans les papiers de Byron cette adresse, écrite de sa propre main. On présume qu'il la confia à un agent prétendu du gouvernement constitutionnel de Naples, qui était venu secrètement le voir à Ravenne, et qui, sous prétexte d'avoir été arrêté et volé, obtint de sa seigneurie de l'argent pour son retour. On sut ensuite que cet homme était un espion, et la pièce ci-dessus, si elle lui a été confiée, est tombée entre les mains du gouvernement pontifical.

(*Note de Moore.*)

quelle il perdit la vie bientôt après au milieu des marais de Missolonghi.

« Un Anglais, ami de la liberté, ayant vu que les
« Napolitains permettent aux étrangers de contri-
» buer aussi à la bonne cause, désirerait l'honneur
» de voir accepter mille louis qu'il se hasarde d'of-
» frir. Depuis quelque tems, témoin oculaire de la
» tyrannie des barbares dans les états qu'ils occu-
» pent en Italie, il voit avec tout l'enthousiasme
» d'un homme bien né, la généreuse détermination
» des Napolitains à consolider une indépendance si
» bien conquise. Membre de la chambre des pairs
» de la nation anglaise, il serait traître aux prin-
» cipes qui ont placé sur le trône la famille régnante
» d'Angleterre, s'il ne reconnaissait la belle leçon
» récemment donnée aux peuples et aux rois. L'of-
» fre qu'il fait est peu de chose en elle-même, comme
» toutes celles que peut faire un individu à une na-
» tion, mais il espère qu'elle ne sera pas la dernière
» de la part de ses compatriotes. Son éloignement
» des frontières, et la conscience de son peu de ca-
» pacité à contribuer efficacement de sa personne à
» servir la nation, l'empêchent de se proposer comme
» digne de la plus petite commission qui demande
» de l'expérience et du talent. Mais si sa présence
» en qualité de simple volontaire n'était pas un in-
» convénient pour ceux qui l'accepteraient, il se ren-
» drait à tel lieu que le gouvernement napolitain
» indiquerait, pour obéir aux ordres et participer

» aux périls de son chef, sans autre motif que ce-
» lui de partager le destin d'une brave nation, en
» résistant à la soi-disant Sainte-Alliance, qui n'allie
» que l'hypocrisie au despotisme [1]. »

Ce fut durant l'agitation de cette crise, au milieu de la rumeur et de l'alarme, et dans l'attente continuelle d'être appelé au champ de bataille, que Lord Byron commença le journal que je donne maintenant au public, et qu'il est impossible de lire, avec le souvenir de son premier journal écrit en 1814, sans songer combien étaient différentes, dans toutes leurs circonstances, les deux époques où ce noble auteur

---

[1] Un Inglese amico della libertà avendo sentito che i Napolitani permettono anche agli stranieri di contribuire alla buona causa, bramerebbe l'onore di vedere accettata la sua offerta di mille luigi, la quale egli azzarda di fare. Già testimonio oculare non molto fa della tirannia dei barbari negli stati da loro occupati nell' Italia, egli vede con tutto l'entusiasmo di un uomo ben nato la generosa determinazione dei Napolitani per confermare la loro bene acquistata indipendenza. Membro della Camera dei Pari della nazione inglese, egli sarebbe un traditore ai principii che hanno posto sul trono la famiglia regnante d'Inghilterra se non reconoscesse la bella lezione di bel nuovo data ai popoli ed ai re. L'offerta che egli brama di presentare è poca in se stessa, come bisogna che sia sempre quella di un individuo ad una nazione, ma egli spera che non sarà l'ultima dalla parte dei suoi compatriotti. La sua lontananza dalle frontiere, e il sentimento della sua poca capacità personale di contribuire efficacemente a servire la nazione, gl'impedisce di proporsi come degno della più piccola commissione che domanda dell' esperienza e del talento. Ma, se, come semplice volontario, la sua presenza non fosse un incommodo a quello che l'accettasse, egli riparebbe a qualunque luogo indicato dal governo napolitano per ubbidire agli ordini e partecipare ai pericoli del suo superiore, senza avere altri motivi che quello di dividere il destino di una brava nazione resistendo alla se dicente Santa Alleanza, la quale aggiunge l'ipocrizia al despotismo.

traçait ces procès-verbaux de ses pensées actuelles.
Il écrivit le premier à l'époque qui peut être considérée, pour user de ses propres expressions, comme « la période la plus poétique de toute sa vie » — non pas certainement, en ce qui regardait les forces de son génie, auquel chaque année de plus ajoutait une nouvelle vigueur, et un nouveau lustre, mais en tout ce qui constitue la poésie du caractère, — savoir, les sentimens purs de la contagion mondaine, dont en dépit de son expérience prématurée de la vie il conserva toujours l'empreinte, et ce noble flambeau de l'imagination dont, malgré son mépris systématique du genre humain, il projeta toujours l'embellissante lumière sur les objets de ses affections. Il y eut alors, dans sa misantropie comme dans ses chagrins, autant d'imagination que de réalité; et jusqu'à ses galanteries et intrigues amoureuses de cette même époque partagèrent également, comme j'ai essayé de le montrer, le même caractère d'idéalité. Quoique tombé de bonne heure sous l'empire des sens, il avait été de bonne heure aussi délivré de cet esclavage, d'abord par la satiété que les excès ne manquent jamais de produire, et peu de tems après, par cette série d'attachemens où l'imagination est pour moitié, lesquels tout en ayant même des conséquences morales plus funestes à la société, avaient au moins un vernis de décence à la surface et par leur nouveauté et l'apparente difficulté qui les entourait servaient à

entretenir cette illusion poétique, d'où de telles poursuites dérivent leur unique charme.

Avec un tel mélange ou plutôt une telle prédominance de l'idéal dans ses amitiés, dans ses haines et dans ses chagrins, son existence à cette époque, animée comme elle était, et maintenue en état de tourbillon par un tel cours de succès, doit être reconnue, même déduction faite de toutes les adjonctions peu pittoresques d'une vie de Londres, comme poétique à un haut degré, et environnée d'une sorte de halo ! romanesque que les événemens subséquens n'étaient que trop propres à disssiper. Par son mariage, et les résultats qui s'en suivirent, il fut amené de nouveau à quelques-unes de ces amères réalités dont sa jeunesse avait eu un avant-goût. Une gêne pécuniaire, — épreuve la plus terrible de toutes pour l'ame délicate et haute, — le soumirent à toutes les indignités qu'elle entraîne ordinairement après soi, et il fut ainsi cruellement instruit des avantages de *posséder* de l'argent, quand il n'avait pensé jusque-là qu'au généreux plaisir d'en *dépenser*. Certes, on ne peut demander une plus forte preuve du pouvoir de pareilles difficultés pour abaisser l'orgueil le plus chevaleresque, que la nécessité où

---

[1] On désigne ainsi, en physique, une couronne lumineuse que l'on voit quelquefois autour des astres, et principalement du soleil et de la lune. Le lecteur s'imagine bien que nous ne tirons pas de notre propre cru cette métaphore étrange ; nous l'importons littéralement de l'anglais, où elle est assez usitée, comme toutes les figures relatives aux phénomènes que les marins ont intérêt à observer. (*Note du Trad.*)

Byron se trouva réduit en 1816, non-seulement de se désister de la résolution de ne tirer jamais aucun profit de la vente de ses ouvrages, mais encore d'accepter de son éditeur, pour droit d'auteur, une somme d'argent, qu'il avait quelque tems persisté à refuser pour lui-même, et que, dans la pleine sincérité de son cœur généreux, il avait destinée à d'autres. L'injustice et la méchanceté, dont il devint bientôt victime, eurent un pouvoir également fatal pour désenchanter le rêve de son existence. Ces chagrins d'imagination, ou du moins de retour sur le passé, auxquels il avait autrefois aimé à s'abandonner, et qui tendaient, par l'intermède de ses illusions idéales, à adoucir et polir son cœur, firent alors place à un cortége ennemi de vexations présentes et ignobles, plus humiliantes que pénibles à subir. Sa misantropie, au lieu d'être comme auparavant un sentiment vague et abstrait qui ne s'arrêtât sur aucun objet particulier, et dont la diffusion corrigeât l'âcreté, fut alors condensée, par l'hostilité qu'il rencontra, en inimitiés individuelles, et ramassée en ressentimens personnels ; et du haut de ce luxe de haine, qu'il croyait philosophique, contre les hommes en général, il fut alors obligé de descendre à l'humiliante nécessité de les mépriser en détail.

Sous toutes ces influences si fatales à l'enthousiasme du caractère, et formant, pour la plupart, une partie des épreuves ordinaires qui glacent et endurcissent les cœurs dans le monde, il était impossible qu'un changement matériel ne s'effectuât pas dans un esprit si susceptible d'impressions tout à-la-fois rapides et durables. En contraignant Byron à se concentrer dans ses seules ressources et dans sa seule énergie, comme dans l'unique position à lui laissée contre l'injustice du monde, ses ennemis ne réussirent qu'à donner à un principe intérieur d'indépendance une nouvelle force et un nouveau ressort, qui tout en ajoutant à la vigueur de son caractère, ne pouvaient manquer, par un si grand déploiement de cette activité propre, à en diminuer un peu l'amabilité. Parmi les changemens de disposition principalement imputables à cette source, on doit mentionner la moindre déférence qu'il montra aux opinions et aux sentimens d'autrui après ce ralliement forcé de tous ses moyens de résistance. Sans doute, une portion de cette opiniâtreté doit être mise sur le compte de l'absence de tous ceux dont la plus légère parole, le plus léger regard auraient eu plus d'effet sur lui que des volumes entiers de correspondance, mais nulle cause moins puissante et moins révulsive que la lutte dans laquelle il avait été engagé, n'aurait pu porter un esprit qui tel que le sien se défiait naturellement de lui-même, et s'en défiait encore au milieu de cette excitation, à s'arroger un ton de bravade universelle, plein sinon d'orgueil dans la prééminence de ses moyens, du moins d'un tel mépris pour quelques-uns de ses contemporains les plus capables, qu'il impliquait presque cet orgueil. Ce fut, en effet, comme je l'ai déjà remarqué plus d'une fois dans ces pages, un soulèvement général de tous les élémens, bons et mauvais, qui constituaient la nature du noble poète, soulèvement semblable à celui que, jeune encore, il avait opposé une première fois à l'injustice, — avec une différence, néanmoins, presque aussi grande, sous le point de vue de la force et de la grandeur, entre les deux explosions, qu'entre un incendie et une éruption volcanique.

Une autre conséquence de l'esprit de bravade qui dès-lors anima Lord Byron, peut-être encore plus propre que toute autre à souiller et à ramener quelque tems au niveau terrestre la poésie de son caractère, fut le genre de vie auquel il s'abandonna à Venise, outrepassant même la licence de sa jeunesse. Il en fut bientôt retiré, comme de ses premiers excès, par l'avertissement opportun du dégoût. Sa liaison avec Mme Guiccioli, liaison qui, toute répréhensible qu'elle était, avait du mariage tout ce qui manquait au mariage réel du poète, — sembla enfin donner à son ame affectueuse cette union et cette sympathie après lesquelles il avait toute sa vie si ardemment soupiré. Mais le trésor vint trop tard : — la pure poésie du sentiment s'était évanouie; et ces larmes qu'il répandait avec tant de passion dans le jardin de Bologne, venaient moins peut-être de l'amour qu'il sentait en ce moment, que de la triste conscience des sentimens si différens qu'il avait auparavant éprouvés. Certes, il était impossible à une imagination même telle que la sienne, de conserver un voile de gloires idéales à une passion que, — plus par défi et par vanité que par tout autre motif, — il avait pris tant de peine à ternir et à dégrader à ses propres yeux. Par conséquent, au lieu d'être capable, comme autrefois, d'élever et d'embellir tout ce qui l'intéressait, de se faire une idole de la moindre création de son imagination, et de prendre pour l'amour même qu'il conjura si souvent, la simple forme de l'amour, il tomba dès-lors dans l'erreur opposée, dans la perverse habitude de déprécier et rabaisser ce qu'il estimait intérieurement, et de verser, comme le lecteur l'a vu, le mépris et l'ironie sur un lien où les meilleurs sentimens de son ame étaient évidemment engagés. Cet ennemi de l'enthousiasme et de l'idéal, le ridicule, avait, au fur et à mesure qu'il avait échangé les illusions contre les réalités de la vie, pris de plus en plus d'empire sur lui, et avait alors envahi les régions les plus hautes et les plus belles de son esprit, comme on le voit par *Don Juan*, — cette arène variée où les deux génies, l'un bon et l'autre mauvais, qui gouvernaient ses pensées, se livrent avec des triomphes alternatifs leur puissant et éternel combat.

Et même cette verve d'ironie, — au point où il la porta, — n'était aussi qu'un résultat du choc que son ame fière reçut des événemens qui l'avaient jeté, avec un nom flétri et un cœur brisé, hors de sa patrie et de ses pénates, comme il le dit lui-même d'une façon touchante,

> Et si je ris des choses du monde,
> C'est que je ne puis pleurer.

ce rire, — qui, dans de tels tempéramens, est le proche voisin des pleurs; — servait à le distraire de plus amères pensées; et le même calcul philosophique qui fit dire au poète de la mélancolie, à Young, « qu'il aimait mieux rire du monde que de » s'irriter contre lui, » amena aussi Lord Byron à produire la même conclusion, et à sentir que, dans les vues misantropiques auxquelles il était enclin à l'égard du genre humain, la gaîté lui épargnait souvent la peine de haïr.

Si, malgré tous ces obstacles à l'effusion des sentimens généreux, il conserva encore tant de tendresse et d'ardeur, comme il en fit preuve, à travers tous ses déguisemens, dans son incontestable amour pour Mme Guiccioli, et dans le zèle encore moins douteux avec lequel il embrassa alors, de cœur et d'ame, la grande cause de la liberté humaine, n'importe où et par qui elle fut proclamée, — cela seul montre quelle dut être la richesse primitive d'une sensibilité et d'un enthousiasme qu'une telle carrière ne put que si peu refroidir ou épuiser. C'est encore une grande consolation que de songer que les dernières années de sa vie ont été embellies par le retour de ce lustre romantique qui, à la vérité, n'avait jamais cessé d'environner le poète, mais n'avait que trop abandonné le caractère de l'homme ; et que, lorsque l'amour — tout répréhensible qu'il était, mais enfin amour véritable, — avait le crédit de retirer Byron des seules erreurs qui le souillèrent dans son jeune âge, à la liberté était réservé le noble mais douloureux triomphe de revendiquer comme sienne la dernière période d'une vie glorieuse, et d'éclairer le tombeau du noble poète au milieu des sympathies du monde.

Ayant tâché, dans cette comparaison entre l'homme actuel et l'homme primitif, d'expliquer, par les causes que je tiens pour véritables, les nouveaux phénomènes que le caractère de Byron présenta à cette époque, je donnerai maintenant le Journal, par lequel ces remarques me furent plus particulièrement suggérées, et que je crains d'avoir ainsi trop différé à présenter au lecteur.

EXTRAITS

D'UN JOURNAL DE LORD BYRON, 1821.

Ravenne, 4 janvier 1821.

« Une idée soudaine me frappe. Commençons un
» Journal encore une fois. Le dernier que je tins
» fut en Suisse, en mémoire d'un voyage dans les
» Alpes bernoises ; je le fis pour l'envoyer à ma sœur,
» en 1816, et je présume qu'elle l'a encore, car
» elle m'écrivit qu'elle en était fort contente. Un

» autre, beaucoup plus long, fut tenu par moi en
» 1813-1814, et donné la même année à Thomas
» Moore.

» Ce matin, je me levai tard, comme d'ordinaire:
» — mauvais tems, — mauvais comme en Angle-
» terre, — même pire. La neige de la semaine der-
» nière se fond au souffle du sirocco d'aujourd'hui,
» en sorte qu'il y a tout à-la-fois deux inconvéniens
» du diable. Je n'ai pu aller me promener à cheval
» dans la forêt. Demeuré à la maison toute la ma-
» tinée, — regardé le feu, — surpris du retard du
» courrier. Le courrier arrivé à l'*Ave Maria*, au
» lieu d'une heure et demie, comme il le doit. *Ga-*
» *lignani's Messengers*, au nombre de six; — une
» lettre de Faenza, mais aucune d'Angleterre.
» Fort mauvaise humeur en conséquence (car il y
» aurait dû y avoir des lettres); mangé en consé-
» quence un copieux dîner : car lorsque je suis vexé,
» j'avale plus vite, — mais je n'ai que fort peu bu.
» J'étais maussade; — j'ai lu les journaux, —
» songé ce que c'est que la gloire, en lisant, dans
» un procès de meurtre, que « M. Wych, épicier,
» à Tunbridge, vendit du lard, de la farine, du
» fromage et, à ce qu'on croit, des raisins secs à
» une Égyptienne accusée du crime. Il avait sur son
» comptoir (je cite fidèlement) un livre, la *Vie de*
» *Paméla*, qu'il déchirait pour enveloppes, etc., etc.
» Dans le fromage, on trouva, etc., etc., et une
» feuille de *Paméla* roulée autour du lard. » Qu'au-

» rait dit Richardson, le plus vain et le plus heu-
» reux des auteurs vivans (c'est-à-dire durant sa vie);
» — lui qui, avec Aaron Hill, avait coutume de
» prophétiser et de railler la chûte présumée de
» Fielding (l'Homère en prose de la nature humaine)
» et de Pope (le plus beau des poètes); — qu'au-
» rait-il dit, s'il avait pu suivre ses pages de la toi-
» lette du prince français (voir *Boswell's Johnson*)
» au comptoir de l'épicier et au lard de l'Égyptienne
» homicide !!!

» Qu'aurait-il dit? Que peut-il dire, sauf ce que
» Salomon a dit long-tems avant nous? Après tout,
» ce n'est que passer d'un comptoir à un autre, du
» libraire à un autre commerçant, — épicier ou pâ-
» tissier. . . . .

» Écrit cinq lettres en une demi-heure environ,
» courtes et rudes, à toute la racaille de mes corres-
» pondans. Le carrosse est arrivé. Appris la nou-
» velle de trois meurtres à Faenza et à Forli, — un
» carabinier, un contrebandier et un procureur :
» — tous trois la nuit dernière. Les deux premiers
» dans une querelle, le dernier par préméditation.

» Il y a trois semaines, — presque un mois : —
» c'était le 7, — je fis enlever de la rue le comman-
» dant, mortellement blessé; il mourut dans ma
» maison ; assassins inconnus, mais présumés poli-
» tiques. Ses frères m'ont écrit de Rome, hier soir,
» pour me remercier de l'avoir assisté à ses derniers
» momens. Pauvre diable ! c'était pitié ; il était bon

» soldat, mais imprudent. Il était huit heures du
» soir quand on l'a tué. Nous entendîmes le coup
» de feu ; mes domestiques et moi accourûmes dans
» la rue, et le trouvâmes expirant, avec cinq bles-
» sures, dont deux mortelles : — elles semblaient
» avoir été faites par des balles mâchées. Je l'exa-
» minai, mais n'allai pas à la dissection le lende-
» main matin.

» Le carrosse à 8 heures ou à peu près. — Allé
» visiter la comtesse Guiccioli. — Je l'ai trouvée à
» son piano-forté. — Parlé avec elle jusqu'à dix
» heures, que le comte son père, et son frère, non
» moins comte, rentrèrent du théâtre. La pièce, di-
» rent-ils, était *Filippo* d'Alfieri ; — bien accueillie.

» Il y a deux jours, le roi de Naples a passé par
» Bologne pour se rendre au congrès. Mon domes-
» tique Luigi a apporté la nouvelle. Je l'avais en-
» voyé à Bologne chercher une lampe. Comment
» cela finira-t-il? Le tems l'apprendra.

» Rentré chez moi à onze heures, ou même plus
» tôt. Si le chemin et le tems le permettent, je ferai
» une promenade à cheval demain. Gros tems, —
» presque une semaine ainsi, — un jour, neige,
» sirocco, — l'autre jour, gelée et neige; triste
» climat pour l'Italie. Mais ces deux saisons, la der-
» nière et la présente sont extraordinaires. Lu une
» Vie de Léonard de Vinci, par Rossi ; — résumé,
» — écrit ceci, et je vais aller me coucher. »

5 janvier 1821.

« Je me suis levé tard, — morne et abattu ; —
» tems humide et épais. De la neige par terre, et le
» sirocco dans le ciel, comme hier. Les chemins
» remplis jusqu'au ventre du cheval, en sorte que
» l'équitation (du moins comme partie de plaisir)
» n'est pas praticable. Ajouté un postscriptum à
» ma lettre à Murray. Lu la conclusion, pour la
» cinquième fois (j'ai lu tous les romans de Walter-
» Scott au moins cinq fois) de la troisième série des
» *Contes de mon Hôte*,— grand ouvrage,—Fielding
» écossais, aussi bien que grand poète anglais ; —
» homme merveilleux ! Je désire boire avec lui.

» Dîné vers six heures. Oublié qu'il y avait un
» *plum-pudding* (j'ai ajouté récemment la gour-
» mandise à la famille de mes vices), et j'avais dîné
» avant de le savoir. Bu une demi-bouteille d'une
» sorte de liqueur spiritueuse, — probablement de
» l'esprit de vin ; car, ce qu'on appelle eau-de-vie,
» rum, etc., etc., n'est pas autre chose que de l'es-
» prit de vin avec telle ou telle couleur. Je n'ai pas
» mangé deux pommes, qui avaient été servies en
» guise de dessert. Donné à manger aux deux chats,
» au faucon, et à la corneille privée (mais non ap-
» privoisée). Lu l'*Histoire de la Grèce* de Mitford,
» — la *Retraite des Dix Mille* de Xénophon. Écrit
» jusqu'au moment actuel, huit heures moins six
» minutes, — heure française, non italienne.

» J'entends le carrosse, — je demande mes pis-

» tolets et ma redingote, comme d'ordinaire, — ce
» sont des articles nécessaires. Tems froid, — pro-
» mené en carrosse découvert; — habitans un peu
» farouches, — perfides et enflammés de vives pas-
» sions politiques. Fins matois, néanmoins, — bons
» matériaux pour une nation. C'est du chaos que
» Dieu tira le monde, et c'est du sein des passions
» que sort un peuple.

» L'heure sonne; — sorti pour faire l'amour.
» C'est un peu périlleux, mais non désagréable. .

. . . .

» Le dégel continue; — j'espère qu'on pourra se
» promener à cheval demain. Envoyé les journaux
» à ***; — grands événemens qui se préparent.

» Onze heures neuf minutes. Visité la comtesse
» Guiccioli, née G. Gamba. Elle commençait ma
» lettre en réponse aux remercîmens que m'avait
» écrits Alessio del Pinto de Rome, pour avoir as-
» sisté son frère, feu le commandant, à ses derniers
» momens; car je l'avais priée d'écrire ma réponse
» pour plus grande pureté de langage, moi qui suis
» natif de par-delà les monts, et suis peu habile à
» faire une phrase de bon toscan. Coupé court à la
» lettre; — on la finira un autre jour. Parlé de l'I-
» talie, du patriotisme d'Alfieri, de madame Al-
» bany, et autres branches de savoir. Même la
» conspiration de Catilina, et la guerre de Jugurtha
» de Salluste. A 9 heures, entre son frère *il conte*
» *Pietro*; — à 10, son père *conte Ruggiero*.

» Parlé des divers usages militaires, — du ma-
» niement du grand sabre à la mode hongroise et à
» celle des montagnards écossais, double exercice
» dans lequel j'étais autrefois un assez habile maître
» d'escrime. Convenu que la R. éclatera le 7 ou 8
» mars, date à laquelle je me fierais, s'il n'avait pas
» déjà été convenu que la chose devait éclater en
» octobre 1820.. . . . .
» Rentré chez moi, — relu de nouveau les *Dix*
» *Mille*, et je vais aller me coucher.

» Mémorandum. — Ordonné à Fletcher (à 4 heu-
» res après midi) de copier sept ou huit apoph-
» thegmes de Bacon, dans lesquels j'ai découvert
» des bévues qu'un écolier serait plutôt capable de
» découvrir que de commettre. Tels sont les sages !
» Que faut-il qu'ils soient, pour qu'un homme comme
» moi tombe sur leurs méprises ou leurs mensonges ?
» Je vais me coucher, car je trouve que je deviens
» cynique. »

6 janvier 1821.

« Brouillard, — dégel, — boue, — pluie. Point
» de promenade à cheval. Lu les anecdotes de Spence.
» Pope est un habile homme, — je l'ai toujours
» pensé. Corrigé les erreurs de neuf apophthegmes
» de Bacon, — toutes erreurs historiques, — et lu
» la *Grèce* de Mitford. Composé une épigramme.
» Cherché un passage dans Ginguené, — même dans
» le *Lope de Vega* de lord Holland. Écrit une note
» pour Don Juan.

» A huit heures, sorti pour visite. Entendu un
» peu de musique. Parlé avec le comte Pietro Gamba
» de l'acteur italien Vestris, qui est maintenant à
» Rome; — je l'ai vu souvent jouer à Venise, —
» bon comédien, — très-bon. Un peu maniéré; mais
» excellent dans la grande comédie, comme dans les
» sentimens pathétiques. Il m'a fait souvent rire et
» pleurer, et ce n'est pas chose fort aisée, — du
» moins à un comédien, de produire sur moi l'un
» ou l'autre effet.

» Réfléchi à l'état des femmes dans l'ancienne
» Grèce, — état assez convenable. L'état présent,
» reste de la barbarie des siècles de chevalerie et de
» féodalité, — artificiel et contre nature. Elles doi-
» vent veiller à la maison, — être bien nourries et
» bien habillées, — mais non pas mêlées à la société;
» — recevoir aussi une bonne éducation religieuse,
» — mais ne lire ni poésie ni politique, — rien que
» des livres de piété et de cuisine. Musique, — des-
» sin, — danse; — plus, un peu de jardinage et de
» labourage par-ci par-là. Je les ai vu, en Épire,
» réparer les chemins avec succès. Pourquoi pas,
» ainsi que la coupe des foins et le trait du lait?

» Rentré chez moi, lu de nouveau Mitford, et
» joué avec mon mâtin, — je lui ai donné son sou-
» per. Fait une autre leçon de l'épigramme; mais
» avec le même tour. Le soir au théâtre; il y avait
» un prince sur son trône à la dernière scène de la
» comédie, — l'auditoire a ri, et lui a demandé

» une constitution. Cela explique l'état de l'esprit
» public en ce pays, ainsi que les assassinats. Il faut
» une république universelle, — et elle doit être.
» La corneille est boiteuse, — je m'étonne d'un tel
» accident, — quelque sot, je présume, lui a mar-
» ché sur la patte. Le faucon est tout guilleret, —
» les chats gras et bruyans. — Je n'ai pas regardé
» les singes depuis le froid. Il fait toujours très-hu-
» mide, — un hiver italien est une triste chose,
» mais les autres saisons sont délicieuses.

» Quelle est la raison pour laquelle j'ai été, du-
» rant toute ma vie, plus ou moins ennuyé? et pour-
» quoi le suis-je peut-être moins à présent que je
» ne l'étais à vingt ans, autant je ne puis en croire
» mes souvenirs? Je ne sais comment résoudre ce
» problème, si-non présumer que c'est un effet du
» tempérament, — tout comme l'abattement au ré-
» veil, ce qui a été mon invariable manière d'être
» pendant plusieurs années. La tempérance et l'exer-
» cice, dont j'ai fait maintes fois et pendant long-
» tems une expérience vigoureuse et violente, n'ont
» produit que peu ou point de différence. Les pas-
» sions fortes en ont produit une; sous leur immé-
» diate influence, — c'est bizarre, mais — j'eus
» toujours les esprits agités, et non pas abattus.
» Une dose de sels excite en moi une ivresse momen-
» tanée, comme le champagne léger. Mais le vin et
» les spiritueux me rendent sombre et farouche jus-
» qu'à la férocité, — silencieux néanmoins, ami de

» la solitude, et non querelleur, si l'on ne me parle
» pas. La nage relève aussi mes esprits, — mais en
» général, ils sont bas, et baissent de jour en jour
» davantage. Cela est désespérant; car je ne crois
» pas que je sois aussi ennuyé que je l'étais à dix-
» neuf ans. La preuve en est qu'alors il me fallait
» jouer ou boire, ou me livrer à un mouvement
» quelconque; autrement j'étais malheureux. A pré-
» sent, je puis rêver avec calme; et je préfère la
» solitude à toute compagnie, — hormis la dame
» que je sers. Mais je sens un je ne sais quoi qui
» me fait penser que si jamais j'atteins la vieillesse,
» comme Swift, « je mourrai sur le seuil » dès l'a-
» bord. Seulement je ne crains pas l'idiotisme ou la
» démence autant que lui. Au contraire, je regarde
» quelques phases paisibles de l'un et l'autre de ces
» états comme préférables à mille circonstances de ce
» que les hommes appellent la possession de leurs
» sens. »

Dimanche 7 janvier 1821.

« Toujours de la pluie, — du brouillard, — de
» la neige, — un tems de bruine, — et toutes les
» incalculables combinaisons d'un climat où le froid
» et le chaud se disputent l'empire. Lu Spence, et
» feuilleté Roscoe pour trouver un passage que je
» n'ai pas trouvé. Lu le 4ᵉ volume de la seconde sé-
» rie des *Contes de mon Hôte* de Walter-Scott. Dîné.
» Lu la gazette de Lugano. Lu — je ne sais plus
» quoi. A huit heures, allé en *conversazione*. Ren-

» contré là la comtesse Gertrude, Betty V. et son
» mari, et d'autres personnes. Vu une jolie femme
» aux yeux noirs, — de vingt-deux ans; — même
» âge que Teresa, qui est plus jolie, pourtant.

» Le comte Pietro Gamba m'a pris à part pour
» me dire que les patriotes avaient appris de Forli
» (à vingt milles d'ici) que cette nuit le gouverne-
» ment et son parti veulent frapper un grand coup;
» — que notre cardinal a reçu des ordres pour faire
» plusieurs arrestations sur-le-champ, et qu'en con-
» séquence les libéraux s'arment, et ont placé des
» patrouilles dans les rues, pour sonner l'alarme et
» appeler au combat.

» Il m'a demandé « qu'est-ce que l'on doit faire? »
» — Combattre, ai-je répondu, plutôt que se laisser
» prendre en détail. » Et j'ai offert de recevoir ceux
» qui sont dans l'appréhension d'une arrestation im-
» médiate, dans ma maison qui est susceptible de
» défense, et de les défendre, avec l'aide de mes
» domestiques et la leur propre (nous avons des
» armes et des munitions), aussi long-tems que nous
» pourrons; — ou bien d'essayer de les faire échap-
» per à l'ombre de la nuit. En gagnant le logis, j'ai
» offert au comte les pistolets que j'avais sur moi, —
» il a refusé, mais il m'a dit qu'il viendrait à moi
» en cas d'accidens.

» Il s'en faut d'une demi-heure pour être à mi-
» nuit, et il pleut. Comme dit Gibbet : « Belle nuit
» pour leur entreprise, il fait noir comme en enfer,

» et ça tombe comme le diable. » Si l'émeute n'ar-
» rive pas aujourd'hui, ce sera bientôt. J'ai pensé
» que le système de maltraiter le peuple produirait
» une réaction, — et la voici maintenant qui ap-
» proche. Je ferai ce que je pourrai dans le combat,
» quoique j'aie un peu perdu la pratique. La cause
» est bonne.

» Tourné et retourné une dixaine de livres pour
» le passage en question, et je n'ai pu le trouver.
» Je m'attends à entendre au premier moment le
» tambour et la mousqueterie (car on a juré de ré-
» sister, et on a raison) — mais je n'entends rien
» encore, sauf le bruit de la pluie et les bouffées du
» vent par intervalles. Je ne voudrais pas me cou-
» cher, parce que j'ai horreur d'être réveillé, et
» que je désirerais être prêt pour le tapage, s'il y
» en a.

» Arrangé le feu, — pris les armes, — et un li-
» vre ou deux que je parcourrai. Je ne connais guère
» le nombre des carbonari; mais je crois qu'ils
» sont assez forts pour battre les troupes, même ici.
» Avec vingt hommes, cette maison-ci pourrait être
» défendue pendant vingt-quatre heures contre tou-
» tes les forces que l'on pourrait ici rassembler à
» présent contre elle dans le même espace de temps;
» et, cependant, le pays en aurait connaissance, et
» se soulèverait, — si jamais il doit se soulever, ce
» dont il est possible de douter. En attendant, je

» puis aussi bien lire que faire autre chose, puisque
» je suis seul. »

Lundi 8 janvier 1821.

« Je me lève, et je trouve le comte Pietro Gamba
» dans mes appartemens. Fait sortir le domestique.
» Appris que, suivant les meilleures informations,
» le gouvernement n'avait pas expédié l'ordre des
» arrestations appréhendées; que l'attaque de Forli
» n'avait pas été tentée (comme on s'y attendait)
» par les *Sanfedisti* [1], les opposans des carbonari ou
» libéraux, — et que l'on est encore dans la même
» appréhension. Le comte m'a demandé des armes
» de meilleure qualité que les siennes; je les lui ai
» données. Convenu qu'en cas de bruit, les libéraux
» s'assembleraient ici (avec moi), et qu'il avait
» donné le mot à Vincenzo G. et autres chefs à cet
» effet. Lui-même et son père s'en vont à la chasse
» dans la forêt; mais Vincenzo G. doit venir chez
» moi, et un exprès être envoyé à lui, Pietro Gamba,
» si quelque chose survient. Opérations concertées.
» Je conseillai d'attaquer en détail et de différens
» côtés (quoique en même tems), de manière à par-
» tager l'attention des troupes, qui, malgré leur pe-
» tit nombre, mais par l'avantage de la discipline,
» battraient en combat régulier un corps quelconque
» de gens non disciplinés; — il faut donc qu'elles
» soient dispersées par petites fractions, et distraites
» çà-et-là pour différentes attaques. Offert ma maison

---

[1] Les partisans de la foi, *della santa fede*. (*Note du Trad.*)

» pour lieu d'assemblée, si on le veut. C'est une
» forte position ; — la rue est étroite, commandée
» par le feu qu'on ferait de l'intérieur, — et les
» murs sont tenables............
. . . .

» Dîné. Essayé un habit neuf. Lettre à Murray,
» avec les corrections des apophthegmes de Bacon
» et une épigramme ; — cette dernière pièce n'est
» pas destinée à l'impression. A huit heures, allé
» chez Teresa, comtesse Guiccioli..... A neuf heu-
» res et demie, entrent le comte P*** et le comte
» P. G*** ; parlé d'une certaine proclamation récem-
» ment publiée........
. . . .

» Il paraît après tout qu'il n'y aura rien. J'aurais
» voulu en savoir autant hier soir, — ou, pour
» mieux dire, ce matin, — je me serais mis au lit
» deux heures plus tôt. Et pourtant je ne dois pas
» me plaindre ; car, malgré le sirocco et la pluie bat-
» tante, je n'ai pas bâillé depuis deux jours.

» Rentré chez moi, — lu l'*Histoire de la Grèce* ;
» — avant le dîner j'avais lu *Rob-Roy* de Walter
» Scott. Écrit l'adresse de la lettre en réponse à
» Alessio del Pinto, qui m'a remercié de l'assistance
» que j'ai donnée à son frère expirant (feu le com-
» mandant, assassiné ici le mois dernier). Je lui ai
» dit que je n'avais fait que remplir un devoir d'hu-
» manité, — comme il est vrai. Le frère vit à Rome.

» Arrangé le feu avec un peu de *sgobole* (c'est

» un mot romagnol), et donné de l'eau au faucon.
» Bu de l'eau de Seltz. Memorandum : — reçu au-
» jourd'hui une estampe ou gravure de l'histoire
» d'Ugolin, par un peintre italien; — elle diffère,
» comme on pense, de l'œuvre de sir Josué Reynolds;
» mais elle n'est pas pire, car Reynolds n'est pas bon
» en histoire. Déchiré un bouton à mon habit neuf.

» Je ne sais quelle figure ces Italiens feront dans
» une insurrection régulière. Je pense quelquefois
» que, comme le fusil de cet Irlandais (à qui l'on
» avait vendu un fusil recourbé), ils ne seront bons
» qu'à « tirer leur coup dans une encoignure; » du
» moins, cette sorte de feu a été le dernier terme
» de leurs exploits; et pourtant il y a de l'étoffe
» dans ce peuple, et une noble énergie qu'il s'agi-
» rait de bien diriger. Mais qui la dirigera? Qu'im-
» porte? C'est dans de telles circonstances que les
» héros surgissent. Les difficultés sont le berceau
» des ames hautes, et la liberté est la mère des ver-
» tus que comporte la nature humaine. »

Mardi, 9 janvier 1821.

« Je me lève. — Beau jour. Demandé les chevaux;
» mais Lega, mon *secrétaire* (par italianisme, au
» lieu du mot intendant ou maître-d'hôtel), vient
» me dire que le peintre a fini la fresque de l'ap-
» partement pour lequel je l'avais dernièrement fait
» appeler; je suis allé la voir avant de sortir. Le
» peintre n'a pas mal copié les dessins du Titien...
. . . .

» Dîné. Lu *la Vanité des désirs humains* de John-
» son. — Tous les exemples, ainsi que la manière
» de les présenter, sont sublimes, aussi bien que la
» dernière partie, à l'exception d'un ou deux vers.
» Je n'admire pas autant l'exorde. Je me rappelle
» une observation de Sharpe (que l'on nommait à
» Londres le *conversationiste*, et qui était un habile
» homme), savoir, que le premier vers de ce poème
» était superflu, et que Pope (le meilleur des poètes,
» je crois) aurait commencé et mis tout d'abord,
» sans changer la ponctuation,

Examine le genre humain de la Chine au Pérou.

» Le premier vers, *livre-toi à l'observation*, etc.,
» est, sans aucun doute, lourd et inutile; mais c'est
» un beau poème, — et si vrai! — vrai comme la
» dixième satire de Juvénal. Le cours des âges change
» tout, — le tems, — la langue, — la terre, — les
» bornes de la mer, — les étoiles du ciel, — enfin
» tout ce qui est « auprès, autour et au-dessous »
» de l'homme, excepté l'homme lui-même, qui a
» toujours été et sera toujours un malheureux fa-
» quin. L'infinie variété des vies ne mène qu'à la
» mort, et l'infinité des désirs n'aboutit qu'au dé-
» sappointement. Toutes les découvertes qui ont été
» faites jusqu'à présent ont peu amélioré notre exis-
» tence. A l'extirpation d'un fléau succède une peste
» nouvelle; et un nouveau monde n'a donné à l'an-
» cien que fort peu de chose, hormis la v..... d'a-

» bord, et la liberté ensuite. — Le dernier présent
» est beau, surtout puisqu'il a été fait à l'Europe
» en échange de l'esclavage qu'elle avait apporté;
» mais il est douteux que les souverains ne regar-
» dent pas le premier comme le meilleur des deux
» pour leurs sujets.

» Sorti à huit heures, — appris quelques nou-
» velles. On dit que le roi de Naples a déclaré aux
» *puissances* (c'est ainsi qu'on appelle maintenant
» les méchans couronnés) que sa constitution lui
» avait été arrachée par la force, etc., etc., et que
» les barbares Autrichiens touchent de nouveau la
» solde de guerre et vont entrer en campagne. Qu'ils
» viennent! « Ils viennent comme des victimes dans
» leur ajustement » ces chiens de l'enfer! Espérons
» toujours voir leurs os entassés, comme j'ai vu
» ceux des dogues humains tombés à Morat, en
» Suisse.

» Entendu un peu de musique. A neuf heures,
» les visiteurs ordinaires, — nouvelles, guerre ou
» bruits de guerre. Tenu conseil avec Pietro Gam-
» ba, etc., etc. On veut ici s'insurger et me faire
» l'honneur d'appeler le secours de mon bras. Je ne
» reculerai pas, quoique je ne voie ici ni assez de
» force, ni assez de cœur pour faire une grande
» besogne; mais : en avant! — voici l'instant d'a-
» gir. Et que signifie l'intérêt du *moi*, si une seule
» étincelle de ce qui serait digne du passé peut être
» léguée à l'avenir pour ne s'éteindre jamais? Il ne

» s'agit ni d'un seul homme, ni d'un million, mais
» de l'esprit de liberté qu'il faut étendre. Les vagues
» qui se précipitent contre le rivage sont brisées
» une à une ; mais néanmoins l'Océan poursuit ses
» conquêtes : il engloutit l'*Armada*[1], use le roc, et
» si l'on en croit les *Neptuniens*[2], il a non-seulement
» détruit, mais créé un monde. De la même façon,
» quel que soit le sacrifice des individus, la grande
» cause prendra de la force, emportera ce qui est
» rocailleux, et fertilisera ce qui est cultivable (car
» l'herbe marine est un engrais). Ainsi donc, les
» calculs de l'égoïsme ne doivent point avoir de
» place dans de telles occasions, et aujourd'hui je
» n'y donnerai aucune valeur. Je ne fus jamais fort
» dans le calcul des probabilités, et je ne commen-
» cerai pas maintenant. »

10 janvier 1821.

« Belle journée ; — il n'a plu que le matin. Exa-
» miné des comptes. Lu les *Poëtes* de Campbell ; —
» noté les erreurs de l'auteur pour les corriger.
» Dîné, — sorti, — musique, — air tyrolien, avec
» des variations. Soutenu la cause de la simplicité
» primitive de l'air contre les variations de l'école
» italienne....... Politique un peu à l'orage, et de

---

[1] Nom de la flotte de Philippe II, engloutie par une tempête sous le règne d'Élisabeth.

[2] On nomme ainsi les géologues, qui croient que la terre s'est formée au milieu des eaux de la mer.

(*Notes du Trad.*)

» jour en jour plus chargée de nuages. Demain, c'est
» le jour de l'arrivée des postes étrangères, nous
» saurons probablement quelque chose.

» Rentré chez moi ; — lu. Corrigé les *lapsus ca-*
« *lami* de Tom Campbell. Bon ouvrage, quoique le
» style en soit affecté ; — mais l'auteur défend Pope
» glorieusement. Certainement c'est sa propre cause ;
» — mais n'importe, c'est fort bien ; et cela lui fait
» grand honneur.

11 janvier 1821.

« Lu les lettres. Corrigé la tragédie et les *Imita-*
» *tions d'Horace*. Dîné, après quoi je me suis senti
» mieux disposé. Sorti, — rentré, — fini mes let-
» tres, au nombre de cinq. Lu les *Poètes* et une
» anecdote dans Spence.

» All.. m'écrit que le pape, le grand duc de Tos-
» cane et le roi de Sardaigne sont aussi appelés au
» congrès, mais le pape s'y fera représenter. Ainsi
» les intérêts de plusieurs millions d'hommes sont
» dans les mains de quelques fats réunis dans un
» lieu appelé Laybach !

» Je regretterais presque que mes propres affaires
» allassent bien, quand les nations sont en péril.
» Si la destinée du genre humain pouvait être ra-
» dicalement améliorée, et surtout celle de ces Ita-
» liens actuellement si opprimés, je ne songerais
» pas tant à mon « petit intérêt. » Dieu nous ac-
» corde de meilleurs tems, ou plus de philosophie.

» En lisant, je viens de tomber sur une expression

» de Tom Campbell ; en parlant de Collius, il dit que
» nul lecteur ne se soucie de la vérité des mœurs dans
» les églogues de l'auteur, pas plus que de l'authen-
» ticité du siége de Troie. » C'est faux : — nous
» nous soucions de l'authenticité du siége de Troie:
» J'étudiai ce sujet tous les jours, pendant plus d'un
» mois, en 1810; et si quelque chose diminuait
» mon plaisir, c'était de penser que ce vaurien de
» Bryant avait nié la véracité du poète grec. Il est
» vrai que je lus *l'Homère travesti* (les douze premiers
» livres), parce que Hobhouse et d'autres me fa-
» tiguèrent de leur érudition locale. Mais je véné-
» rai toujours l'original comme la vérité même en
» histoire (quant aux faits matériels), et en des-
» cription des lieux. Autrement je n'y aurais pris
» aucun plaisir. Qui me persuadera, quand je me
» penche sur une tombe magnifique, qu'un héros
» n'y est pas renfermé? les hommes ne travaillent
» pas sur les morts obscurs et médiocres. Mais voici
» le pourquoi. Tom Campbell a pris la défense de
» l'inexactitude de costume et de description :
» c'est que sa *Gertrude*, etc., n'a pas plus la cou-
» leur locale de la Pensylvanie que de Penman-
» maur. Ce poème est notoirement plein de scènes
» d'une fausseté grossière, comme disent tous les
» Américains, qui d'ailleurs en louent quelques
» parties. »

12 janvier 1821.

« Le tems est toujours à tel point humide et im-

» praticable, que Londres, dans ses plus insup-
» portables jours de brouillard, serait un lieu de
» printems en comparaison de la brume et du si-
» rocco, qui ont régné (sans un seul jour d'inter-
» valle), avec de la neige ou de fortes pluies pour
» toute variation, depuis le 30 décembre 1820.
» C'est si ennuyeux, que j'ai un accès littéraire ; —
» mais c'est très-fatigant de ne pouvoir se consoler
» qu'en chevauchant sur Pégase, durant tant de
» jours. Les routes sont encore pires que le tems,
» — par la masse de la boue, la mollesse du sol, et
» la crue des eaux.

» Lu les *Poètes Anglais*, c'est-à-dire — dans l'é-
» dition de Campbell. Il y a quelquefois beaucoup
» d'apprêt dans les phrases de préface de Tom ; mais
» l'ensemble de l'ouvrage est bon. Je préfère néan-
» moins la poésie même de l'auteur.

» Murray écrit qu'on veut jouer la tragédie de
» *Marino Faliero* ; — quelle sottise ! ce drame a été
» composé pour le cabinet. J'ai protesté contre cet
» acte d'usurpation (qui paraît pouvoir être légale-
» ment consommé par les directeurs sur tout ou-
» vrage imprimé, contre la propre volonté de l'au-
» teur); j'espère toutefois qu'on ne le fera pas.
» Pourquoi ne pas produire quelques-uns de ces
» innombrables aspirans à la célébrité théâtrale, qui
» encombrent aujourd'hui les cartons, plutôt que
» de me traîner hors de la librairie ? J'ai écrit une
» fière protestation, mais j'espère toujours qu'elle

» ne sera pas nécessaire, et qu'on verra que la pièce
» n'est point faite pour le théâtre. *Marino* est trop
» régulier; — la durée de l'action est de vingt-
» quatre heures; — les changemens de lieu sont
» rares; — rien de mélodramatique, — point de
» surprises, de péripéties, ni de trappes, ni d'oc-
» casions « de remuer la tête et de frapper du pied, »
» — et point d'amour, ce principal ingrédient du
» drame moderne. » . . . .
. . . .
. . . . Minuit.

« Lu, dans la traduction italienne de Guido So-
» relli, l'allemand Grillparzer, — diable de nom,
» sans doute, pour la postérité; mais il faudra qu'elle
» apprenne à le prononcer. Si l'on tient compte de
» l'infériorité nécessaire d'une traduction, et sur-
» tout d'une traduction italienne (car les Italiens
» sont les plus mauvais traducteurs du monde, ex-
» cepté pour les classiques; — Annibal Caro, par
» exemple, — et dans ce cas ils sont servis par la
» bâtardise même de leur idiome, vu que, pour avoir
» un air de légitimité, ils singent la langue de leurs
» pères); — si donc on tient compte, dis-je, d'un
» tel désavantage, la tragédie de *Sappho* est superbe
» et sublime. On ne peut le nier. L'auteur a fait
» une belle œuvre en écrivant ce drame. Et qui est-
» il? je ne le sais pas; mais les siècles le sauront.
» C'est une haute intelligence.

» Je dois toutefois avertir que je n'ai rien lu

» d'Adolphe Müller, et pas autant que je désirerais
» de Goëthe, Schiller et Wieland. Je me les connais
» que par l'intermédiaire des traductions anglaises,
» françaises et italiennes. Leur langue réelle m'est
» absolument inconnue, — excepté des jurons ap-
» pris de la bouche de postillons et d'officiers en
» querelle. Je peux jurer en allemand : — *sacra-*
» *menti*, — *verfluchter*, — *hundsfott*, etc., mais je
» n'entends guère la conversation moins énergique
» des Allemands.

» J'aime leurs femmes (j'aimai jadis en désespéré
» une Allemande nommée Constance), et tout ce
» que j'ai lu de leurs écrits dans les traductions, et
» tout ce que j'ai vu de pays et de peuple sur le
» Rhin, — tout, excepté les Autrichiens que j'ab-
» horre, que j'exècre, que — je ne puis trouver
» assez de mots pour exprimer la haine que je leur
» porte, et je serais fâché de leur faire du mal en
» proportion de ma haine; car j'abhorre la cruauté
» encore plus que les Autrichiens, sauf un instant
» de passion, et alors je suis barbare, — mais non
» pas de propos délibéré.

» Grillparzer est grand, — antique, — non aussi
» simple que les anciens, mais très-simple pour un
» moderne; — il est trop madame de Staël-*iste* par-
» ci par-là; mais c'est un grand et bon écrivain.

Samedi 13 janvier 1821.

» Esquissé le plan et les *Dramatis Personæ* d'une
» tragédie de *Sardanapale*, à laquelle j'ai songé

» pendant quelque tems. Pris les noms dans Dio-
» dore de Sicile (je sais l'histoire de Sardanapale
» depuis l'âge de douze ans), et lu un passage du
» neuvième volume, édition in-8°, dans la *Grèce* de
» Mitford où l'auteur réhabilite la mémoire de ce
» dernier roi des Assyriens.

» Dîné, — nouvelles politiques, — les puissances
» veulent faire la guerre aux peuples. L'avis semble
» positif, — Ainsi soit-il, — elles seront enfin bat-
» tues. Les tems monarchiques sont près de finir. Il
» y aura des fleuves de sang, et des brouillards
» de larmes, mais les peuples triompheront à la fin.
» Je ne vivrai pas assez pour le voir, mais je le
» prévois.....

» J'ai apporté à Teresa la traduction italienne de
» la *Sappho* de Grillparzer, elle m'a promis de la
» lire. Elle s'est disputée avec moi, parce que j'ai dit
» que l'amour n'était pas le plus élevé des sujets
» pour la vraie tragédie ; et comme elle avait l'avan-
» tage de parler dans sa langue maternelle, et avec
» l'éloquence naturelle aux femmes, elle a écrasé le
» petit nombre de mes argumens. Je crois qu'elle
» avait raison. Je mettrai dans *Sardanapale* plus
» d'amour que je n'avais projeté, — si toutefois
» les circonstances me laissent du loisir. Ce *si* ne
» sera qu'avec grande peine pacificateur.

14 janvier 1821.

» Parcouru les tragédies de Sénèque. Écrit les
» vers d'exposition de la tragédie projetée de *Sar-*

» *danapale*. Fait quelques milles à cheval dans la
» forêt. Brouillard et pluie. Rentré, — dîné, —
» écrit encore un peu de ma tragédie.
» Lu Diodore de Sicile, parcouru Sénèque, et
» quelques autres livres. Écrit encore de ma tragé-
» die. Pris un verre de *grog*. Après m'être fatigué
» à cheval par un tems pluvieux, après avoir écrit,
» écrit, écrit, — les esprits animaux (du moins les
» miens) ont besoin d'un peu de récréation, et je
» n'aime plus le laudanum comme autrefois. Aussi
» j'ai fait remplir un verre d'un mélange d'eaux
» spiritueuses et d'eau pure, et je parviendrai à le
» vider. Je conclus *ainsi* et *ici* le journal d'aujour-
» d'hui » . . . .

15 janvier 1821.

» Beau tems. — Reçu une visite. — Sorti et fait
» un tour à cheval dans la forêt, — tiré des coups
» de pistolet, — Revenu à la maison; dîné, — lu
» un volume de *la Grèce* de Mitford, écrit une par-
» tie d'une scène de *Sardanapale*. Sorti, — entendu
» un peu de musique, — appris quelques nouvelles
» politiques. Les autres puissances italiennes ont
» aussi envoyé des ministres au congrès. La guerre
» paraît certaine, — en ce cas, elle sera cruelle.
» Parlé de diverses matières importantes avec un des
» initiés. A dix heures et demie rentré chez moi.

» Je viens de faire une réflexion singulière. En
» 1814, Moore (« le poète par excellence. » titre
» qu'il mérite bien), Moore et moi nous allions en-

» semble dans la même voiture, dîner chez le comte
» Grey, *capo politico* ¹ du reste des whigs. Murray,
» le magnifique Murray (l'illustre éditeur) venait
» de m'envoyer la gazette de Java, — je ne sais
» pourquoi. — En la parcourant par pure curio-
» sité, nous y trouvâmes une controverse sur les
» mérites de Moore et les miens. Il y a de la gloire
» pour nous à vingt-six ans. Alexandre avait conquis
» l'Inde au même âge ; mais je doute qu'il fût un
» objet de controverse, ou que ses conquêtes fussent
» comparées à celles du Bacchus indien, à Java.

» C'était une grande gloire que celle d'être nommé
» avec Moore; une plus grande, de lui être com-
» paré ; et la plus grande des jouissances du moins,
» que d'être avec lui : et certes c'était une bizarre
» coïncidence que de dîner ensemble tandis qu'on
» disputait sur nous au-delà de la ligne équinoxiale.

» Hé bien, le même soir, je me trouvai avec le
» peintre Lawrence, et j'entendis une des filles de
» lord Grey (jeune personne belle, grande, et ani-
» mée, ayant de cet air patricien et distingué de son
» père, ce que j'aime à la folie) jouer de la harpe
» avec tant de modestie et d'ingénuité qu'elle sem-
» blait la déesse de la musique. Hé bien, j'aurais
» mieux aimé ma conversation avec Lawrence (qui
» conversait délicieusement), et le plaisir d'enten-

---

¹ *Chef politique.* — C'est ce même comte Grey qui est aujourd'hui premier ministre.

(*Note du Trad.*)

» dre la jeune fille, que toute la renommée de Moore
» et la mienne réunies.

» Le seul plaisir de la gloire est qu'elle prépare
» la route au plaisir, et plus notre plaisir est intel-
» lectuel, mieux vaut pour le plaisir et pour nous-
» mêmes. C'était toutefois agréable que d'avoir en-
» tendu le bruit de notre renommée avant le dîner,
» et la harpe d'une jeune fille après.

16 janvier 1821.

» Lu, — promenade à cheval, — tir du pistolet,
» — rentré, — dîné, — écrit, — fait une visite,
» — entendu de la musique, — parlé d'absurdités,
» — et retourné au logis.

» Écrit de ma tragédie, — j'avance dans le pre-
» mier acte avec toute la hâte possible . . . .
» Le tems est toujours couvert et humide comme
» au mois de mai à Londres, — brouillard, bruine,
» air rempli de *scotticismes*, qui, tout beaux qu'ils
» sont dans les descriptions d'Ossian, sont quelque
» peu fatigans dans leur perspective réelle et pro-
» saïque. — Politique toujours mystérieuse.

17 janvier 1821.

» Promenade à cheval dans la forêt, — tir du pis-
» tolet ; — dîner. Arrivé d'Angleterre et de Lom-
» bardie un paquet de livres, — anglais, italiens,
» français et latins. Lu jusqu'à huit heures, — puis
» sorti.

18 janvier 1821.

« Aujourd'hui, la poste arrivant tard, je ne suis

» point sorti à cheval. Lu les lettres ; — deux ga-
» zettes seulement, au lieu de douze que l'on doit
» à présent m'envoyer. Fait écrire par Lega à ce
» négligent de Galignani, et ajouté moi-même un
» *postscriptum*. Dîné.

» A huit heures je me proposais de sortir. Lega
» entre avec une lettre au sujet d'un billet qui n'a
» pas été acquitté à Venise, et que je croyais ac-
» quitté depuis plusieurs mois. Je suis entré dans
» un accès de fureur qui m'a presque fait tomber en
» défaillance. Je ne me suis pas remis depuis. Je
» mérite cela pour être si fou ; — mais j'avais de
» quoi être irrité ; — bande de faquins ! Ce n'est,
» toutefois, que vingt-cinq livres sterling. »

19 janvier 1821.

« Promenade à cheval. Le vent d'hiver est un peu
» moins cruel que l'ingratitude, quoique Shakspeare
» dise le contraire. Du moins, je suis si accoutumé
» à rencontrer plus souvent l'ingratitude que le vent
» du nord, que je regarde le premier mal comme
» le pire des deux. J'avais rencontré l'un et l'autre
» dans l'espace de vingt-quatre heures ; ainsi j'ai
» pu en juger.

» Songé à un plan d'éducation pour ma fille Al-
» legra, qui doit bientôt commencer ses études.
» Écrit une lettre, — puis un *postscriptum*. J'ai les
» esprits abattus, — c'est certainement de l'hypo-
» condrie, — le foie est malade ; — je prendrai
» une dose de sels.

» J'ai lu la vie de M. R. L. Edgeworth, père de
» la fameuse miss Edgeworth, écrite par lui-même
» et par sa fille. Certes, c'est un grand nom. En
» 1813, je me souviens d'avoir rencontré le père et
» la fille dans le monde fashionable de Londres
» (monde où j'étais alors un item, une fraction, le
» segment d'un cercle, l'unité d'un million, le rien
» de quelque chose), dans les cercles, et à un dé-
» jeûner chez sir Humphrey et lady Davy. J'avais
» été le lion de 1812 ; miss Edgeworth, et madame
» de Staël, etc. ; avec les cosaques, vers la fin de
» 1813, furent les curiosités de l'année suivante.

» Je trouvai dans Edgeworth un beau vieillard,
» avec le teint rouge de vin de l'homme âgé, mais ac-
» tif, vif et inépuisable. Il avait soixante-dix ans,
» mais il n'en montrait pas cinquante, — non cer-
» tes, ni même quarante-huit. J'avais vu depuis
» peu le pauvre Fitzpatrick, — homme de plaisir,
» d'esprit, d'éloquence, — enfin, homme univer-
» sel : il chancelait, — mais il parlait toujours en
» gentilhomme, quoique d'une voix faible. Edge-
» worth faisait le fanfaron, parlait fort et long-tems ;
» mais il n'était ni faible ni décrépit, et il paraissait
» à peine vieux. . . . .

» Il ne fut pas fort admiré à Londres, et je me
» rappelle une plaisanterie assez drôle qui avait
» cours parmi les gens du bon ton du jour : —voici
» ce que c'est : on invitait alors tous les hommes à
» signer une adresse « pour le rappel de Mrs. Sid-

» dons au théâtre (cette actrice venait de prendre
» congé du public, au grand malheur des tems;—
» car il n'y eut jamais et jamais il n'y aura de talent
» pareil.) Or, Thomas Moore, de profane et poéti-
» que mémoire, proposa de signer et faire circuler
» une adresse semblable pour le rappel de M. Edge-
» worth en Irlande [1].

» Le fait est qu'on s'intéressa davantage à miss Ed-
» geworth. C'était une jeune fille mignonne et mo-
» deste,—sinon belle, du moins agréable. Sa con-
» versation était aussi paisible que sa personne.
. . . .

» La famille Edgeworth fut, d'ailleurs, une ex-
» cellente pièce de curiosité, et eut la vogue pen-
» dant deux mois, jusqu'à l'arrivée de Mme de Staël.

» Pour en venir aux ouvrages des Edgeworth,
» je les admire; mais ils n'excitent point de senti-
» ment, ils ne laissent d'amour—que pour quelque
» maître-d'hôtel ou postillon irlandais. Mais ils pro-
» duisent une impression profonde d'intelligence et
» de sagesse,—et peuvent être utiles. »

20 janvier 1821.

« Promenade à cheval,—tir du pistolet. Lu de
» la *Correspondance* de Grimm. Dîné,—sorti;—
» entendu de la musique,—rentré;—écrit une
» lettre au lord Chamberlain, pour le prier d'empê-
» cher les théâtres de représenter le *Doge*, que les

---

[1] Moore, dans une note, nie qu'il ait été l'auteur de cette plaisanterie. (*Note du Trad.*)

» journaux italiens disent être sur le point de pa-
» raître sur la scène. C'est une belle chose ! —
» Quoi ! sans demander mon consentement, et même
» en opposition formelle à ma volonté ! »

21 janvier 1821.

« Beau et brillant jour de gelée, — c'est-à-dire,
» une gelée d'Italie ; car les hivers ici ne vont guère
» au-delà de la neige. — Promenade à cheval comme
» à l'ordinaire, et tir du pistolet. Bien tiré, — cassé
» quatre bouteilles ordinaires, et même plutôt pe-
» tites que grandes, en quatre coups, à quatorze
» pas, avec une paire de pistolets communs et la
» première poudre venue. Presque aussi bien tiré,
» — eu égard à la différence de la poudre et des
» pistolets, — que lorsqu'en 1809, 1810, 1811,
» 1812, 1813, 1814, je coupais les cannes, les
» pains à cacheter, les demi-couronnes[1], les sche-
» lings, et même le trou d'une canne, à douze pas,
» avec une seule balle, — et cela par la vue et le
» calcul, car ma main n'est pas sûre, et varie même
» selon le bon ou mauvais tems. Je pourrais prendre
» à témoin des prouesses que je cite, Joe Manton
» et plusieurs autres personnes ; — car le premier
» m'a appris, et les autres m'ont vu faire ces ex-
» ploits.

» Dîné, — rendu visite, — rentré, — lu. Re-
» marqué dans la *Correspondance* de Grimm l'ob-

---

[1] Petite pièce d'argent. (*Note du Trad.*)

» servation suivante, savoir que « Regnard et la
» plupart des poètes comiques étaient des gens bi-
» lieux et mélancoliques, et que M. de Voltaire, qui
» est très-gai, n'a jamais fait que des tragédies, —
» et que la comédie gaie est le seul genre où il n'ait
» point réussi. C'est que celui qui rit et celui qui
» fait rire sont deux hommes fort différens. »(Vol. VI.)-

» En ce moment, je me sens aussi bilieux que le
» meilleur des écrivains comiques (même que Re-
» gnard lui-même, qui est le premier après Molière,
» dont quelques comédies prennent rang parmi les
» meilleures qui aient été écrites en quelque langue
» que ce soit, et qui est supposé avoir commis un
» suicide), et je ne suis pas en humeur de continuer
» ma tragédie de *Sardanapale*, que j'ai, depuis
» quelques jours, cessé de composer.

» Demain est l'anniversaire de ma naissance, —
» c'est-à-dire à minuit juste; et ainsi, dans douze
» minutes, j'aurai trente-trois ans accomplis!!! —
» et je vais me coucher, le cœur navré d'avoir vécu
» si long-tems et pour si peu de chose.

» Il est minuit et trois minutes. — « Minuit a été
» annoncé par l'horloge du château, » et j'ai main-
» tenant trente-trois ans!

Eheu! fugaces, Posthume, Posthume,
Labuntur anni [1]!

---

[1] Horace.

* Hélas! hélas! ô Posthumus, les années fugitives s'écoulent!

» Mais je n'éprouve pas tant de regrets pour ce
» que j'ai fait que pour ce que j'aurais pu faire.

Dans le chemin de la vie, si plein de boue et de ténèbres,
Je me suis traîné jusqu'à la trente-troisième année ?
Que m'a laissé le tems en s'écoulant ainsi ?
Rien — excepté trente-trois ans.

22 janvier 1821.

1821.

CI-GÎT

ENTERRÉ DANS L'ÉTERNITÉ

DU PASSÉ,

D'OU IL N'Y A POINT

DE RÉSURRECTION

POUR LES JOURS, — QUOI QU'IL PUISSE ADVENIR

POUR LA POUSSIÈRE MORTELLE,

L'AN TRENTE-TROISIÈME

D'UNE VIE MAL DÉPENSÉE ;

LEQUEL, APRÈS

UNE LONGUE MALADIE DE PLUSIEURS MOIS,

TOMBA EN LÉTHARGIE,

ET EXPIRA

LE 22 JANVIER, L'AN DE GRACE 1821.

IL LAISSE UN SUCCESSEUR

INCONSOLABLE

DE LA PERTE MÊME

QUI OCCASIONA

SON EXISTENCE.

23 janvier 1821.

» Belle journée. Lecture, — promenade à che-

» val, — tir du pistolet. Rentré, — dîné, — lu.
» Sorti à huit heures, — fait la visite ordinaire. Je
» n'ai entendu parler que de guerre. — « Il n'y a
» toujours qu'un cri : Les voici. » Les carbonari pa-
» raissent n'avoir pas de plan ; — rien de convenu
» entre eux, ni comment, ni quand il faut agir. Dans
» ce cas, ils ne feront aboutir à rien ce projet, si
» souvent différé et jamais mis à exécution.

» Rentré chez moi, et donné les ordres nécessai-
» res, en cas de circonstances qui exigeraient un
» changement de résidence. J'agirai comme il pourra
» sembler à propos, quand j'apprendrai décidément
» ce que les barbares veulent faire. A présent, ils
» bâtissent un pont de bateaux sur le Pô, ce qui sent
» furieusement la guerre. En peu de jours, nous
» saurons probablement ce qu'il en est. Je songe à
» me retirer vers Ancône, plus près de la frontière
» du nord; c'est-à-dire si Teresa et son père sont
» obligés de se retirer, ce qui est très-probable, vu
» que toute la famille est libérale : sinon, je reste-
» rai. Mais mes mouvemens ne dépendront que des
» désirs de la comtesse.

» Ce qui m'embarrasse, c'est que je ne sais pas
» trop que faire de ma petite-fille, et de mon nom-
» breux mobilier dont la valeur est assez considéra-
» ble : — le théâtre de la guerre, où je songe à me
» rendre, ne leur est guère convenable. Mais il y a
» une dame âgée qui se chargera de la petite, et
» Teresa dit que le *marchese* C*** veillera à la sû-

» reté des meubles. La moitié de la ville fait ses ba-
» gages, comme pour se mettre en route. Joli car-
» naval! Les gredins auraient bien pu attendre
» jusqu'au carême. »

24 janvier 1821.

« Revenu. — Rencontré quelques masques au
» Corso. — « Vive la bagatelle! » — Les Allemands
» sont sur le Pô, les barbares aux portes, et leurs
» maîtres tiennent conseil à Laybach, et voici qu'on
» danse, qu'on chante et qu'on fait des folies : « car
» demain on peut mourir. » Qui peut dire que les
» arlequins n'ont pas raison? Comme lady Baussière
» et mon vieil ami Burton, — « je continuai à me
» promener à cheval. »

» Dîné, — (scélérate de plume!) — bœuf co-
» riace; il n'y a pas en Italie de bœuf qui vaille le
» diable, — à moins qu'on ne puisse manger un
» vieux bœuf dans sa peau, le tout rôti au soleil.

» Les principaux acteurs des événemens qui peu-
» vent survenir sous peu de jours, sont sortis pour
» une partie de tir. Si c'était, comme « une partie
» de chasse des *Highlanders*. » un prétexte pour une
» grande réunion de conseillers et de chefs, tout irait
» bien. Mais ce n'est ni plus ni moins qu'un vrai
» tapage, une mousqueterie en l'air, une petite
» guerre de poules d'eau, une vaine dépense de
» poudre, de munitions et de coups de fusil par pur
» amusement. — drôles de gens pour « un homme

» qui a envie de risquer son cou avec eux, » comme
» dit Marishàl Wells dans le *Nain Noir*.

» Si l'on se rassemble,—« la chose est douteuse, »
» — il n'y aura pas mille hommes à passer en re-
» vue. La raison en est que la populace n'a point
» d'intérêt en ceci ; — il n'y a que la noblesse et la
» classe moyenne. Je voudrais que les paysans fus-
» sent de la partie : c'est une race belle et sauvage
» de léopards bipèdes. Mais les Bolonais ne voudront
» pas agir, — et sans eux les Romagnols ne peuvent
» rien. Ou s'ils essaient, — qu'importe ? Ils essaie-
» ront : l'homme ne peut faire plus ; — et s'il veut y
» consacrer toute sa force, il peut faire beaucoup.
» Témoins les Hollandais contre les Espagnols ; —
» alors les tyrans, — ensuite les esclaves, — et de-
» puis peu les hommes libres de l'Europe.

» L'année 1820 n'a pas été heureuse pour moi en
» particulier, quels qu'en soient les résultats pour
» les nations. J'ai perdu un procès, après deux dé-
» cisions en ma faveur. Le projet de prêter de l'ar-
» gent sur une hypothèque irlandaise a été définiti-
» vement rejeté par l'homme d'affaires de ma femme,
» après un an d'espérances et de peines. Le procès
» Rochdale a duré quinze ans, et a toujours pros-
» péré jusqu'à mon mariage ; depuis quoi tout a été
» mal, — pour moi du moins.

» Dans la même année, 1820, la comtesse Teresa
» Guiccioli, née Gamba, et malgré tout ce que j'ai
» dit et fait pour le prévenir, a voulu se séparer de

» son mari, *il cavalier commendatore Guiccioli*, etc.
» Plus, plusieurs autres petites vexations de l'an-
» née, — voitures versées, — meurtre commis de-
» vant ma porte, et la victime mourant dans mon
» lit, — crampes en nageant, — coliques, — in-
» digestions et accès bilieux, etc., etc., etc., —

Maints menus articles font une somme,
Oui-dà!, pour le pauvre Caleb Quotem.

25 janvier 1821.

« Reçu une lettre de lord S*** O***, secrétaire
» d'État des Sept-Iles. Il m'a écrit d'Ancône (en route
» pour retourner à Corfou), sur quelques affaires
» particulières. Il est fils du second lit de feu le duc
» de L***. Il veut que j'aille à Corfou. Pourquoi
» non? — peut-être irai-je le printems prochain.

» Répondu à la lettre de Murray, — lu, — rodé
» de côté et d'autre. Griffonné cette page addition-
» nelle du Journal de ma Vie. Un jour de plus a passé
» sur lui et sur moi; — mais « qu'est-ce qui vaut le
» mieux de la vie ou de la mort? Les Dieux seuls le
» savent, » comme Socrate dit à ses juges, à la clô-
» ture du tribunal. Deux mille ans écoulés depuis
» que le sage a fait cette profession d'ignorance, ne
» nous ont pas éclairés davantage sur cette impor-
» tante question; car, suivant la justice chrétienne,
» personne ne peut-être sûr de son salut, — pas
» même le plus juste des hommes, puisqu'un seul
» instant de foi chancelante peut le jeter à la ren-

» verse durant sa paisible marche vers le paradis.
» Or donc, quelle que puisse être la certitude de la
» foi, l'individu ne peut avoir une foi plus certaine
» à son bonheur ou à sa misère que sous le règne de
» Jupiter.

» On a dit que l'immortalité de l'ame est un grand
» peut-être : — c'en est toujours un grand. Tout le
» monde s'y cramponne ; — le plus stupide, le plus
» niais et le plus méchant des bipèdes humains est
» toujours persuadé qu'il est immortel. »

26 janvier 1821.

« Belle journée ; — les queues de quelques jumens
» annoncent un changement de tems, mais le ciel
» est clair partout. Promenade à cheval, — tir du
» pistolet, — bien tiré. Rencontré, à mon retour,
» un vieillard. Fait la charité, — acheté un sche-
» ling de salut. Si le salut pouvait être acheté, j'ai
» donné dans cette vie à mes semblables, — quel-
» quefois pour le vice, mais, sinon plus souvent, du
» moins plus largement pour la vertu, — beaucoup
» plus que je ne possède maintenant. Je n'ai jamais
» dans ma vie autant donné à une maîtresse que j'ai
» fait quelquefois à un pauvre homme dans une dé-
» tresse honorable ; — mais peu importe. Les coquins
» qui m'ont continuellement persécuté (avec l'aide de
» *** [1] qui a couronné leurs efforts), triompheront

---

[1] Mot supprimé dans le texte anglais par Moore.
(*Note du Trad.*)

» tant que je vivrai ; — et justice ne me sera rendue qu'alors que la main qui trace ces lignes sera aussi froide que les cœurs qui m'ont blessé.

» A mon retour, sur le pont près du moulin, j'ai rencontré une vieille femme. Je lui demandai son âge ; — elle me dit : *Tre croci*. Je demandai à mon *groom* (quoique je sache moi-même assez proprement l'italien) ce que diable elle voulait dire avec ses trois croix. Il me dit, quatre-vingt-dix ans, et qu'elle avait cinq ans par dessus le marché !!! Je répétai la même chose trois fois, crainte de méprise : — quatre-vingt-quinze ans !!! — et cette femme était encore active. — Elle entendit ma question, car elle y répondit ; — elle me vit, car elle s'avança vers moi ; elle ne paraissait pas du tout décrépite, quoiqu'elle eût bien l'air de la vieillesse. Je lui ai dit de venir demain, et je l'examinerai. J'aime les phénomènes ; si elle a quatre-vingt-quinze ans, elle doit se souvenir du cardinal Albéroni, qui fut légat ici.

» En descendant de cheval, j'ai trouvé le lieutenant E*** qui venait d'arriver de Faenza : je l'ai invité à dîner demain avec moi. Je ne l'ai pas invité pour aujourd'hui, parce qu'il n'y avait qu'un petit turbot (repas régulier et religieux du vendredi) que je voulais manger à moi seul : je l'ai mangé.

» Sorti, — trouvé Teresa comme de coutume, — musique. Les gentilshommes qui font des ré-

» volutions, et qui sont allés à une partie de tir, ne
» sont pas encore de retour. Ils ne reviendront pas
» avant dimanche, — c'est-à-dire ils auront été ab-
» sens cinq jours pour s'amuser, tandis que les in-
» térêts de tout un pays sont en jeu, et qu'eux-mêmes
» sont compromis.

» Il est difficile de soutenir son rôle parmi une
» telle troupe d'assassins et d'écervelés ; — mais
» l'écume du bouillon une fois enlevée ou tombée,
» il peut y avoir du bon. Si ce pays pouvait seule-
» ment être délivré, quel sacrifice serait trop grand
» pour l'accomplissement de ce désir? pour l'extinc-
» tion de ce soupir des siècles? Espérons : on espère
» depuis mille ans. Les vicissitudes même du hasard
» peuvent amener cette chance : — c'est un coup
» de dés.

» Si les Napolitains ont un seul Masaniello, parmi
» eux, ils battront les bouchers ensanglantés de la
» couronne et du sabre. La Hollande, dans des cir-
» constances pires, battit les Espagnes et les Phi-
» lippe ; l'Amérique battit les Anglais ; la Grèce bat-
» tit Xerxès, et la France battit l'Europe, jusqu'à
» ce qu'elle eût pris un tyran ; l'Amérique du sud
» battit ses vieux vautours et les chassa de leur nid ;
» et, pourvu que ces hommes se tiennent fermes, il
» n'y a rien qui puisse les faire bouger. »

28 janvier 1821.

« La *Gazette* de Lugano n'est pas arrivée. Let-
» tres de Venise. Il paraît que ces animaux d'Autri-

» chiens ont saisi mes trois ou quatre livres de pou-
» dre anglaise. Les gredins ! — j'espère les payer
» en balles. Promenade à cheval jusqu'à la tombée
» de la nuit.

» Considéré les sujets de quatre tragédies que j'é-
» crirai (si je vis, et si les circonstances le permet-
» tent) : *Sardanapale*, déjà commencé ; *Caïn*, sujet
» métaphysique, un peu dans le style de *Manfred*,
» mais en cinq actes, peut-être avec le chœur ; *Fran-
» çoise de Rimini*, en cinq actes ; et je ne suis pas
» sûr de ne pas essayer *Tibère*. Je crois que je pour-
» rais tirer quelque chose (dans mon genre de tra-
» gique, au moins) du sombre isolement et de la
» vieillesse du tyran, et même de son séjour à Ca-
» prée, en adoucissant les détails, et en exposant le
» désespoir qui a dû conduire à ces vicieux plaisirs.
» Car ce n'est qu'un sombre et puissant esprit en
» désespoir qui a pu recourir à ces solitaires hor-
» reurs, — outre que Tibère était vieux, et maître
» du monde tout à-la-fois. »

MÉMORANDA.

« Qu'est-ce que la poésie ? — Le sentiment d'un
» ancien monde et d'un monde à venir. »

SECONDE PENSÉE.

« Pourquoi, au comble même du désir et des
» plaisirs humains ; — pourquoi, aux jouissances du
» monde, de la société, de l'amour, de l'ambition
» et même de l'avarice, se mêle-t-il un certain sen-

» timent de doute et de chagrin, — une crainte de
» l'avenir, — un doute du présent, un retour sur
» le passé pour en tirer le pronostic du futur? (Le
» meilleur des prophètes est le passé.) Pourquoi?
» — Je ne le sais pas, si ce n'est que montés au pi-
» nacle, nous sommes plus que jamais susceptibles
» de vertige, et que nous ne craignons jamais de
» tomber que du haut d'un précipice, — qui, plus
» il est profond, plus il est majestueux et sublime.
» Et, par conséquent, je ne suis point sûr que la
» crainte ne soit pas une sensation agréable; l'espé-
» rance l'est du moins; et quelle espérance y a-t-il
» sans un profond levain de crainte? et quelle sen-
» sation est aussi délicieuse que l'espérance? et sans
» l'espérance, où serait le futur? — en enfer. Il est
» inutile de dire où est le présent : car nous le sa-
» vons pour la plupart; et, quant au passé, qu'est-ce
» qui domine dans la mémoire? — l'espérance dé-
» jouée. *Ergo*, dans toutes les affaires humaines, je
» vois l'espérance, — l'espérance, — rien que l'es-
» pérance. J'accorde seize minutes, quoique je ne
» les aie jamais comptées, à toute possession réelle
» ou supposée. De quelque lieu que nous partions,
» nous savons où tout ira nécessairement aboutir. Et
» cependant, à quoi bon le savoir? Les hommes
» n'en sont ni meilleurs ni plus sages. Durant les
» plus grandes horreurs des plus grandes pestes
» (par exemple, celles d'Athènes et de Florence, —
» *voir* Thucydide et Machiavel), les hommes furent

» plus cruels et plus débauchés que jamais. Tout cela
» est un mystère ; je sens beaucoup, mais je ne sais
» rien, excepté —·— — — — —
— — — — — — —

Pensée pour un discours de Lucifer dans la tragédie de Caïn.

Si la mort était un mal, te laisserais-je vivre ?
Insensé ! vis comme je vis moi-même, comme vit ton père,
Comme les fils de tes fils vivront à jamais.
. . . . ²

29 janvier 1821.

« Hier, la femme de quatre-vingt-quinze ans est
» venue me voir. Elle m'a dit que son fils aîné (s'il
» était maintenant en vie) aurait soixante-dix ans.
» Elle est grêle, courte, mais active ; — elle entend,
» elle voit, — et sans cesse elle parle. Elle a encore
» plusieurs dents, — toutes à la mâchoire inférieure,
» et rien que des dents de devant. Elle est très-pro-
» fondément ridée, et a au menton une sorte de barbe
» grise clair-semée, au moins aussi longue que mes
» moustaches. Sa tête, en vérité, ressemble au por-
» trait de la mère de Pope, portrait que l'on trouve
» dans quelques éditions des œuvres de ce poëte.

---

¹ Ces traits de plume, arrachés à Lord Byron par l'impatience, existent dans le manuscrit original. (*Note de Moore.*)

² Nous avons supprimé tout un passage contre les frères Schlegel, et
en particulier contre W F. S***, parce que Byron parle de ces deux critiques allemands avec une amertume et une injustice qu'il va presque rétracter une page plus loin. (*Note du Trad.*)

» J'ai oublié de lui demander si elle se rappelait
» Albéroni (qui a été légat ici), mais je le lui de-
» manderai la prochaine fois. Je lui ai donné un
» louis, — lui ai commandé un habillement com-
» plet, et lui ai assigné une pension hebdomadaire.
» Jusqu'à présent, elle avait travaillé à ramasser du
» bois et des pommes de pin dans la forêt, — joli
» travail à quatre-vingt-quinze ans! Elle a eu une
» douzaine d'enfans, dont quelques-uns vivent en-
» core. Elle se nomme Maria Montanari.

» Rencontré dans la forêt une compagnie de la
» secte dite des Américains (sorte de club libéral),
» tous armés, et chantant de toute leur force, en
» romagnol : — *Sem tutti soldat' per la liberta*. (Nous
» sommes tous soldats pour la liberté.) Ils m'ont sa-
» lué comme je passais ; — je leur ai rendu leur sa-
» lut, et ai continué ma promenade à cheval. Ce fait
» peut montrer l'esprit actuel de l'Italie.

» Mon journal d'aujourd'hui se compose de ce
» que j'ai omis hier. Aujourd'hui, tout a été comme
» à l'ordinaire. J'ai peut-être une meilleure opi-
» nion des écrits des frères Schlegel que je n'avais
» il y a vingt-quatre heures ; et mon opinion leur
» deviendra encore plus favorable, si c'est pos-
» sible.

» On dit que les Piémontais ont enfin chanté : —
» *Ça ira!* Lu Schlegel. Il dit de Dante que, « dans
» aucun tems, le plus grand et le plus national
» de tous les poètes italiens n'a jamais été le grand

» favori de ses compatriotes. » C'est faux ! Il y a eu
» plus d'éditeurs et de commentateurs, — et der-
» nièrement d'imitateurs de Dante, que de tous les
» autres poètes italiens pris ensemble. Il n'a pas été
» le favori de ses compatriotes ! Quoi donc ! en ce
» moment (1821), on parle Dante, — on écrit
» Dante, — on pense et on rêve Dante avec un excès
» d'admiration qui serait ridicule si le poète n'en
» était pas si digne.

» C'est dans le même style que l'écrivain allemand
» parle de gondoles sur l'Arno : — gentil garçon,
» pour oser parler de l'Italie !

» Il dit encore que le principal défaut de Dante
» est, en un mot, l'absence de tendres sentimens.
» De tendres sentimens ! — et Françoise de Rimini,
» — et les sentimens d'Ugolin le père, — et Béatrix,
» — et *la Pia ?* Pourquoi Dante a-t-il une tendresse
» supérieure à toute tendresse, quand il exprime ce
» sentiment ? Il est vrai que, en traitant de l'Ἅδης [1]
» ou enfer chrétien, il n'y a pas beaucoup de place
» ou de carrière pour la tendresse ; — mais qui,
» hormis Dante, aurait pu introduire la moindre
» tendresse dans l'enfer ! Y en a-t-il dans Milton ?
» Non ; — et le ciel de Dante n'est rien qu'amour,
» gloire et majesté. »

Une heure après minuit.

» J'ai toutefois trouvé un passage où l'Allemand a

---

[1] *Litter.* Lieu de ténèbres, *enfer.*   (*Note du Trad.*)

» raison ; — c'est sur *le Vicaire de Wakefield* [1].

« — De tous les romans en miniature (et c'est peut-
» être la meilleure forme sous laquelle un roman
» puisse paraître), *le Vicaire de Wakefield* est, je
» pense, le plus parfait. » Il pense ! — il pouvait en
» être sûr ; mais c'est très-bien pour un Schlegel. Je
» me sens envie de dormir, et je ferai bien d'aller
» me coucher. Demain il fera beau tems.

« Aie confiance, et songe que demain acquittera sa dette. »

30 janvier 1821.

« Ce soir, le comte Pietro Gamba (de la part des
» carbonari) m'a transmis les nouveaux *mots de*
» *passe* pour le prochain semestre, *** et ***. Le
» nouveau mot sacramentel est *** ; la réplique ***.
» L'ancien mot (aujourd'hui changé) était *** : —
» il y a aussi *** — *** [2]. Les choses semblent mar-
» cher rapidement à une crise ; — *ça ira!*

» Nous avons parlé sur diverses affaires du mo-
» ment et du mouvement. Je les omets ; si elles
» aboutissent à quelque chose, elles parleront d'elles-
» mêmes. Ensuite, nous avons parlé de Kosciusko.
» Le comte Ruggiero Gamba m'a raconté qu'il a vu
» les officiers polonais, dans la campagne d'Italie,

---

[1] *The Vicar of Wakefield;* roman de Goldsmith, que l'on fait presque toujours expliquer à ceux qui commencent l'étude de la langue anglaise. (*Note du Trad.*)

[2] Dans le manuscrit original, ces mots de passe sont raturés comme pour être rendus illisibles. (*Note de Moore.*)

» fondre en larmes en entendant le nom de ce héros.
» Il faut que le Piémont soit en mouvement : —
» toutes les lettres et tous les papiers sont arrêtés.
» On ne sait rien du tout, et les Allemands se con-
» centrent près de Mantoue. On ne connaît rien de
» la décision de Laybach : cet état de choses ne
» peut durer long-tems. On ne peut concevoir la
» fermentation actuelle des esprits sans en être soi-
» même témoin. »

31 janvier 1821.

« Depuis plusieurs jours je n'ai rien écrit, sauf
» quelques lettres de réponse. Quand on attend à
» chaque moment une explosion quelconque, il n'est
» pas aisé de se mettre à son pupitre pour des su-
» jets de haute composition. Je pus le faire, sans
» doute ; car, l'été dernier, je composai mon drame
» dans le tumulte du divorce de Mme la comtesse
» Guiccioli, et au milieu des embarras qui en furent
» d'accompagnement nécessaire. En même tems, je
» reçus la nouvelle de la perte d'un procès impor-
» tant en Angleterre. Mais ce n'étaient que des af-
» faires privées et personnelles ; l'affaire présente
» est d'une différente nature.

» Je suppose que c'est là le motif qui m'empêche
» d'écrire ; mais j'ai quelque soupçon que ce pour-
» rait être la paresse, surtout puisque La Roche-
» foucauld dit que « la paresse domine souvent toutes
» les passions. » Si cela était vrai, on ne pourrait
» guère dire que « la fainéantise est la source de

» tous les maux; » puisqu'on suppose que les pas-
» sions seules en sont l'origine : *ergo*, ce qui do-
» mine toutes les passions (c'est à savoir, la paresse)
» serait par cela même un bien. Qui sait? »

Minuit.

« J'ai lu la *Correspondance* de Grimm. Il répète
» fréquemment, en parlant d'un poète, ou d'un
» homme de génie en un genre quelconque, même
» en musique (Grétry, par exemple), que cet homme
» a nécessairement « une ame qui se tourmente, un
» esprit violent. » Jusqu'à quel point cette remarque
» est-elle vraie? je n'en sais rien. Mais s'il en était
» ainsi, je serais un poète *per eccellenza*; car j'ai
» toujours eu une ame qui, non-seulement se tour-
» mentait elle-même, mais tourmentait encore qui-
» conque était en contact avec elle, et un esprit vio-
» lent qui m'a presque laissé sans esprit du tout.
» Quant à définir ce qu'un poète doit être, cela ne
» vaut pas la peine; car qu'est-ce que les poètes va-
» lent? Qu'est-ce qu'ils ont fait?...
» Grimm, toutefois, est un excellent critique et
» historien littéraire. Sa *Correspondance* forme les
» annales littéraires de la France dans le tems où il
» a vécu, et comprend en sus beaucoup de la poli-
» tique, et encore plus du genre de vie de la nation
» française. Il est aussi précieux et bien plus amu-
» sant que Muratori, ou Tiraboschi, — j'ai presque
» dit que Ginguené; — mais nous devons en rester

» là. Toutefois, c'est un grand homme dans son
» genre. »

. . . .

2 février 1821.

« J'ai considéré quelle peut être la raison pour-
» quoi je m'éveille toujours à une certaine heure de
» la matinée, et toujours dans un état d'abattement,
» et je puis dire dans le découragement et dans le
» désespoir, sous tous les rapports, — même sous
» le rapport de ce qui me plaisait la soirée précé-
» dente. En une heure ou deux environ, cet état se
» passe, et je me calme assez pour dormir encore,
» ou du moins pour reposer. En Angleterre, il y
» a cinq ans, j'eus la même espèce d'hypocondrie,
» mais accompagnée d'une soif si vive, que je bus
» près de quinze bouteilles de soda-water en une
» nuit, après m'être couché, sans cesser néanmoins
» d'être altéré ; — il faut toutefois tenir compte de
» la perte due à l'explosion, à l'effervescence et au
» débordement du liquide, lorsque je débouchais les
» bouteilles ou que j'en cassais le goulot dans mon
» impatiente envie de boire. A présent, je n'ai pas
» cette soif, mais l'abattement de mes esprits n'est
» pas moins fort.
» Je lis dans les *Mémoires* d'Edgeworth quelque
» chose de semblable (hormis que la soif s'assou-
» vissait sur la petite bière), dans le cas de sir
» F. B. Delaval; — mais celui-ci était alors plus

» vieux que moi d'au moins vingt ans. Qu'est-ce ?
» — le foie ? En Angleterre, Le Man (l'apothicaire)
» me guérit en trois jours de cette soif, qui m'avait
» duré tant d'années. Je présume que tout cela n'est
» que de l'hypocondrie.

» Ce que je sens de plus en plus prendre empire
» sur moi, c'est la paresse, et un dégoût beaucoup
» plus fort que l'indifférence. Si je m'irrite, c'est
» jusqu'à la fureur. Je présume que je finirai (si je
» ne meurs pas plus tôt, par accident ou quelque
» autre terminaison semblable) comme Swift, —
« en mourant comblé de vie. » J'avoue que je ne
» contemple pas cette fin avec autant d'horreur que
» Swift paraît l'avoir fait quelques années avant
» qu'elle ne survînt ; mais Swift avait à peine com-
» mencé la vie à l'âge même (de trente-trois ans) où
» je me sens tout-à-fait vieux de sentimens.

» Oh ! il y a un orgue qui joue dans la rue ; —
» c'est une valse : il faut que j'écoute. L'on joue une
» valse que j'ai entendue dix mille fois dans les bals
» à Londres, de 1812 à 1815. La musique est une
» étrange chose. »

5 février 1821.

« Enfin, « le sort en est jeté. » Les Allemands
» ont reçu l'ordre de marcher, et l'Italie est deve-
» nue, pour la dix-millième fois, un champ de ba-
» taille. La nouvelle est arrivée hier soir.

» Cet après-midi, le comte Pietro Gamba est venu
» me consulter sur divers points. Nous avons été

» nous promener à cheval ensemble. On a envoyé
» chercher des ordres. Demain la décision doit arri-
» ver, et alors on fera quelque chose. Rentré, —
» dîné, — lu, — sorti, — conversé. Fait un achat
» d'armes pour les nouvelles recrues des Américains
» qui sont tous prêts à marcher. Donné des ordres
» pour avoir des harnais et des porte-manteaux né-
» cessaires pour les chevaux.

» Lu quelque chose de la controverse de Bowles
» sur Pope, avec toutes les réponses et repliques. Je
» m'aperçois que mon nom a été fourré dans la dis-
» cussion, mais je n'ai pas le tems d'établir ce que
» je sais là-dessus. « Au premier jour de paix, » il
» est probable que je reprendrai l'affaire. »

9 février 1821.

« Écrit un peu avant le dîner. Avant que je sor-
» tisse pour ma promenade à cheval, le comte Pie-
» tro Gamba est venu me voir, pour me faire savoir
» le résultat de la réunion des carbonari à F*** et
» à B****[1]. **** est revenu tard la nuit dernière.
» Tout avait été combiné dans l'idée que les barbares
» passeraient le Pô le 15 courant. Mais, d'après
» quelques informations ou autrement, ils ont hâté
» leur marche, et ont passé il y a déjà deux jours,
» ensorte que tout ce que l'on peut faire à présent
» en Romagne est de se tenir en alerte et d'attendre
» l'approche des Napolitains. Tout était prêt, et les

---

[1] Probablement à Forli et à Bologne.   (*Note du Trad.*)

» Napolitains avaient envoyé leurs instructions et in-
» tentions, le tout rapporté au 10 et au 11 de ce
» mois, jours où un soulèvement général devait
» avoir lieu, dans la supposition que les barbares
» n'avanceraient pas avant le 15.

» Les Autrichiens n'ont que cinquante ou soixante
» mille hommes, armée qui pourrait tout aussi bien
» entreprendre de conquérir le monde que de paci-
» fier l'Italie dans l'état actuel. L'artillerie marche
» en arrière, et seule; et on a l'idée d'entreprendre
» de la couper. Tout cela dépendra beaucoup des
» premiers pas des Napolitains. Ici, l'esprit public
» est excellent; il faut seulement le maintenir : on
» verra par l'événement.

» Il est probable que l'Italie sera délivrée des
» barbares, pourvu que les Napolitains tiennent
» ferme et soient unis entre eux. A Ravenne, on les
» juge ainsi.

10 février 1821.

» La journée s'est passée comme d'ordinaire, —
» rien de nouveau. Les barbares sont toujours en
» marche; — mal équipés, et, sans doute, mal ac-
» cueillis sur leur route. On parle d'un mouvement
» à Paris.

» Promené à cheval entre quatre et six, — fini
» ma lettre à Murray sur les pamphlets de Bowles,
» — ajouté un *postscriptum*. Passé la soirée comme
» d'ordinaire, — resté dehors jusqu'à onze heures,
» — puis rentré chez moi. »

11 février 1821.

« Écrit, — fait prendre copie d'un extrait des
» lettres de Pétrarque, relatif à la conspiration du
» doge Marino Faliero, et contenant l'opinion du
» poète sur la matière. Entendu un grand coup de
» canon dans la direction de Comacchio ; — les bar-
» bares célèbrent la veille du jour anniversaire de la
» naissance de leur principal cochon — ou du jour
» de sa fête : — je ne sais plus lequel des deux.
» Reçu un billet d'invitation pour le premier bal,
» pour demain. Je n'irai pas au premier, mais j'ai
» l'intention d'aller au second, comme aussi chez
» les Veglioni. »

13 février 1821.

« Aujourd'hui, un peu lu de *la Hollande* de Louis
» B*** ; mais je n'ai rien écrit depuis que j'ai ter-
» miné ma lettre sur la controverse relative à Pope.
» La politique est tout-à-fait entourée de brouillards
» à présent. Les barbares continuent leur marche.
» Il n'est pas aisé de deviner ce que les Italiens vont
» faire.

» J'ai été hier élu *socio*[1] de la société des bals du
» carnaval. C'est le cinquième carnaval que je passe.
» Les quatre premiers, j'ai fait beaucoup de tinta-
» marre ; mais dans celui-ci, j'ai été aussi sage que
» lady Grace elle-même. »

---

[1] Membre, associé.

14 février 1821.

« Journée très-ordinaire. Écrit, avant de sortir à
» cheval, partie d'une scène de *Sardanapale*. Le
» premier acte est presque fini. Le reste du jour et
» de la soirée comme précédemment, — partie hors
» de chez moi, en *conversazione*, — partie à la
» maison.

» Appris les détails de la dernière querelle à Russi,
» ville non loin d'ici : c'est exactement l'histoire de
» Roméo et Juliette. Deux familles de *contadini* sont
» en inimitié. Dans un bal, les plus jeunes membres
» de l'une et l'autre famille oublient leur querelle,
» et dansent ensemble. Un vieillard de l'une des
» familles entre, et reproche aux jeunes gens de
» danser avec des femmes ennemies. Les parens
» mâles de celles-ci s'offensent d'un tel reproche.
» Les deux partis courent dans leurs foyers et s'ar-
» ment. Ils en viennent aux mains sur la voie pu-
» blique, au clair de la lune, et se battent. Trois
» sont tués et six blessés, la plupart dangereuse-
» ment ; — c'est un fait de la semaine dernière. Un
» autre assassinat a eu lieu à Césenne, — en tout,
» environ quarante en Romagne depuis trois mois.
» Ce peuple tient encore beaucoup du moyen-âge. »

15 février 1821.

« Hier soir, j'ai fini le premier acte de *Sardana-
» pale*. Ce soir ou demain, je répondrai aux lettres
» que j'ai reçues. »

16 février 1821.

« Hier soir, *il conte* Pietro Gamba a envoyé chez
» moi un homme avec un sac plein de bayonnettes,
» de mousquets, et de cartouches au nombre de
» quelques centaines, sans m'en avoir donné avis,
» quoique je l'eusse vu tout au plus une demi-heure
» auparavant. Il y a environ dix jours, quand il de-
» vait y avoir ici un soulèvement, les libéraux et
» mes frères carbonari me dirent d'acheter des ar-
» mes pour quelques-uns de nos braves. J'en ache-
» tai immédiatement, et je commandai des muni-
» tions, etc., et conséquemment les hommes furent
» armés. Eh bien! — le soulèvement est contre-
» mandé, parce que les barbares se mettent en mar-
» che une semaine plus tôt que l'on ne comptait;
» et un ordre exprès est rendu par le gouvernement,
» que toutes personnes ayant des armes cachées, etc.,
» seront passibles de, etc., etc. » — Et que font
» mes amis, les patriotes, deux jours après? Ils re-
» jettent entre mes mains, et dans ma maison (sans
» un mot d'avertissement préalable) ces mêmes
» armes que je leur avais fournies sur leur requête,
» et à mes propres périls et dépens.

» Ç'a été un heureux hasard que Lega ait été à la
» maison pour recevoir ces armes, car (excepté Lega,
» Tita et F***) tous mes autres domestiques auraient
» trahi le secret sur-le-champ. D'ailleurs, si l'on
» dénonce ou découvre ces armes, je serai dans
» l'embarras.

» Sorti à neuf heures, — rentré à onze. Battu la
» corneille qui avait volé la nourriture du faucon.
» Lu les *Contes de mon Hôte*, — écrit une lettre,
» — et mêlé une tasse médiocre d'eau avec d'autres
» ingrédiens. »

18 février 1821.

« La nouvelle du jour est que les Napolitains ont
» coupé un pont, et tué quatre carabiniers pontifi-
» caux qui voulaient s'y opposer. Outre la violation
» de la neutralité, c'est pitié que le premier sang
» versé dans cette querelle allemande ait été du sang
» italien. Toutefois, la guerre semble commencée
» tout de bon; car si les Napolitains tuent les cara-
» biniers du pape, ils ne seront pas plus délicats
» envers les barbares. . . . .

» En parcourant aujourd'hui la *Correspondance*
» de Grimm, j'ai trouvée une pensée de Tom Moore
» dans une chanson de Maupertuis à une femme
» laponaise :

<blockquote>
Et tous les lieux
Où sont ses yeux
Font la zone brûlante.
</blockquote>

» Voici la phrase de Moore :

Ces yeux font mon climat, partout où je porte mes pas.

» Mais je suis sûr que Moore ne vit jamais les
» vers de Maupertuis; car ils ne furent publiés dans

---

[1] And those eyes make my climate, wherever I roam.

» la *Correspondance* de Grimm qu'en 1813, et j'ap-
» pris Moore par cœur en 1812. Il y a aussi une
» autre coïncidence, mais de pensées opposées :

> Le soleil luit ;
> Des jours sans nuit
> Bientôt il nous destine ;
> Mais ces longs jours
> Seront trop courts,
> Passés près de Christine.

» C'est la pensée retournée de la dernière stance
» de la jolie ballade sur Charlotte Lynes, ballade
» rapportée dans les *Mémoires de miss Seward* de
» Darwin : — je cite de mémoire pour avoir appris
» les vers il y a quinze ans :

> Pour ma première nuit j'irai
> Dans ces contrées de neige,
> Où le soleil reste six mois sans luire ;
> Et je crois, même alors,
> Qu'il reviendra trop tôt
> Me troubler dans les bras de la belle Charlotte Lynes [1].

» Aujourd'hui, je n'ai eu aucune communication
» avec mes vieux amis les carbonari ; mais cepen-
» dant mes bas-appartemens sont pleins de leurs

---

[1] For my first night I'll go
To those regions of snow,
Where the sun for six months never shines ;
And think, even then,
He too soon came
To disturb me with fair Charlotta Lynes.

» bayonnettes, fusils, cartouches, et je ne sais quoi
» encore. Je suppose que l'on me considère comme
» un dépôt à sacrifier en cas d'accidens. Peu im-
» porte, dans la supposition de la délivrance de l'Ita-
» lie, qui ou quoi soit sacrifié ; c'est un grand ob-
» jet : — c'est la poésie même de la politique. Rê-
» ver seulement — une Italie libre!!! Eh quoi ! il
» n'y a rien eu de pareil depuis les jours d'Auguste.
» Je regarde les tems de Jules-César comme libres,
» parce que les commotions politiques permirent à
» chacun de choisir son côté, et que les partis fu-
» rent à-peu-près égaux en force dans le principe.
» Mais ensuite ce ne fut plus qu'une affaire de trou-
» pes prétoriennes et légionnaires ; — et depuis !
» — nous verrons, ou du moins quelqu'un verra
» quelle carte tournera. Mieux vaut espérer, lors
» même qu'il n'y a pas d'espoir. Les Hollandais fi-
» rent plus dans la guerre de soixante-dix ans que
» les Italiens n'ont à faire aujourd'hui. »

19 février 1821.

« Rentré chez moi tout seul ; — vent très-fort, —
» éclairs, — clair de lune, — traînards solitaires,
» emmitouflés dans leurs manteaux, — femmes
» en masque, — maisons blanches, nuage s'amon-
» celant dans le ciel : — c'est une scène tout-à-fait
» poétique. Il vente toujours avec force, — les tuiles
» volent et le maison branle, — la pluie éclabousse,

» — l'éclair éclate ¹ : — c'est une belle soirée de
» Suisse dans les Alpes, et la mer rugit dans le
» lointain.

» Fait une visite, — *conversazione.* Toutes les
» femmes sont effrayées par le vacarme; elles ne veu-
» lent point aller à la mascarade parce qu'il fait des
» éclairs, — la pieuse raison!

» A*** m'a envoyé des nouvelles aujourd'hui. La
» guerre approche de plus en plus. O les gueux de
» souverains! Puissions-nous les voir battus! Puis-
» sent les Napolitains avoir la force des Hollandais
» d'autrefois, ou des Espagnols d'aujourd'hui, ou
» des protestans allemands; ou des presbytériens
» écossais, ou de la suisse sous Guillaume Tell, ou
» des Grecs sous Thémistocle, — toutes nations pe-
» tites et isolées (excepté les Espagnols et les luthé-
» riens allemands), — et il y a une résurrection
» pour l'Italie, et une espérance pour le monde! »

20 février 1821.

« La nouvelle du jour est que les Napolitains sont
» pleins d'énergie. L'esprit public ici s'est certai-
» nement bien maintenu. Les Américains (société
» patriotique d'ici, ramification subordonnée aux
» carbonari) donnent dans quelques jours un dîner
» au milieu de la forêt, et ils m'ont invité, comme

---

¹ Nous avons cherché à rendre l'harmonie imitative du texte, qui s'é-
lève ici au style de la poésie :

Rain splashing — lightning flashing.

(*Note du Trad.*)

» associé des carbonari. C'est dans la forêt de l'*Es-*
» *prit du chasseur* de Boccace et de Dryden ; et si je
» n'avais pas les mêmes sentimens politiques (pour
» ne rien dire de mon ancienne inclination convi-
» viale [1], qui revient de tems en tems), j'irais comme
» poète, ou du moins comme amateur de poésie. Je
» m'attendrai à voir le spectre d'Ostasio Degli Onesti
» (Dryden a mis à la place Guido Cavalcanti, —
» personnage essentiellement différent, comme on
» peut s'en convaincre dans Dante); à le voir, dis-je,
» tomber comme la foudre sur sa proie » au milieu
» du festin. En tout cas, vienne ou non le spectre,
» je m'enivrerai de vin et de patriotisme autant que
» possible.

» Depuis ces derniers jours, j'ai lu, mais je n'ai
» pas écrit. »

21 février 1821.

« Comme d'ordinaire, j'ai fait ma promenade à
» cheval, — ma visite, etc., etc. L'affaire com-
» mence à s'embrouiller. Le pape a fait imprimer
» une déclaration contre les patriotes, qui, dit-il,
» méditent un soulèvement. La conséquence de ceci
» sera que, dans une quinzaine, tout le pays sera
» en insurrection. La proclamation n'est pas encore
» publiée, mais imprimée, et prête pour la distri-
» bution. *** m'en a envoyé une copie en secret, —

---

[1] Si le mot déplaît, malgré sa propriété, aux ennemis du néologisme, ils y substitueront la périphrase *pour les grands repas*.

(*Note du Trad.*)

» signe qu'il ne sait que penser. Quand il croit avoir
» besoin d'être bien avec les patriotes, il m'envoie
» quelque message de politesse ou autre.

» Pour ma part, il me semble que rien, hors le
» succès le plus décisif des barbares, ne peut pré-
» venir un soulèvement général et immédiat de toute
» la nation. »

23 février 1821.

« Presque comme hier ; — promenade à cheval ;
» — visite ; — rien écrit ; — lu l'*Histoire romaine*.

» J'ai reçu une lettre curieuse d'un particulier
» (c'est probablement un espion ou un imposteur)
» qui m'informe que les barbares sont indisposés
» contre moi ; mais ainsi soit-il. Les coquins ne
» peuvent accorder leur hostilité à personne qui les
» haïsse et les exècre plus que je ne fais, ou qui s'op-
» pose avec plus de zèle à leurs vues quand l'occa-
» sion s'en offrira. »

24 février 1821.

« Promenade à cheval, etc., comme à l'ordinaire.
» L'avis secret qui, ce matin, est arrivé de la fron-
» tière aux carbonari, est aussi mauvais que possible.
» Le plan a manqué, — les chefs militaires et civils
» sont trahis, — et les Napolitains non-seulement
» n'ont pas bougé, mais ont déclaré au gouverne-
» ment papal et aux barbares qu'ils ne savent rien
» de l'affaire !!!

» Ainsi va le monde ; ainsi les Italiens sont tou-
» jours perdus par défaut d'union entre eux. On n'a

» point décidé ce qu'on doit faire ici, entre deux
» feux, et coupés que nous sommes de la frontière
» nord. Mon opinion a été — qu'il vaut mieux se
» soulever que d'être pris en détail; mais comment
» sera-t-elle prise à présent? c'est ce que je ne puis
» dire. Des messagers sont dépêchés aux délégués
» des autres cités pour apprendre leurs résolutions.

» J'ai toujours eu idée que ça irait à la diable;
» mais j'aimais à espérer, et j'espère encore. Mon
» argent, mon bien, ma personne, enfin tout ce
» que je puis aventurer, je l'aventurerai hardiment
» pour la liberté italienne; c'est ce que j'ai dit; il y
» a une demi-heure, à quelques-uns des chefs. J'ai
» chez moi deux mille cinq cents *scudi* (plus de cinq
» cents livres sterling) que je leur ai offerts pour
» commencer. »

25 février 1821.

« Rentré chez moi, — la tête me fait mal, — sur-
» abondance de nouvelles, mais trop accablantes
» pour être enregistrées. Je n'ai ni lu, ni écrit, ni
» pensé, mais mené une vie purement animale pen-
» dant toute la journée. Je veux essayer d'écrire une
» page ou deux avant de me coucher; mais, comme
» dit Squire Sullen, « j'ai un mal de tête terrible;
» Scrub, verse-moi un petit coup. » Bu du vin d'I-
» mola et du punch. »

CONTINUATION DU JOURNAL[1].

27 février 1821.

« J'ai été un jour sans continuer le journal, parce
» que je ne pouvais trouver un cahier blanc. Enfin,
» je rassemble ces souvenirs.

» Promené à cheval, etc., — dîné, — écrit une
» stance additionnelle pour le cinquième chant de
» *Don Juan* ; je l'avais composée dans mon lit ce
» matin. Visité l'*amica*[2]. Nous sommes invités à la
» soirée du *Veglione* (dimanche prochain), avec la
» *marchesa* Clelia Cavalli et la comtesse Spinelli
» Rusponi : j'ai promis d'y aller. Hier soir, il y eut
» une émeute au bal, dont je suis un *socio*. Le vice-
» légat a eu l'insolence imprudente d'introduire
» trois de ses domestiques en masque, — sans bil-
» lets, et en dépit de toutes remontrances. Il s'en-
» suivit que les jeunes gens du bal se fâchèrent et
» furent sur le point de jeter le vice-légat par la fe-
» nêtre. Ses domestiques, voyant la scène, se reti-
» rèrent, et lui après eux. Sa révérence *monsignore*
» devrait savoir que nous ne vivons pas dans le tems
» de la prédominance des prêtres sur le décorum.
» Deux minutes de plus, deux pas en avant, et toute
» la ville aurait été en armes, et le gouvernement
» expulsé.

---

[1] Dans un autre cahier. (*Note de Moore.*)

[2] L'amie, la maîtresse. (*Note du Trad.*)

» Tel est l'esprit du jour, et ces gens-là ne parais-
» sent pas s'en apercevoir. Le fait simplement consi-
» déré, les jeunes gens avaient raison, les domes-
» tiques ayant toujours été exclus des fêtes.

» Hier, j'ai écrit deux notes sur la controverse de
» *Bowles et Pope*, et les ai envoyées à Murray par
» la poste. La vieille femme que j'assistai dans la
» forêt (elle a quatre-vingt-quatorze ans) m'a ap-
» porté deux bouquets de violettes. *Nam vita gaudet*
» *mortua floribus*. Le cadeau m'a plu beaucoup. Une
» femme anglaise m'aurait offert une paire de bas
» de laine tricotés, au moins, dans le mois de fé-
» vrier. Les bouquets et les bas sont d'excellentes
» choses; mais les premiers sont plus élégans. Le
» cadeau, dans cette saison, me rappelle une stance
» de Gray omise dans son élégie :

Ici sont souvent répandues les violettes printanières,
Que des mains inconnues font pleuvoir;
Le rouge-gorge aime à nicher et à gazouiller ici,
Et la trace légère d'un petit pas s'imprime sur le sol.

» C'est une stance aussi belle qu'aucune autre de
» son élégie; je m'étonne qu'il ait eu le courage de
» l'omettre.

» Cette nuit, j'ai horriblement souffert.— d'une
» indigestion, je crois. Je ne soupe jamais,— c'est-
» à-dire, jamais chez moi; mais hier soir, je me
» laissai entraîner, par le cousin de la comtesse
» Gamba, et par l'énergique exemple de son frère,

» à avaler au souper quantité de moules bouillies, et
» à les délayer sans répugnance avec du vin d'I-
» mola. Quand je fus rentré chez moi, dans l'ap-
» préhension des conséquences, j'avalai trois ou
» quatre verres de liqueurs spiritueuses, que les
» hommes (les marchands) nomment eau-de-vie,
» rum ou curaçao, mais que les dieux intituleraient
» esprit-de-vin coloré ou sucré. Tout alla bien jus-
» qu'à ce que je me fusse mis au lit; alors je devins
» un peu enflé, et fus pris d'un fort vertige. Je sor-
» tis du lit, et, faisant dissoudre du *soda-powder*,
» j'en bus. Cette boisson me procura un soulage-
» ment momentané. Je rentrai dans le lit; mais je
» redevins malade et triste. Je repris encore du
» *soda-water*. Enfin, je tombai dans un affreux
» sommeil. Je m'éveillai et fus souffrant tout le jour,
» jusqu'à ce que j'eusse galopé quelques milles.
» Question : — Est-ce à cause des moules, ou de
» ce que je pris pour les corriger, que j'éprouvai
» cette secousse? Je crois à l'une et l'autre cause.
» J'observai durant mon indisposition la complète
» inertie, inaction et destruction de mes principales
» facultés mentales. J'essayai de les ranimer, — mais
» je ne le pus; — et voilà ce que c'est que l'ame !
» Je croirais qu'elle est mariée au corps, si elle ne
» sympathisait pas si étroitement avec lui. Si elle
» s'exaltait quand le corps s'affaisse, et *vice versá*,
» ce serait un signe que le corps et l'ame soupirent
» pour un état naturel de divorce; mais au contraire

» corps et ame semblent aller ensemble comme des
» chevaux de poste.

» Espérons ce qui vaut le mieux ; — c'est le grand
» point. »

Durant les deux mois que comprend ce journal,
Byron écrivit quelques-unes des lettres de la série
suivante. Le lecteur doit donc s'attendre à y trouver
des détails relatifs aux mêmes événemens.

LETTRE CCCCIV.

A M. MOORE.

Ravenne, 2 janvier 1821.

« En entrant dans notre projet relativement aux
Mémoires, vous me faites grand plaisir. Mais je
doute (contre l'opinion de ma chère Mme Mac F***,
que j'ai toujours aimée et aimerai toujours, — non-
seulement parce que j'éprouvai une réelle affection
pour elle personnellement, mais encore parce que
c'est elle et environ une douzaine d'autres personnes
de son sexe qui seules me soutinrent dans le grand
conflit de 1815), — mais je doute, dis-je, que les
Mémoires puissent paraître ma vie durant, et, en
vérité, je préférerais qu'ils ne parussent pas; car
un homme a toujours l'air mort après que sa vie a
été publiée, et certes je ne survivrais pas à la publication de la mienne.

» Je ne puis consentir à altérer la première partie
des Mémoires. . . . .

» Quant à notre journal projeté, je l'appellerai

comme il vous plaira : nous l'appellerons, si vous voulez, « La Harpe, » ou lui donnerons tout autre titre.

» J'ai exactement les mêmes sentimens que vous sur notre art [1]; mais il s'empare de moi dans des accès de rage qui se renouvellent par intervalles, comme......[2]; alors, si je n'écris pour vider mon esprit, je deviens furieux. Quant à cette régulière et infatigable passion d'écrire, que vous décrivez dans votre ami, je ne la comprends pas du tout. Le besoin d'écrire est pour moi un tourment, dont il faut me débarrasser; mais jamais un plaisir : au contraire, je regarde la composition comme une grande fatigue.

---

[1] Ce passage s'expliquera mieux par un extrait d'une de mes lettres, à laquelle celle de Lord Byron faisait réponse : « Par rapport au jour-
» nal, il est assez bizarre que Lord *** et moi ayions compté (il y a en-
» viron une semaine ou deux, avant que je reçusse votre lettre) sur votre
» assistance pour réaliser une entreprise à-peu-près semblable, mais plus
» littéraire et moins régulièrement soumise à une publication périodique.
» Lord ***, comme vous le verrez si son volume d'*Essais* vous parvient,
» à une manière fine, délicate et adroite d'exprimer de profondes vé-
» rités sur la politique et sur les mœurs; et, quelque plan que nous
» adoptions, il sera pour nous un associé utile et actif, vu qu'il écrit
» avec un plaisir tout-à-fait inconcevable pour un pauvre scribe comme
» moi, qui ai sur mon art les mêmes sentimens que ce mari français,
» qui, trouvant un homme occupé à faire l'amour à sa femme, s'écria :
» *Comment, monsieur! sans y être obligé?* Toutefois, en parlant ainsi,
» je n'entends parler que de la partie exécutive de l'art d'écrire; car,
» imaginer et esquisser un ouvrage à venir, c'est, je l'avoue, un plaisir
» délicieux. » (*Note de Moore.*)

[2] Suppression pudique de Moore. (*Note du Trad.*)

» Je désire que vous songiez sérieusement à notre plan de journal; — car je suis aussi sérieux qu'on peut l'être, dans ce monde, pour quoi que ce soit.

» Je resterai ici jusqu'en mai ou juin, et à moins que « la gloire ne survienne imprévue[1], » nous nous rencontrerons peut-être, en France ou en Angleterre, dans le courant de l'année.

» Votre, etc.

» Je ne puis vous exposer l'état actuel des circonstances, parce qu'on ouvre toutes les lettres.

» Me placerez-vous dans vos maudits *Champs-Élysées*? Est-ce *és* ou *ées* pour l'adjectif? Je ne sais rien du français, vu que je suis tout Italien. Quoique je lise et comprenne le français, je n'essaie jamais de le parler; car je le déteste.

» Quant à la seconde partie des Mémoires, retranchez ce qu'il vous plaira de retrancher. »

LETTRE CCCCV.

A M. MURRAY.

Ravenne, 4 janvier 1821.

« Je viens de voir, par le journal de Galignani, qu'on est dans une grande attente d'une tragédie nouvelle par Barry Cornwall. Parmi ce que j'ai déjà lu de lui, j'ai fort goûté les *Esquisses Dramatiques*;

---

[1] *Honour comes unlooked for.* Expression de Moore pour désigner la mort trouvée dans un combat.

(*Note du Trad.*)

mais j'ai trouvé que son *Histoire sicilienne* et son *Marcien Colonne*, en vers, étaient tout-à-fait gâtés par je ne sais quelle affectation imitée de Wordsworth, de Moore et de moi-même, — le tout confondu en une sorte de chaos. Je crois cet auteur très-capable de produire une bonne tragédie, s'il garde un style naturel et ne s'amuse pas à faire des arlequinades pour l'auditoire. Comme il fut un de mes camarades d'école (Barry Cornwall n'est pas son vrai nom), je prends à son succès un intérêt plus qu'ordinaire, et je serai charmé d'en être vite instruit. Si j'avais su qu'il travaillât en ce genre, j'aurais parlé de lui dans la préface de *Marino Faliero*. Il créera une merveille du monde s'il fait une belle tragédie; je suis toutefois convaincu qu'il n'y réussira pas en suivant les vieux dramaturges, — qui sont pleins de fautes grossières, effacées par la beauté du style, — mais en écrivant naturellement et régulièrement, et en composant des tragédies régulières, à l'instar des Grecs; mais non par voie d'imitation, — en suivant seulement les bases de leur méthode, et en les adaptant aux tems et aux circonstances actuelles, — et, sans contredit, point de chœur.

» Vous rirez et direz : « Que ne faites-vous ainsi
» vous-même ? » J'ai, comme vous voyez, tenté une ébauche dans *Marino Faliero*; mais beaucoup de gens pensent que mon talent est « essentiellement
» contraire au genre dramatique », et je ne suis pas

du tout certain qu'on n'ait pas raison. Si *Marino Faliero* ne tombe pas — à la lecture, — je ferai peut-être un nouvel essai (mais non pour le théâtre); et comme je pense que l'amour n'est pas la principale passion pour une tragédie (quoique la plupart des nôtres reposent sur ce sujet), vous ne me trouverez pas écrivain populaire. A moins que l'amour ne soit furieux, criminel et infortuné, il ne doit pas servir pour sujet tragique. Quand il est moelleux et enivré, il en sert, mais il ne le doit pas : c'est alors pour la galerie et les secondes loges.

» Si vous désirez avoir une idée de l'essai que je tente, prenez une traduction d'un quelconque des tragiques grecs. Si je disais l'original, ce serait de ma part une impudente présomption; mais les traductions sont si inférieures aux auteurs originaux, que je pense pouvoir risquer cette question : ainsi jugez « de la simplicité de l'intrigue », etc., et ne me jugez point d'après vos vieux fous d'auteurs dramatiques, car ce serait boire de l'eau-de-vie pour goûter ensuite d'une fontaine. Après tout, néanmoins, je présume que vous ne prétendez pas que l'esprit-de-vin soit un plus noble élément qu'une source limpide bouillonnant au soleil. Et telle est la différence que je mets entre les Grecs et ces nuageux charlatans, — en exceptant toutefois Ben Johnson, qui était humaniste et classique. Ou bien prenez une traduction d'Alfieri, et, près de ce tragique mis sous forme anglaise, faites expérience de l'intérêt de mes nouveaux essais dans l'ancien genre ; puis dites-moi franchement votre opinion. Mais ne me mesurez pas à l'aune de vos vieux ou nouveaux tailleurs : Rien de plus aisé que de compliquer les ressorts du drame. Mrs. Centlivre, dans la comédie, a dix fois plus d'intrigue que Congreve. Mais lui est-elle comparable? et cependant elle chassa Congreve du théâtre. »

LETTRE CCCCVI.

A M. MURRAY.

Ravenne, 19 janvier 1821.

« Votre lettre du 29 du mois dernier est arrivée. Il faut que je vous requière positivement et sérieusement de prier M. Harris ou M. Elliston de laisser *le Doge* tranquille. Ce n'est pas un drame à jouer; la représentation ne remplira pas leur but, nuira au vôtre (qui est la vente de l'ouvrage), et me fera de la peine. C'est manquer de courtoisie, et même d'honnêteté, que de persister dans cette usurpation des écrits d'un homme.

» Je vous ai déjà fait passer par le dernier courrier une courte protestation, adressée au public, contre ce procédé ; au cas que ces gens-là persistent, ce que je n'ose point croire, vous la publierez dans les journaux. Je ne m'en tiendrai pas là, s'ils vont leur train ; mais je ferai un plus long appel sur ce point, et établirai l'injustice que je vois dans leur manière d'agir. Il est dur que je doive avoir affaire à tous les charlatans de la Grande-Bretagne, aux pirates

qui me publieront, et aux acteurs qui me joueront, — tandis qu'il y a des milliers de braves gens qui ne peuvent trouver ni libraire ni directeur. . . . . .
. . . .

» Le troisième chant de *Don Juan* est « faible »; mais, si les deux premiers et les deux suivans sont tolérables, qu'attendez-vous? surtout puisque je ne dispute pas avec vous sur ce point, ni comme objet de critique ni comme objet d'affaires.

» D'ailleurs, que dois-je croire? Vous, Douglas Kinnaird, et d'autres, m'écrivez que les deux premiers chants déjà publiés sont au nombre des meilleures pièces que j'aie écrites, et sont réputés comme tels; Augusta écrit qu'ils sont jugés « exécrables » (mot bien amer pour un auteur : — qu'en dites-vous, Murray?) même comme composition littéraire, et qu'elle en avait entendu dire tant de mal, qu'elle a résolu de ne jamais les lire, et a tenu sa résolution. Quoiqu'il en soit, je ne puis retoucher; ce n'est pas mon fort. Si vous publiez les trois nouveaux chants sans ostentation, ils réussiront peut-être.

» Publiez, je vous prie, le Dante et le Pulci (je veux dire la *Prophétie de Dante*). Je regarde la traduction de Pulci comme ma grande œuvre. Le reste des *Imitations d'Horace* où est-il? Publiez tout en même tems : autrement « la variété » dont vous vous targuez sera moins évidente.

» Je suis de mauvaise humeur. — Des obstacles en affaires venus de ces maudits procureurs, qui s'opposent à un prêt avantageux que je devais faire sur hypothèque à un noble personnage, parce que la propriété de l'emprunteur est en Irlande, m'ont appris comment un homme est traité pendant son absence. Oh! si je reviens, je ferai marcher droit quelques hommes qui n'y songent guère; — ou eux ou moi, nous déménagerons. ». . . . .

LETTRE CCCCIX[1].

A M. MOORE.

Ravenne, 22 janvier 1821.

« Rétablissez votre santé, je vous prie. Je ne suis pas content de votre maladie. Ainsi écrivez-moi une ligne pour me dire que vous êtes sur pied, sain et dispos de plus belle. Aujourd'hui j'ai trente-trois ans.

Dans le chemin de la vie, etc., etc.[2]

» Avez-vous entendu dire que la confrérie des *Bronziers*[3] ait présenté ou veuille présenter une adresse à Brandenburgh-House « sous les armes », et avec toute la variété et splendeur possible d'un attirail d'airain?

---

[1] Les lettres 407 et 408, adressées à M. Murray, ont été supprimées; elles ne parlent que des moyens d'empêcher la mise en scène de *Marino Faliero*.
(*Note du Trad.*)

[2] Déjà cité dans le *Journal*.
(*Note de Moore.*)

[3] Nous traduisons ainsi en un seul mot *braziers*, ouvriers en bronze, de *brass*, bronze.
(*Note du Trad.*)

Les bronziers, ce semble, se disposent à voter
Une adresse, et à la présenter tout revêtus de bronze ;
Pompe superflue ! — car, près de lord Harry,
Ils trouveront où ils veulent aller, plus de bronze qu'ils n'en porteront.

» Il y a une ode pour vous, n'est-ce pas ? — digne

De ****, grand poète *métaphysiqueur*,
Homme d'un vaste mérite, quoique peu de gens s'en doutent,
Si je l'ai lu (comme je vous l'ai dit à Mestri[1]);
J'en suis pour beaucoup redevable à ma passion pour la pâtisserie.

» Mestri et Fusina sont les passages ordinaires par où on va à Venise ; mais ce fut de Fusina que vous et moi nous nous embarquâmes, quoique « la » misérable nécessité de rimer » m'ait fait mettre Mestri dans le voyage.

» Ainsi, un livre vous a été dédié? J'en suis charmé, et je serais très-heureux de voir le volume.

» Je suis au comble de l'embarras à propos d'une mienne tragédie qui n'est bonne que pour le cabinet d'****; et que les directeurs, s'arrogeant un droit absolu sur toute poésie une fois publiée, sont déterminés à faire représenter, avec ou sans mon agrément, peu leur importe, et, je présume, avec les changemens que M. Dibdin fera pour leur usage. J'ai écrit à Murray, à lord Chamberlain, et à d'au-

---

[1] Pour rimer avec *pastry*, pâtisserie.

tres, pour qu'ils interviennent dans cette affaire et me préservent d'une telle exposition publique. Je ne veux ni les impertinens sifflets, ni les applaudissemens insolens d'un auditoire de théâtre. Je n'écris que pour le lecteur, et ne me soucie que de l'approbation silencieuse de ceux qui ferment un livre de bonne humeur, et avec une paisible satisfaction.

» Or, si vous voulez écrire aussi à notre ami Perry, pour le prier d'employer sa médiation auprès d'Harris et d'Elliston, afin d'empêcher l'exécution de ce projet, vous m'obligerez beaucoup. La pièce n'est pas du tout propre au théâtre, comme un simple coup-d'œil le leur montrera, ou le leur a, j'espère, déjà montré; et, y fût-elle jamais propre, je n'aurai jamais la volonté d'avoir rien à faire avec les théâtres.

» Je me hâte de me dire votre, etc. »

LETTRE CCCCX.

A M. MURRAY.

Ravenne, 27 janvier 1821.

« Je diffère d'avis avec vous sur le compte de la *Prophétie de Dante*, que je crois devoir être publiée avec la tragédie. Mais faites ce qu'il vous plaît; vous êtes nécessairement le meilleur juge des finesses de votre métier. Je suis d'accord avec vous sur le titre. Le drame peut être bon ou mauvais, mais je me flatte que c'est un tableau original, d'un genre de passion si naturel à mon esprit, que je suis convaincu que j'aurais agi précisément comme le doge, sous l'influence des mêmes provocations.

» Je suis charmé de l'approbation de Foscolo.

» Excusez-moi si je me hâte. Je crois vous avoir dit que :—je ne sais plus ce que c'était : mais peu importe.

» Merci pour vos complimens du premier jour de l'an. J'espère que cette année sera plus agréable que la dernière. Je ne parle que par rapport à l'Angleterre, où j'ai eu, en ce qui me concerne, toute espèce de désappointement ; — j'ai perdu un procès important, — et les procureurs de lady Byron me refusent de consentir à un prêt avantageux que je voulais faire de mon propre bien à lord Blessington, etc., etc., etc., comme pour clore convenablement les quatre saisons. Ces contrariétés, et cent autres pareilles, ont rendu cette année un tissu d'affaires pénibles pour moi en Angleterre. Heureusement, les choses ont ici une tournure un peu plus agréable pour moi ; autrement j'aurais usé de l'anneau d'Annibal [1].

» Remerciez, je vous prie, Gifford de toutes ses bontés. L'hiver est ici aussi froid que les latitudes polaires de Parry [2]. Il faut que j'aille galoper dans la forêt ; mes chevaux attendent. Votre sincère, etc. »

[1] On sait qu'Annibal mit fin à ses jours en avalant un poison caché dans son anneau.

[2] Célèbre marin anglais, qui, en cherchant un passage dans l'Océan arctique, s'est approché du pôle plus près qu'aucun des navigateurs qui l'ont précédé. (*Notes du Trad.*)

LETTRE CCCCXI.

A M. MURRAY.

Ravenne, 2 février 1821.

» Votre lettre d'excuse est arrivée. J'accueille la lettre, mais je n'admets pas les excuses, si ce n'est par courtoisie; ainsi, lorsqu'un homme vous marche sur les orteils et vous demande pardon, on lui accorde ce pardon, mais la phalange ne vous fait pas moins mal, surtout s'il y existe un cor.

» Dans le dernier discours du doge, il y a la phrase suivante (voici, du moins, comme ma mémoire me la donne) :

Et toi qui fais et défais les soleils;

Il faut la changer en celle-ci :

Et toi qui allumes et éteins les soleils,

c'est-à-dire, si le vers coule également bien, et si M. Gifford croit l'expression meilleure. Ayez, je vous prie, la bonté d'y faire attention. Vous êtes tout-à-fait devenu un ministre d'état. Songez s'il n'est pas possible qu'un jour vous soyez jeté à bas. *** ne sera pas toujours tory, quoique Johnson dise que le premier whig fut le diable lui-même.

» Vous avez, par la correspondance de M. Galignani, appris un secret (un peu tard, à la vérité); savoir qu'un Anglais peut exclusivement disposer de ses droits d'auteur en France,—fait de quelque importance au cas qu'un écrivain obtienne une grande popularité. Or, je veux bien vous dire ce qu'il faut que vous fassiez, et ne point prendre d'avantage sur vous, quoique vous ayez été assez méchant pour rester trois mois sans accuser réception de ma lettre. Offrez à Galignani l'achat du droit de propriété en France; s'il refuse, désignez tel libraire qu'il vous plaira, et je vous signerai tel contrat qu'il vous plaira aussi, et il ne vous en coûtera pas un sou de mon côté.

» Songez que je ne veux point me mêler de cette affaire, sinon pour vous assurer la propriété de mes œuvres. Je n'aurai jamais de marché qu'avec les libraires anglais, et je ne désire aucun honoraire hors de ma patrie.

» Or, cela est candide et sincère, et un peu plus beau que votre silence matois, pour voir ce qu'il en adviendrait. Vous êtes un excellent homme, *mio caro Moray*, mais il y a encore en vous, par-ci par-là, un peu de levain de Fleet-Street, — une miette de vieux pain. Vous n'avez pas le droit d'agir envers moi en homme soupçonneux; car je ne vous en ai donné aucune raison. Je serai toujours franc avec vous . . . .

» Je ne dirai plus rien à présent, sinon que je suis,

» Votre, etc.

» *P. S.* Si vous vous aventurez, comme vous le dites, à Ravenne cette année, je remplirai les devoirs de l'hospitalité tant que vous y vivrez, et vous enterrerai bel et bien (pas en terre sainte, néanmoins), si vous êtes tué par la balle ou par le glaive; ce qui devient fréquent depuis peu parmi les indigènes. Mais peut-être votre visite sera prévenue; je viendrai probablement dans votre pays; et dans ce cas, écrivez à milady le duplicata de l'épître que le roi de France adressa au prince Jean. »

LETTRE CCCCXII.

A M. MURRAY.

Ravenne, 16 février 1821.

« Au mois de mars arrivera de Barcelonne *signor Curioni*, engagé pour l'Opéra. C'est une de mes connaissances, un jeune homme de manières distinguées, et fameux dans sa profession. Je requiers en sa faveur votre bienveillance personnelle et votre patronage. Introduisez-le, je vous prie, chez tous les gens de théâtre, éditeurs de journaux, et autres, qui pourront lui rendre, dans l'exercice de sa profession, des services publics et particuliers.

» Le cinquième chant de *Don Juan* est si loin d'être le dernier, que c'est à peine si le poème commence. Je veux faire faire à *Don Juan* le tour de l'Europe, avec un mélange convenable de siéges, de batailles et d'aventures, et le faire finir, comme Anacharsis Clootz, dans la révolution française. Je ne sais combien de chants ce plan exigera, ni si je l'achèverai (même hormis le cas de mort prématurée); mais enfin telle a été ma première idée. J'ai songé à faire de Don Juan un *cavaliere servente* en Italie, la cause d'un divorce en Angleterre, et un homme sentimental « à figure de Werther » en Allemagne, afin de mettre au jour les différens ridicules de la société dans chacun de ces pays, et de montrer mon héros graduellement gâté et blasé au fur et à mesure qu'il vieillira, comme c'est naturel. Mais je n'ai pas définitivement arrêté si je le ferai finir en enfer ou par un malheureux mariage, car je ne sais lequel est le pire ; la tradition espagnole dit l'enfer ; mais il est probable que ce n'est qu'une allégorie de l'autre état. Vous êtes maintenant en possession de mes idées sur le sujet.

» Vous dites que le *Doge* ne sera pas populaire ; ai-je écrit jamais pour la popularité ? Je vous défie de me montrer un de mes ouvrages (excepté un conte ou deux), de style ou mine populaire. Il me paraît qu'il y a place pour un différent genre de drame, qui ne soit ni une imitation servile du drame ancien, genre erroné et grossier, ni trop français non plus, comme ceux qui succédèrent aux écrivains du vieux tems. Il me paraît qu'un bon style anglais et une observation plus sévère des règles pourraient produire une combinaison qui ne déshonorât pas notre littérature. J'ai essayé, de plus, à faire une pièce sans amour; et il n'y a non plus ni anneaux, ni méprises, ni surprises, ni scélérats enragés, ni mélodrame enfin. Tout cela l'empêchera

d'être populaire, mais ne me persuadera pas qu'elle soit par conséquent mauvaise. Toutes les fautes y naîtront plutôt de l'imperfection dans l'exécution et la conduite que de la conception, qui est simple et sévère . . . .
. . . .

» Dans la lettre sur Bowles (que je vous ai envoyée par le courrier de mardi), après ces mots « on a fait plusieurs tentatives. » (en parlant de la réimpression des *Poëtes anglais et Réviseurs écossais*), ajoutez : « en Irlande ; » car je crois que les pirates anglais n'ont commencé leurs tentatives qu'après que j'eus quitté l'Angleterre pour la seconde fois. Veillez-y je vous prie. Faites-moi savoir ce que vous et votre synode pensez sur la controverse Bowles. .
. . . .

» Comment George Bankes a-t-il été amené à citer les *Poëtes anglais* dans la chambre des communes? Tout le monde me jette ce poème à la tête.

» Quant aux nouvelles politiques, les Barbares marchent sur Naples, et s'ils perdent une seule bataille, toute l'Italie sera en insurrection. Ce sera comme la révolution espagnole.

» Vous parlez des lettres ouvertes. Certainement, les lettres sont ouvertes, et c'est la raison pour laquelle je traite toujours les Autrichiens de vils gredins. Il n'y a pas un Italien qui les abhorre plus que je ne fais : et tout ce que je pourrais faire pour délivrer l'Italie et la terre de leur infâme oppression, je le ferais *con amore.*

» Votre, etc. »

LETTRE CCCCXLII.

A M. MURRAY.

Ravenne, 21 février 1821.

» A la page 44ᵉ du premier volume des *Voyages de Turner* (que vous m'avez dernièrement envoyés), il est dit que « Lord Byron, en établissant avec tant
» de confiance la possibilité de traverser à la nage
» le détroit des Dardanelles, semble avoir oublié
» que Léandre le traversait dans l'un et l'autre sens,
» tour-à-tour suivant et contre la direction du cou-
» rant; tandis que lui (Lord Byron) n'a accompli
» que la partie la plus aisée de la tâche, en nageant
» suivant le courant d'Europe en Asie. » Je n'ai pas, sans aucun doute, oublié ce que sait le premier écolier venu, c'est-à-dire que Léandre traversait le détroit dans la nuit, et revenait le matin. Mon but a été de démontrer que l'Hellespont pouvait être traversé à la nage, et c'est à quoi M. Ekenhead et moi nous avons réussi, l'un en une heure et dix minutes, l'autre en une heure et cinq minutes. Le courant ne nous était pas favorable; au contraire, la grande difficulté fut d'y résister; car, loin de nous aider à gagner le rivage asiatique, il nous emportait droit dans l'archipel. Ni M. Ekenhead, ni moi, ni, j'oserai ajouter, personne à bord de la frégate, à commencer par le capitaine Bathurst, n'avait la moindre

notion de cette différence de courant que M. Turner signale du côté de l'Asie. Je n'en ai jamais entendu parler ; autrement, j'aurais fait le trajet dans le sens contraire. Le seul motif qui décida le lieutenant Ekenhead, ainsi que moi-même, à partir du rivage d'Europe, fut que le petit cap au-dessus de Sestos était un lieu plus proéminent, et que la frégate qui était à l'ancre au-dessous du fort asiatique, formait un meilleur point de vue pour diriger notre nage ; et, dans le fait, nous abordâmes juste au-dessous.

» M. Turner dit : « Tout ce qu'on jette dans le » courant, sur cette partie de la rive européenne, » arrive nécessairement à la côte asiatique. » Cette assertion est si loin d'être vraie, que l'objet abandonné au courant arrive nécessairement dans l'archipel, quoiqu'un vent violent, soufflant dans la direction de l'Asie, ait pu quelquefois produire l'effet contraire.

» M. Turner essaya la traversée en partant de la rive asiatique, et ne réussit pas : « Après vingt-» cinq minutes, pendant lesquelles il n'avança pas » de cent *yards* [1], il renonça à l'entreprise par épui-» sement. » Cela est fort possible, et aurait pu lui arriver tout aussi bien sur la rive européenne. Il aurait dû commencer son trajet une couple de milles plus haut, et il aurait pu alors arriver à terre sous le fort européen. J'ai particulièrement remarqué

---

[1] *Yard*, mesure anglaise, qui est la moitié du *fathom* ou toise, et qui équivaut à trois pieds. (*Note du Trad.*)

(et M. Hobhouse l'a remarqué aussi) que nous fûmes obligés d'alonger la traversée réelle du détroit, qui n'a qu'un mille de largeur, jusqu'à trois ou quatre milles, vu la force du courant. Je puis assurer à M. Turner que son succès m'aurait fait un grand plaisir, puisqu'il aurait fortifié d'un exemple de plus la probabilité de l'histoire de Léandre. Mais il n'est pas très-convenable à lui d'inférer que, parce qu'il a échoué, Léandre n'a pu réussir. Il y a toujours quatre exemples du fait; un Napolitain, un jeune juif, M. Ekenhead et moi; et l'authenticité des deux derniers exemples se fonde sur le témoignage oculaire de quelques centaines de marins anglais.

» Quant à la différence du courant, je n'en ai aperçu aucune; la direction n'en est favorable au nageur ni d'un côté ni de l'autre, mais on peut en éluder l'effet en entrant dans la mer à une distance considérable au-dessus du point opposé de la côte où le nageur veut aborder, et en résistant continuellement; le courant est fort, mais, moyennant un bon calcul, vous pouvez arriver à terre. Mon expérience et celle des autres me forcent de déclarer le trajet de Léandre possible et praticable. Tout homme jeune, et doué de quelque habileté dans la natation, peut réussir en partant n'importe de quel côté. Je restai trois heures à traverser le Tage à la nage, ce qui est beaucoup plus hasardeux, puisque le trajet est de deux heures plus long que celui de l'Hellespont. Je mentionnerai encore un exemple de ce qu'il est possible de faire en nageant. En 1818, le chevalier Mengaldo, gentilhomme de Bassano, bon nageur, désira nager avec mon ami M. Alexandre Scott et avec moi. Comme il paraissait attacher à cette partie le plus vif intérêt, nous ne le refusâmes pas. Nous partîmes tous trois de l'île du Lido pour gagner Venise. A l'entrée du Grand Canal, Scott et moi nous étions très en avant, et nous n'apercevions plus notre ami étranger, ce qui, toutefois, était de peu de conséquence, puisqu'il y avait une gondole pour garder ses habits et le prendre au sortir de l'eau. — Scott nagea jusqu'au-delà du Rialto, où il aborda, moins par la fatigue qu'à cause du froid; car il avait été quatre heures dans l'eau, sans se reposer ou s'arrêter, si ce n'est en se laissant aller sur le dos — (c'était la condition expresse de notre partie). Je continuai ma course jusqu'à Santa-Chiara, et parcourus ainsi la totalité du Grand Canal (outre la distance du Lido), et j'abordai là où la lagune se rouvre pour le passage de Fusina. J'avais été dans l'eau, montre en main, sans aide ni repos, sans jamais toucher ni sol ni barque, quatre heures et vingt minutes. M. le consul-général Hoppner fut témoin de cette partie, et plusieurs autres personnes en ont connaissance. M. Turner peut aisément vérifier le fait, s'il y ajoute quelque importance, en s'en informant auprès de M. Hoppner. Nous ne pourrions assigner exactement la distance parcourue, qui toutefois, dut être considérable.

» Je ne mis à traverser l'Hellespont qu'une heure et dix minutes. Je suis maintenant plus vieux de dix ans d'âge, et de vingt ans de constitution que lorsque je traversai le détroit des Dardanelles ; et pourtant il y a deux ans, je fus capable de nager pendant quatre heures et vingt minutes ; et je suis sûr que j'aurais pu continuer encore deux heures, quoique j'eusse une paire de caleçons, accoutrement qui n'est nullement favorable à ce genre d'exercice. Mes deux compagnons furent aussi quatre heures dans l'eau. Mengaldo pouvait avoir environ trente ans ; Scott, environ vingt-six.

» Avec ces expériences de natation, faites par moi ou par d'autres, non-seulement sur le lieu, mais ailleurs encore, pourquoi douterais-je que l'exploit de Léandre ne fût point parfaitement praticable? Puisque trois individus ont parcouru une distance plus grande que la largeur de l'Hellespont, pourquoi lui, Léandre, n'aurait-il pu franchir ce détroit? Mais M. Turner a échoué ; et, cherchant une raison plausible de son échec, il rejette la faute sur la rive asiatique du détroit. Il a essayé de nager tout en travers, au lieu de partir de plus haut pour gagner un avantage ; il aurait pu tout aussi bien essayer de voler par-dessus le mont Athos.

» Qu'un jeune Grec des tems héroïques, épris d'amour, et doué de membres vigoureux, ait pu réussir dans un pareil trajet, je ne m'en étonne ni n'en doute. A-t-il tenté ou non ce trajet? c'est une autre question ; car il aurait pu avoir une petite barque qui lui eût épargné cette peine.

» Je suis votre sincère, etc.

BYRON.

» *P. S.* M. Turner dit que la traversée d'Europe en Asie est « la partie la plus aisée de la tâche. » Je doute que Léandre fût de cet avis ; car c'était le retour : toutefois, il y avait plusieurs heures d'intervalle entre les deux traversées. L'argument de M. Turner que « plus haut ou plus bas, le détroit s'élargit si considérablement, qu'il y aurait eu peu d'avantage à s'écarter, » n'est bon que pour de médiocres nageurs ; un homme de quelque habileté et de quelque expérience dans la natation, aura toujours moins égard à la longueur du trajet qu'à la force du courant. Si Ekenhead et moi eussions songé à traverser dans le point le plus étroit, au lieu de remonter jusqu'au cap, nous aurions été entraînés à Ténédos. Toutefois le détroit ne s'élargit pas excessivement, même au-dessus ou au-dessous des forts. Comme la frégate stationna quelque tems dans les Dardanelles, en attendant le firman, je me baignai souvent dans le détroit après notre traversée, et généralement sur la côte asiatique, sans apercevoir cette plus grande force dans le courant par laquelle le voyageur diplomatique excuse son échec. Notre amusement, dans la petite baie qui s'ouvre immédiatement au-dessous du fort asiatique, était de plonger pour attraper les tortues de terre, que nous jetions exprès dans l'eau, et qui, en véritables amphibies, se traînaient au fond de la mer; cela ne prouve pas une plus grande violence dans le courant que sur la rive européenne. Quant à la modeste insinuation que nous choisîmes cette dernière rive comme « plus facile, » j'en appelle à la décision de de M. Hobhouse et au capitaine Bathurst (le pauvre Ekenhead étant mort). Si nous avions été instruits de cette prétendue différence du courant, nous en aurions du moins tenté l'épreuve, et nous n'étions pas gens à renoncer après les vingt-cinq minutes de l'expérience de M. Turner. Le secret de tout ceci est que M. Turner a échoué et que nous avons réussi ; il est par conséquent désappointé, et paraît disposé à rabaisser le peu de mérite qu'il peut y avoir dans notre succès. Pourquoi n'essaya-t-il pas du côté de l'Europe? S'il y avait réussi, après avoir échoué du côté de l'Asie, son excuse aurait été meilleure. M. Turner peut trouver tels défauts qu'il lui plaira dans ma poésie ou ma politique ; mais je lui recommande de renoncer aux réflexions aquatiques, jusqu'à ce qu'il soit capable de nager « vingt-cinq minutes sans être épuisé, » quoi qu'il soit, je pense, le premier tory des tems modernes qui ait jamais nagé contre le courant durant une demi-heure. »

LETTRE CCCCXIV.

A M. MOORE.

Ravenne, 22 février 1821.

« Comme je souhaite que l'ame de feu Antoine Galignani repose en paix (vous aurez sans doute lu sa mort, publiée par lui-même dans son journal), vous êtes particulièrement invité à informer ses enfans et héritiers que je n'ai reçu qu'un numéro de leur *Literary Gazette*, à laquelle je me suis abonné il y a plus de dix mois, — malgré les fréquentes réclamations que je leur ai écrites. S'ils n'ont aucun égard pour moi, simple abonné, ils doivent en avoir pour leur parent défunt, qui indubitablement n'est pas bien traité dans sa présente demeure pour ce manque total d'attention : sinon, il me faut la restitution de mes francs. J'ai payé par l'entremise du libraire vénitien Missiaglia. Vous pouvez aussi faire entendre à ces gens-là que lorsqu'un honnête homme écrit une lettre, il est d'usage de lui adresser une réponse.

» Nous sommes ici à la guerre, et à deux jours de distance du théâtre des hostilités, dont nous attendons la nouvelle de moment en moment. Nous allons voir si nos amis italiens sont bons à autre chose qu'à « faire feu de derrière une encoignure, » comme le fusil d'un Irlandais. Excusez-moi si je me hâte de finir, — j'écris tandis qu'on m'attache mes éperons. Mes chevaux sont à la porte, et un comte italien m'attend pour m'accompagner dans ma promenade équestre.

» Votre, etc.

» Dites-moi, je vous prie, si, parmi toutes mes lettres, vous en avez reçu une qui détaille la mort de notre commandant. Il a été tué près de ma porte, et a expiré dans ma maison. »

LETTRE CCCCXV.

A M. MURRAY.

Ravenne, 2 mars 1821.

« Vous avez ci-joint le commencement d'une lettre que j'écrivais à Perry, mais que j'ai interrompue dans l'espoir que vous auriez le pouvoir d'empêcher les théâtres de me représenter. Vous ne devez certainement pas l'envoyer à son adresse; mais elle vous expliquera mes sentimens à ce sujet. Vous me dites : « Il n'y a rien à craindre; laissez-les faire ce qu'il leur plaît, » c'est-à-dire que vous me verriez *damné* avec la plus parfaite tranquillité. Vous êtes un gentil garçon. »

A M. PERRY.

Ravenne, 22 janvier 1821.

Monsieur,

« J'ai reçu une étrange nouvelle, qui ne peut être plus désagréable à votre public qu'elle ne l'est à moi-même. Des lettres particulières et les gazettes me font l'honneur de dire que c'est l'intention de quelques directeurs de Londres de mettre en scène le poème de *Marino Faliero*, etc., qui n'a jamais été destiné à cette exposition publique, et qui, j'espère, ne la subira jamais. Il n'y est certainement pas propre. Je n'ai jamais écrit que pour le lecteur solitaire, et ne demande d'autres applaudissemens qu'une approbation silencieuse. Puisque le dessein de m'amener de force, comme un gladiateur, sur l'arène théâtrale est une violation de toutes les convenances littéraires, je compte que la partie impartiale de la presse se rangera entre moi et cette monstrueuse violation de mes droits; car je réclame comme auteur le droit d'empêcher que mes écrits ne soient convertis en pièces de théâtre. Je respecte trop le public pour que cela se fasse de mon gré. Si j'avais recherché sa faveur, c'eût été par une pantomime.

» J'ai dit que je n'écris que pour le lecteur : je ne puis consentir à aucun autre genre de publicité, ou à l'abus de la publication de mes ouvrages dans l'intérêt des histrions. Les applaudissemens d'un auditoire ne me causeraient point de plaisir; et pourtant, son improbation pourrait me causer de la peine : les chances ne sont donc pas égales. Vous me direz peut-être : « Comment est-ce possible ? Si l'improbation de l'auditoire vous cause de la peine, l'approbation ne pourrait pas vous faire plaisir ? » Point du tout : la ruade d'un âne ou la piqûre d'une guêpe peut être pénible pour ceux qui ne trouveraient rien d'agréable à entendre l'un braire et l'autre bourdonner.

» La comparaison peut sembler impolie; mais je n'en ai pas d'autre sous la main, et elle se présente naturellement. »

LETTRE CCCCXVI.

A M. MURRAY.

Ravenne, *Marzo* 1821.

Cher Moray [1],

« Dans mon paquet du 12 courant, dernière feuille — et dernière page, — retranchez la phrase qui définit ou prétend définir ce que c'est que la qualité de *gentleman*, et quels gens doivent être ainsi qualifiés. Je vous dis de retrancher la phrase entière, parce qu'elle ne vient pas plus à propos que « la cosmogonie ou création du monde » dans le *Vicaire de Wakefield*.

» Dans la phrase plus haut, presque au commencement de la même page, après les mots : « Il existe » toujours ou peut toujours exister une aristocratie » de poètes, » ajoutez et intercalez les paroles suivantes : « Je ne prétends pas que ces poètes écrivent » en gens de qualité ou affectent l'*euphuisme*[2] : mais » il y a une noblesse de pensée et d'expression que » l'on trouve dans Shakspeare, Pope et Burns comme

---

[1] Écrit ainsi par Lord Byron, suivant l'orthographe italienne.

[2] *Euphuisme* est un mot intraduisible, adopté en Angleterre pour désigner le langage maniéré des personnes qui affectent de ne rien dire simplement; je ne sais s'il serait convenablement rendu par *style précieux*.

(*Notes du Trad.*)

» dans Dante, Alfieri, etc. » Ou, si vous aimez mieux, peut-être aurez-vous raison de retrancher la totalité de la digression finale sur les poètes vulgaires, et de ne rien publier au-delà de la phrase où je déclare préférer l'*Homère* de Pope à celui de Cowper, et où je cite le docteur Clarke en faveur de l'exactitude de la traduction du premier.

» Sur tous ces points, prenez une opinion arrêtée; prenez l'avis sensé (ou insensé) de vos savans visiteurs, et agissez en conséquence. Je suis fort traitable — en prose.

» Je ne sais si j'ai décidé la question pour Pope; mais je suis sûr d'avoir mis un grand zèle à la soutenir. Si l'on en vient aux preuves, nous battrons les vauriens. Je montrerai plus d'images dans vingt vers de Pope que dans un passage quelconque de longueur égale, tiré de tout autre poète anglais,— et cela dans les endroits où l'on s'y attend le moins; par exemple, dans ses vers sur *Sporus*.— Lisez-les, et notez-en les images séparément et arithmétiquement[1]. . . . .

» Or, y a-t-il dans tout ce passage un vers qui ne soit pourvu de l'image la plus propre à remplir le but du poète? Faites attention à la variété, — à la poésie de ce passage,—à l'imagination qui y brille;

---

[1] Nous avons dû supprimer la liste des expressions figurées que Lord Byron note une à une; car la plupart de ces expressions, traduites littéralement, seraient bizarres, et traduites par des équivalens, ne répondraient plus au but de l'auteur.

à peine y a-t-il un vers qui ne puisse être peint, et qui ne soit lui-même une peinture! Mais ce n'est rien en comparaison des plus beaux passages de l'*Essai sur l'Homme*, et de plusieurs autres poèmes sérieux ou comiques. Il n'y eut jamais au monde critique plus injuste que celle de ces marauds contre Pope.

» Demandez à M. Gifford si, dans le cinquième acte du *Doge*, après la phrase du *voile*, vous ne pouvez pas intercaler les vers suivans dans la réponse de Marino Faliero?

> Ainsi soit fait. Mais ce sera en vain :
> Le voile noir qui couvre ce nom flétri,
> Et qui cache ou semble cacher ce visage,
> Attirera plus de regards que les mille portraits
> Qui montrent alentour dans leurs splendides ornemens
> Ces hommes — vos mandataires esclaves — et les tyrans du peuple [1].

» Votre véritable, etc.

» *P. S.* Je ne dis ici qu'un mot des affaires publiques : vous entendrez bientôt parler d'un soulèvement général en Italie. Il n'y eut jamais de mesure plus folle que l'expédition contre Naples.

» Je veux proposer à Holmes, le miniaturiste, de venir me trouver ce printems. Je le rembourserai

---

[1] Ces vers n'ont jamais été insérés dans la tragédie, — peut-être par la difficulté même de l'intercalation.

(*Note de Moore.*)

de tous ses frais de voyage, en sus du prix de son talent. Je veux lui faire peindre ma fille (qui est à présent dans un couvent), la comtesse Guiccioli, et la tête d'une jeune paysanne qui pourrait être une étude de Raphaël. C'est une vraie physionomie de paysanne, mais de paysanne italienne, et tout-à-fait dans le style de la Fornarina de Raphaël. Cette fille a une taille haute, mais peut-être un peu trop grosse et nullement digne d'être comparée à sa figure, qui est réellement superbe. Elle n'a pas encore dix-sept ans, et je suis curieux d'avoir son visage avant qu'il ne périsse. Mme Guiccioli est aussi fort belle, mais dans un genre tout différent; — elle est blonde et blanche, — ce qui est rare en Italie; ce n'est pourtant pas une blonde anglaise; mais c'est plutôt une blonde de Suède ou de Norwége. Ses formes, surtout dans le buste, sont extraordinairement belles. Il me faut Holmes; j'aime ce peintre, parce qu'il saisit parfaitement les ressemblances. Nous sommes ici en état de guerre; mais un voyageur solitaire, avec un petit bagage et sans aucun rapport avec la politique, n'a rien à craindre. Embarquez-le donc dans la diligence. Veuillez ne pas oublier.

LETTRE CCCCXVII.

A M. HOPPNER.

Ravenne, 3 avril 1821.

» Mille remercîmens pour la traduction. Je vous ai envoyé quelques livres, sans savoir si vous les aviez déjà lus ou non ; — en tout cas, vous n'avez pas besoin de les renvoyer. Je vous envoie ci-joint une lettre de Pise. Je ne me suis jamais épargné ni peine ni dépense pour le soin de ma fille, et comme elle avait maintenant quatre ans accomplis et qu'elle devait être tout-à-fait hors de la surveillance des domestiques, — et comme, d'autre part, un homme qui sans femme est seul à la tête de sa maison, ne peut donner une grande attention à une éducation, — je n'ai eu d'autre ressource que de placer l'enfant pour quelque tems (moyennant une forte pension) dans le couvent de Bagna-Cavalli (à une distance de douze milles), endroit où l'air est bon, et où elle fera du moins quelques progrès dans son instruction, et recevra des principes de morale et de religion. J'avais encore une autre raison.—Les affaires étaient et sont encore ici dans un état que je n'ai aucune raison de regarder comme très-rassurant sous le point de vue de ma sûreté personnelle, et j'ai pensé qu'il vaudrait mieux que l'enfant fût éloigné de toute chance périlleuse, pour le moment présent.

» Il est également à propos d'ajouter que je n'ai jamais eu ni n'ai encore l'intention de donner à un enfant naturel une éducation anglaise, parce qu'avec le désavantage de sa naissance, son établissement à venir serait deux fois plus difficile. A l'étranger, avec une éducation conforme aux usages du pays, et avec une part de cinq ou six mille livres sterling, ma fille pourra se marier fort honorablement. En Angleterre une pareille dot donnerait à peine de quoi vivre, tandis qu'ailleurs c'est une fortune. C'est d'ailleurs mon désir qu'Allégra soit catholique romaine, c'est là la religion que je tiens pour la meilleure, comme elle est sans contredit la plus ancienne des diverses branches du christianisme. J'ai exposé mes idées quant à l'endroit où ma fille est à présent, c'est le meilleur que j'aie pu trouver pour le moment, mais je n'ai point de prévention en sa faveur.

» Je ne parle pas de politique, parce que c'est un sujet désespérant, tant que ces faquins auront la faculté de menacer l'indépendance des états.

» Croyez-moi votre ami pour jamais, et de cœur.

» *P. S.* On annonce ici un changement en France; mais la vérité n'est pas encore connue.

» *P. S.* Mes respects à Mrs. Hoppner. J'ai la meilleure opinion des femmes de son pays, et à l'époque de la vie où je suis (j'ai eu trente-trois ans le 22 janvier 1821), c'est-à-dire, après la vie que j'ai menée, une *bonne* opinion est la seule opinion raisonnable qu'un homme doive avoir sur tout le sexe : — jusqu'à trente ans, plus un homme peut penser mal des femmes en général, mieux vaut pour lui ; plus tard, c'est une chose sans aucune importance pour elles ou pour lui, qu'il ait telle ou telle opinion, — son tems est passé, ou du moins doit l'être.

» Vous voyez comme je suis devenu sage.

LETTRE CCCCXVIII.

A M. MURRAY.

21 avril 1821.

» Je vous envoie ci-joint une autre lettre sur Bowles, mais je vous avertis par avance qu'elle n'est pas comme la première, et que je ne sais pas ce qu'il en faut publier, si même il n'est pas mieux de n'en rien publier du tout. Vous pouvez sur ce point consulter M. Gifford, et réfléchir deux fois avant de faire la publication.

» Tout à vous sincèrement.

B.

» *P. S.* Vous pouvez porter ma souscription pour la veuve de M. Scott, etc.., à trente livres sterling, au lieu des dix déjà convenues ; mais n'écrivez pas mon nom : mettez seulement N. N. La raison est que, comme j'ai parlé de M. Scott dans le pamphlet ci-joint, je paraîtrais indélicat. Je voulais donner davantage, mais mes désappointemens de l'année dernière dans l'affaire Rochdale, et dans le transfert des fonds, me rendent plus économe pour l'année actuelle.

LETTRE CCCCXIX.

A M. SHELLEY.

Ravenne, 26 avril 1821.

» L'enfant continue à bien aller, et les rapports sont réguliers et favorables ; il m'est agréable que ni vous ni Mrs. Shelley ne désapprouviez la mesure que j'ai prise, et qui d'ailleurs n'est que temporaire.

» Je suis très-peiné d'entendre ce que vous me dites de Keats, — est-ce effectivement vrai? je ne croyais pas que la critique eût été si meurtrière. Quoique je diffère essentiellement de vous dans l'estimation de ses ouvrages, j'abhorre à tel point tout mal inutile, que j'aimerais mieux qu'il eût été placé au plus haut pic du Parnasse que d'avoir à déplorer une telle mort. Pauvre diable! et pourtant, avec un amour-propre si déréglé, il n'aurait probablement pas été heureux. J'ai lu l'examen de l'*Endymion* dans la *Quarterly*. La critique était sévère, mais certainement pas autant que beaucoup d'articles de cette Revue et d'autres journaux sur tels et tels auteurs.

» Je me rappelle l'effet que produisit sur moi la *Revue d'Édimbourg*, lors de mon premier poème : c'était colère, résistance et désir de vengeance, — mais non pas découragement et désespoir. J'accorde que ce ne sont pas là d'aimables sentimens, mais dans ce monde d'intrigues et de débats, et surtout dans la carrière de la littérature, un homme doit calculer ses moyens de *résistance* avant d'entrer dans l'arène.

N'espère pas une vie libre de peine et de danger,
Et ne crois pas l'arrêt de l'humanité rapporté en ta faveur.

» Vous savez mon opinion sur cette école poétique de seconde main. Vous savez aussi mon opinion sur votre poésie, — parce que vous n'êtes d'aucune école. J'ai lu *Cenci* : — mais, outre que je regarde le sujet comme essentiellement impropre au drame, je ne suis point admirateur de nos vieux auteurs dramatiques, en tant qu'on les prend pour modèles. Je nie que les Anglais aient eu jusqu'à présent un drame. Toutefois, votre *Cenci* est une œuvre de talent et de poésie. Quant à mon drame, vengez-vous, je vous prie, sur lui, en étant aussi franc que je l'ai été à l'égard du vôtre.

» Je n'ai pas encore votre *Prométhée*, que j'ai le plus grand désir de voir. Je n'ai pas entendu parler de ma pièce, et je ne sais si elle est publiée. J'ai publié en faveur de Pope un pamphlet que vous n'aimerez pas. Si j'avais su que Keats fût mort — ou qu'il fût en vie et sensible à tel point, — j'aurais omis quelques remarques sur sa poésie, remarques qui m'ont été inspirées par l'attaque qu'il s'est permise contre Pope, et par le peu de cas que je fais de son propre style.

» Vous voulez que j'entreprenne un grand poème, je n'en ai ni l'envie ni le talent. A mesure que je vieillis, je deviens de plus en plus indifférent, — non pour la vie, car nous l'aimons par instinct, — mais pour les stimulus de la vie. D'ailleurs, ce dernier échec des Italiens vient de me désappointer pour plusieurs raisons, — les unes publiques, les autres personnelles. Mes respects à Mrs. Shelley.

» Tout à vous pour toujours.

» *P. S.* Ne pourrions-nous pas, vous et moi,

faire en sorte de nous trouver ensemble cet été! Ne pourriez-vous pas faire un tour ici *tout seul ?* »

LETTRE CCCCXX

A M. MURRAY.

Ravenne, 26 avril 1831.

. . . .

» Hé bien! avez-vous publié la tragédie? et la lettre prend-elle ?

» Est-il vrai, comme Shelley me l'écrit, que le pauvre John Keats soit mort à Rome de la *Quarterly-Review*. J'en suis fâché, quoiqu'il eût, à mon avis, adopté un mauvais système poétique.; je sais par expérience, qu'un article hostile est aussi dur à avaler que la ciguë; et celui qu'on fit sur moi (et qui produisit *les Poètes anglais*, etc.) m'abattit, — mais je me relevai; au lieu de me rompre un vaisseau, je bus trois bouteilles de vin et commençai une réponse, parce que l'article ne m'avait rien offert qui pût me donner le droit légitime de frapper Jeffrey d'une façon honorable. Toutefois je ne voudrais pas être l'auteur de l'homicide article pour tout l'honneur et toute la gloire du monde, quoique je n'approuve point du tout cette école d'écrivassiers qui en fait le sujet.

» Vous voyez que les Italiens ont fait une triste besogne (— et cela grâce à la trahison, et à la désunion qui règne entre eux. Cela m'a causé une grande vexation. Les malédictions accumulées sur les Napolitains par tous les autres Italiens sont à l'unisson de celles du reste de l'Europe.

» Tout à vous.

» *P. S.* Votre dernier paquet de livres est en route, mais n'est pas arrivé : *Kenilworth* est excellent. Mille remercîmens pour les portefeuilles, dont j'ai fait présent aux dames qui aiment les gravures, les paysages, etc. J'ai maintenant un ou deux livres italiens que je voudrais vous faire passer si j'avais une occasion.

» Je ne suis pas à présent dans le meilleur état de santé, — c'est probablement le printems qui en est cause ; aussi j'ai restreint mon régime et me suis mis au sel d'Epsom.

» Puisque vous dites que ma prose est bonne, pourquoi ne traitez-vous pas avec Moore pour la propriété des *Mémoires ?* — à la condition expresse (songez-y bien) qu'ils ne soient publiés qu'après mon décès ; Moore a la permission d'en disposer, et je lui ai conseillé de le faire.

LETTRE CCCCXXI.

A M. MOORE.

Ravenne, 28 avril 1821.

» Vous ne pouvez avoir été plus désappointé que moi-même, ni autant trompé. Je l'ai été en courant même quelques dangers personnels dont je ne suis pas encore délivré. Cependant ni le tems ni les circonstances ne changeront ni mes cris ni mes sentimens d'indignation contre la tyrannie triomphante. Le dénoûment actuel a été autant l'ouvrage de la trahison que de la couardise, quoique l'une et l'autre y aient eu leur part. Si jamais nous nous trouvons ensemble, j'aurai avec vous une conversation sur ce sujet. A présent, pour raisons évidentes, je ne puis écrire que peu de chose, vu qu'on ouvre toutes les lettres. On trouvera toujours dans les miennes mes propres sentimens, mais rien qui puisse servir de motif à l'oppression d'autrui.

» Vous voudrez bien songer que les Napolitains ne sont maintenant nulle part plus exécrés qu'en Italie, et ne pas blâmer un peuple entier pour les vices d'une province. C'est comme si l'on condamnait la Grande-Bretagne parce qu'on pille des vaisseaux naufragés sur les côtes de Cornouailles.

» Or maintenant occupons-nous de littérature, — triste chute à la vérité, mais c'est toujours une consolation. Si « l'occupation d'Othello est passée » prenons la meilleure après celle-là; et si nous ne pouvons contribuer à rendre le monde plus libre et plus sage, nous pourrons nous amuser, nous et ceux qui aiment à s'amuser ainsi. Qu'est-ce que vous composez à présent? J'ai fait de tems en tems quelques griffonnages, et Murray va les publier.

» Lady Noël, dites-vous, a été dangereusement malade, mais consolez-vous en apprenant qu'elle est maintenant dangereusement bien portante.

» J'ai écrit une ou deux autres feuilles de *Memo-*

randa pour vous; et j'ai tenu un petit journal pendant un mois ou deux jusqu'à ce que j'aie eu rempli le cahier. Puis je l'ai interrompu, parce que les affaires me donnaient trop d'occupation, et puis, parce qu'elles étaient trop sombres pour être mentionnées sans un douloureux sentiment. Je serais charmé de vous envoyer ce petit journal, si j'avais une occasion; mais un volume, quelque petit qu'il soit, ne passe pas sûrement par la voie des postes, dans ce pays d'inquisition.

» Je n'ai point de nouvelles. Comme une fort jolie femme assise à son clavecin me le disait un de nos soirs, avec des larmes dans les yeux, « hélas! il » faut que les Italiens se remettent à faire des opéras », je crains que cela seul ne soit leur fort, plus les *macaroni*. Cependant, il y a des ames hautes parmi eux. — Je vous en prie, écrivez-moi.

» Et croyez-moi, etc.

LETTRE CCCCXXII.

A M. MOORE.

Ravenne, 3 mai 1821.

« Quoique je vous aie écrit le 28 du mois dernier, je dois accuser réception de votre lettre d'aujourd'hui et des vers qu'elle contient. Ces vers sont beaux, sublimes, et dans votre meilleure manière. Ils ne sont non plus que trop vrais. Cependant, ne confondez pas les lâches qui sont au talon de la botte avec les gens plus braves qui en occupent le haut. Je vous assure qu'il y a des ames plus élevées.

» Rien, néanmoins, ne peut être meilleur que votre poème, et mieux mérité par les *lazzaroni*. Ces hommes-là ne sont nulle part plus abhorrés et plus reniés qu'ici. Nous parlerons un jour de ces affaires (si nous nous rencontrons), et je vous raconterai mes propres aventures, dont quelques-unes ont peut-être été un peu périlleuses.

» Ainsi, vous avez lu la *Lettre sur Bowles*? Je ne me rappelle pas avoir rien dit de vous qui pût vous offenser, — et certainement je n'en ai pas eu l'intention. Quant à ***, je voulais lui faire un compliment. J'ai écrit le tout d'un seul jet, sans recopier ni corriger, et dans l'attente quotidienne d'être appelé sur le champ de bataille. Qu'ai-je dit de vous? Certainement je ne le sais plus. Je dois avoir énoncé quelques regrets de votre approbation de Bowles. Et ne l'avez-vous pas approuvé, à ce qu'il dit? . .

. . . .

» Quant à Pope, je l'ai toujours regardé comme le plus grand nom de notre poésie. Les autres poètes ne sont que des barbares. Lui, c'est un temple grec, avec une cathédrale gothique à son côté, une mosquée turque et toutes sortes de pagodes et de constructions bizarres à l'entour. Vous pouvez, si vous voulez, appeler Shakspeare et Milton des pyramides, mais je préfère le temple de Thésée ou le Parthénon à une montagne de briques.

» Murray ne m'a écrit qu'une seule fois, le jour de

la publication, alors que le succès semblait être heureux. Mais je n'ai depuis quelque tems reçu que peu de nouvelles d'Angleterre. Je ne sais rien des autres ouvrages (je ne parle que des miens) que Murray devait publier,—je ne sais pas même s'il les a publiés. Il devait le faire il y a un mois. Je désirerais que vous fissiez quelque chose, — ou que nous fussions ensemble.

» Tout à vous pour toujours et de cœur. »

B.

Ce fut à cette époque que Byron commença, sous le titre de *Pensées Détachées*, ce livre de notices et de *memoranda*, d'où, dans le cours de cet ouvrage, j'ai extrait tant de passages curieux propres à donner des lumières sur la vie et sur les opinions de notre poète, et dont je vais donner ici l'introduction :

« Parmi les divers Journaux, Mémoires, etc., etc.,
» que j'ai tenus dans le cours de ma vie, il y en a
» un que j'ai commencé il y a trois mois, et que j'ai
» continué jusqu'à ce que j'eusse rempli un cahier
» (assez petit), et environ deux feuilles d'un autre.
» Puis je l'ai abandonné, en partie parce que je
» croyais que nous aurions ici quelque chose à faire,
» que j'avais nétoyé mes armes et fait les prépara-
» tifs nécessaires pour agir avec les patriotes, qui
» avaient rempli mes culottes de leurs proclama-
» tions, sermons et résolutions, et caché dans le
» bas de ma maison quantité d'armes de tout cali-

» bre, — et en partie parce que j'avais rempli mon
» cahier.

» Mais les Napolitains se sont trahis, eux et le
» monde entier; et ceux qui auraient volontiers
» donné leur sang pour l'Italie, ne peuvent plus
» lui donner que leurs larmes.

» Un jour ou l'autre, si ma poussière ne se dis-
» sout pas, je jetterai peut-être quelque lumière
» (car j'ai été assez initié au secret, du moins dans
» cette partie du pays) sur l'atroce perfidie qui a
» replongé l'Italie dans la barbarie : à présent, je
» n'en ai ni le tems ni l'humeur. Cependant, les
» vrais Italiens ne sont pas blâmables ; ce sont ces
» vils faquins, relégués au talon de la botte que le
» Hun chausse maintenant pour les fouler aux pieds
» et les réduire en poudre pour prix de leur servi-
» lité. Je me suis risqué ici avec les autres, et c'est
» encore un problème que de savoir jusqu'à quel
» point je me suis ou non compromis. Quelques-uns
» d'entre eux, comme Craigengelt, « diraient tout
» et plus que tout, pour se sauver eux-mêmes. »
» Mais advienne que pourra, le motif était glorieux;
» heureux ceux qui n'ont à se reprocher que d'avoir
» cru que ces chiens étaient moins canaille qu'ils
» n'ont été ! — Ici, en Romagne, les efforts devaient
» être nécessairement bornés à des préparatifs et à
» de bonnes intentions, jusqu'à ce que les Allemands
» eussent pleinement engagé leurs forces dans une
» guerre sérieuse, — attendu que nous sommes sur

» leurs frontières, sans fort ni montagne avant San-
» Marino. Je ne sais si « l'enfer sera pavé de ces
» bonnes intentions »; mais il aura probablement
» bon nombre de Napolitains qui marcheront sur ce
» pavé, quelle qu'en soit la composition. Les laves
» de leur Vésuve, avec les corps de leurs ames dam-
» nées pour ciment, seraient la meilleure chaussée
» pour le Corso de Satan. »

LETTRE CCCCXXIII.

A M. MURRAY.

Ravenne, 10 mai 1821.

« Je viens de recevoir votre paquet. Je dois de la reconnaissance à M. Bowles (et M. Bowles m'en doit aussi), pour l'avoir ramené à des sentimens de bienveillance. Il n'a qu'à écrire, et vous à publier, tout ce qu'il vous plaira. Je ne désire rien tant qu'un jeu égal pour toutes les parties. Sans doute, après le changement de ton de M. Bowles, vous ne publierez pas ma *Defense de Gilchrist* ; ce serait par trop brutal d'en agir ainsi, après qu'il a lui-même agi avec tant d'urbanité; car la *Défense* est peut-être un peu trop âpre, comme son attaque contre Gilchrist. Vous pourrez lui rapporter ce que je dis dans cette pièce sur son *Missionnaire* (qui est loué comme il le mérite.) Cependant, s'il y a quelques passages qui ne contiennent point de personnalités contre M. Bowles, et qui pourtant contribuent à la solution de la question, vous pourrez les ajouter à la réimpression (si réimpression y a) de la première *Lettre* à vous adressée. Là-dessus, consultez Gifford; et, surtout, ne laissez rien ajouter qui attaque personnellement M. Bowles.

» J'espère et crois qu'Elliston n'aura pas la permission de représenter mon drame ? Sans doute il aurait la bonté d'attendre le retour de Kean avant d'exécuter son projet ; quoique, dans ce cas-là même, je ne fusse pas moins contraire à cette usurpation.

. . . .

» Tout à vous. »

Cette controverse, dans laquelle Lord Byron, avec tant de grâce et de bienveillance, se laissait ainsi désarmer par la courtoisie de son antagoniste, nous sommes loin de courir le risque de la ranimer par la moindre recherche sur son origine et sur ses mérites. Dans toutes les discussions pareilles sur des matières de goût et de pure opinion, où les uns se proposent d'élever l'objet de la contestation, et les autres de le rabaisser, la vérité se trouvera ordinairement dans un juste milieu. Toutefois, quelque jugement que l'on porte sur l'objet même de la controverse, il ne peut y avoir qu'une opinion sur l'urbanité et l'aménité dont les deux adversaires firent preuve ; et qui, malgré quelques légères altérations de cette bonne intelligence, conduisirent enfin au résultat annoncé par la lettre précédente; et il ne reste qu'à désirer qu'une si honorable modération trouve autant d'imitateurs que de panégyristes. Dans les pages ainsi supprimées, quand elles étaient toutes prêtes pour le combat, par une force d'abnégation rarement déployée par l'esprit, il y a des passages d'un intérêt général, trop curieux pour être perdus, et par conséquent j'en donnerai l'extrait à nos lecteurs.

« Pope « dort bien, — rien ne peut plus le tou-
» cher. » Mais ceux qui ont à cœur la gloire de
» notre pays, la perfection de notre littérature,
» l'honneur de notre langue, ne doivent pas laisser
» troubler un atome de la poussière du poète, ni
» arracher une feuille du laurier qui croît sur sa
» tombe. . . . .

» Il ne me paraît pas fort important de savoir si
» Martha Blount a été ou non la maîtresse de Pope,
» quoique je lui en eusse souhaité une meilleure.
» Elle me paraît avoir été une femme froide, inté-
» ressée, ignorante et désagréable, sur laquelle
» Pope, dans la désolation de ses derniers jours,
» jeta les tendres affections de son cœur, parce qu'il
» ne savait où les diriger, à mesure qu'il avançait
» vers sa vieillesse prématurée, sans enfans et sans
» compagne; — comme l'aiguille aimantée, qui,
» parvenue à une certaine distance du pôle, devient
» inutile et vaine, et, cessant d'osciller, se rouille.
» Martha Blount me paraît avoir été si complète-
» ment indigne de toute tendresse, que c'est une
» preuve de plus de la tendresse de cœur de Pope

» que d'avoir aimé une telle créature. Mais il faut que
» nous aimions. J'accorde à M. Bowles qu' « elle
» ne put jamais avoir le moindre attachement per-
» sonnel pour Pope », parce qu'elle était incapable
» de s'attacher ; mais je nie que Pope n'eût pu ob-
» tenir l'affection personnelle d'une femme meil-
» leure. Il est, à la vérité, peu probable qu'une
» femme fût tombée amoureuse de lui en le voyant
» à la promenade, ou dans une loge à l'opéra, ou
» d'un balcon, ou dans un bal ; mais en société il
» paraît avoir été aussi aimable que modeste, et
» avec les plus grands désavantages dans sa taille,
» il avait une tête et une figure remarquablement
» belles, et surtout de très-beaux yeux. Il était adoré
» par ses amis, — amis de caractères, d'âges et de
» talens totalement différens, — par le vieux bourru
» Wycherley, par le cynique Swift, par l'austère
» Atterbury, par l'aimable Spence, par le sévère
» évêque Warburton, par le vertueux Berkeley, et
» le « gangrené Bolingbroke. » Bolingbroke le pleura
» comme un enfant ; et le récit que Spence a donné
» des derniers momens de Pope, est au moins aussi
» édifiant que la description plus prétentieuse de la
» mort d'Addison. Le guerrier Peterborough et le
» poète Gay, le spirituel Congreve, et le rieur
» Rowe, furent tous les intimes de Pope. Celui qui
» put se concilier tant de personnes de caractères
» opposés, toutes remarquables ou célèbres, aurait
» bien pu prétendre à l'attachement qu'un homme

» raisonnable désire de la part d'une femme ai-
» mable.

» Pope, en effet, partout où il a voulu, paraît
» avoir bien compris le beau sexe. Bolingbroke,
« bon juge de ce point », comme dit Warton, regar-
» dait l'*Épître sur le caractère des femmes*, comme
» le « chef-d'œuvre » du poète. Et même par rap-
» port à la grossière passion, qui prend quelque-
» fois le nom de « romantique », relativement au
» degré de sentiment qui l'élève au-dessus de l'a-
» mour défini par Buffon, on peut remarquer qu'elle
» ne dépend pas toujours des qualités physiques,
» même dans une femme qui en est l'objet. Mme Cot-
» tin fut une honnête femme, et elle a probable-
» ment pu être vertueuse sans beaucoup d'obstacles.
» Elle fut vertueuse, et la conséquence de cette
» opiniâtre vertu fut que deux adorateurs différens
» (dont l'un était un gentilhomme d'un âge mûr),
» se tuèrent de désespoir. (*Voir* la *France* de lady
» Morgan.) Je ne voudrais pas, néanmoins, recom-
» mander en général cette rigueur aux honnêtes
» femmes, dans l'espoir de s'assurer chacune la
» gloire de deux suicides. Quoiqu'il en soit, je crois
» qu'il y a peu d'hommes qui, dans le cours de leurs
» observations sur le monde, n'aient pas aperçu que
» ce ne sont pas les femmes les plus belles qui font
» naître les plus longues et les plus violentes pas-
» sions. »

» Mais, à propos de Pope, — Voltaire nous ra-

» conte que le maréchal de Luxembourg (qui avait
» précisément la taille de Pope) était, non-seulement
» trop galant pour un grand homme, mais encore
» très-heureux dans ses galanteries. Mme La Vallière,
» passionnément aimée par Louis XIV, avait une vi-
» laine infirmité. La princesse d'Eboli, maîtresse de
» Philippe II, roi d'Espagne, et Maugiron, mignon
» d'Henri III, roi de France, étaient tous deux bor-
» gnes; et c'est sur eux que l'on fit la fameuse épi-
» gramme latine qui a été, je crois, traduite ou
» imitée par Goldsmith : —

> *Lumine Acon dextro, capta est Leonilla sinistro,*
>   *Et potis est formâ vincere uterque deos;*
> *Blande puer, lumen quod habes concede sorori,*
>   *Sic tu cæcus Amor, sic erit illa Venus.* [1]

» Wilkes, avec sa laideur, avait coutume de dire
« qu'il ne restait qu'un quart-d'heure derrière le
» plus bel homme d'Angleterre, » et cette vanterie
» passe pour n'avoir pas été désavouée par la réa-
» lité. Swift, lorsqu'il n'était ni jeune, ni beau, ni
» riche, ni même aimable, inspira les deux passions
» les plus extraordinaires de mémoire d'homme,
» celles de Vanessa et de Stella :

> *Vanessa, qui compte à peine vingt ans,*
> *Soupire pour une soutane de quarante-quatre* [2].

---

[1] « Acon a perdu l'œil droit, Léonille l'œil gauche, mais tous deux
» peuvent, par leur beauté, l'emporter sur les dieux. Charmant jeune
» homme, donne à ta sœur l'œil qui te reste; alors elle sera Vénus, et
» toi, devenu aveugle, tu seras l'Amour. »   (*Note du Trad.*)

[2]   *Vanessa, aged scarce a score,*
      Sighs for a gown of forty-four.

» Swift leur donna une amère récompense ; car il
» paraît avoir brisé le cœur de l'une, et usé celui de
» l'autre : mais il en fut puni, en mourant dans
» l'isolement et l'idiotisme entre les mains des do-
» mestiques.

» Pour ma part, je pense avec Pausanias que le
» succès en amour dépend de la fortune. (*Voir* Pau-
» sanias, *Achaïques*, liv. VII, chap. 26.) Je me
» rappelle aussi avoir vu à Égine un édifice où il y
» a une statue de la Fortune, tenant la corne d'Amal-
» thée [1], et près d'elle il y a un Cupidon ailé. C'est
» une allégorie pour faire entendre que le succès des
» hommes dans les affaires d'amour dépend plus de
» l'assistance de la Fortune que des charmes de la
» beauté. Je suis de plus convaincu avec Pindare (à
» l'opinion de qui je me soumets en d'autres points),
« que la Fortune est une des Parques, et que, sous
» un certain rapport, elle est plus puissante que ses
» sœurs. »

» Grimm fait une remarque du même genre sur
» les différentes destinées de Crébillon jeune et de
» Rousseau. Le premier écrit un roman licencieux,
» et une jeune Anglaise d'une fortune et d'une fa-
» mille honorables (miss Strafford) s'échappe, et
» traverse la mer pour se marier avec lui ; tandis
» que Rousseau, le plus tendre et le plus passionné
» des amans, est obligé d'épouser sa femme de mé-

---

[1] Corne d'abondance.   (*Note du Trad.*)

» nage. Si j'ai bonne mémoire, cette remarque a été
» répétée par la *Revue d'Édimbourg*, dans l'examen
» de la *Correspondance* de Grimm, il y a sept ou
» huit ans.

» Relativement « à l'étrange mélange de légèreté
» indécente et quelquefois profane, que Pope offrit
» souvent dans sa conduite et dans son langage, »
» et qui choque si fort M. Bowles, je m'oppose à
» l'adverbe indéfini *souvent* ; et pour excuser l'em-
» ploi accidentel d'un pareil langage, il faut se rap-
» peler que c'était moins le ton de Pope que celui
» du tems. A l'exception de la correspondance de
» Pope et de ses amis, peu de lettres particulières
» de l'époque sont parvenues jusqu'à nous; mais
» celles que nous possédons, — bribes éparses de
» Farquhar et d'autres, — sont plus indécentes et
» plus libres qu'aucune phrase des lettres de Pope.
» Les comédies de Congreve, Vanbrugh, Farquhar,
» Cibber, etc., qui avaient pour but naturel de re-
» présenter les manières et la conversation de la vie
» privée, sont décisives sur ce point, ainsi que
» maintes feuilles de Steele et même d'Addison. Nous
» savons tous quelle conversation sir Robert Wal-
» pole, pendant dix-sept ans premier ministre du
» pays, tenait à sa table, et quelle excuse il donnait
» pour son langage licencieux, savoir : « Que tout
» le monde comprenait cela, mais que peu de gens
» pouvaient parler raisonnablement sur de moins
» vulgaires sujets. » Le raffinement des tems mo-

» dernes, — qui est peut-être une conséquence du
» vice, désirant se masquer et s'adoucir, autant que
» d'une civilisation vertueuse, — n'avait pas encore
» fait des progrès suffisans. Johnson lui-même, dans
» son *Londres*, a deux ou trois passages qui ne peu-
» vent être lus à haute voix, et le *Tambour* d'Addi-
» son renferme quelques allusions déshonnêtes. »

Je prie le lecteur de donner une attention particulière à l'extrait qui va suivre. Ceux qui se rappellent l'aigreur violente avec laquelle l'homme dont il est question attaqua Lord Byron, à une époque de crise où son cœur et sa réputation étaient le plus vulnérables, éprouveront, si je ne me trompe, en lisant les pensées suivantes, un agréable saisissement d'admiration, seul capable de donner une idée complète du noble et généreux plaisir que Byron dut éprouver en les exprimant.

« Le pauvre Scott n'est plus. Dans l'exercice de
» sa vocation, il avait enfin imaginé de se faire le
» sujet des recherches d'un greffier de police; mais
» il est mort en brave homme, et il s'était montré
» habile homme durant sa vie. Je le connaissais per-
» sonnellement, quoique fort peu. Quoi qu'il fût
» mon aîné de plusieurs années, nous avions été
» camarades à l'école de grammaire de New-Aber-
» deen. Il ne se conduisit pas très-bien envers moi,
» il y a quelques années, en sa qualité d'éditeur de
» journal, mais il n'était point du tout obligé à se
» conduire autrement. Le moment offrait une trop

» forte tentation à plusieurs de mes amis et à tous
» mes ennemis. A une époque où tous mes parens
» (hormis un seul) se séparèrent de moi, comme
» les feuilles se séparent de l'arbre sous le souffle
» des vents d'automne, et où le petit nombre de mes
» amis devint encore plus petit ; — alors que toute
» la presse périodique (je veux dire la presse quo-
» tidienne et hebdomadaire, et non la presse litté-
» raire) se déchaînait contre moi en toutes sortes de
» reproches, et que, par une étrange exception, le
» *Courrier* et l'*Examiner* renoncèrent à leur oppo-
» sition ordinaire, — le journal dont Scott avait la
» direction ne fut ni le dernier ni le moins vif à me
» blâmer. Il y a deux ans, je rencontrai Scott à Ve-
» nise, lorsqu'il était plongé dans la douleur par la
» mort de son fils, et qu'il avait connu, par expé-
» rience, l'amertume des pertes domestiques. Il me
» pressa beaucoup alors de retourner en Angleterre;
» et quand je lui eus dit avec un sourire qu'il avait
» été autrefois d'une opinion contraire, il me ré-
» pliqua « que lui et d'autres avaient été grande-
» ment abusés, et qu'on avait pris beaucoup de pei-
» nes, et même des moyens extraordinaires, pour
» les exciter contre moi. » Scott n'est plus, mais
» plus d'un témoin de ce dialogue est encore en vie.
» C'était un homme de très-grands talens, et qui
» avait beaucoup d'acquis. Il avait fait son chemin
» comme homme littéraire, avec un brillant succès,
» et en peu d'années. Le pauvre diable! Je me rap-

» pelle sa joie lors d'un rendez-vous qu'il avait ob-
» tenu ou devait obtenir de sir James Mackintosh,
» et qui l'empêcha d'étendre plus loin ses voyages
» en Italie (si ce n'est par une course rapide à Rome).
» Je songeais peu à quoi cela le conduirait. La paix
» soit avec lui ! — et puissent toutes les fautes que
» l'humanité ne peut éviter, lui être aussi facilement
» pardonnées que la petite injure qu'il avait faite à
» un homme qui respectait ses talens et qui regrette
» sa perte ! »

En réponse aux plaintes que M. Bowles avait articulées dans son pamphlet, pour une accusation d'hypocondrie qu'il supposait avoir été portée contre lui par son adversaire, M. Gilchrist, le noble écrivain s'exprime ainsi :

« Je ne puis concevoir qu'un homme en parfaite
» santé soit fort affecté par une telle accusation,
» puisque sa constitution et sa conduite doivent la
» réfuter amplement. Mais si le reproche était vrai,
» à quel grief se réduit-il ? — à une maladie de foie.
« Je le dirai au monde entier, » s'écriait le savant
» Smelfungus. — Vous feriez mieux (répondis-je)
» de le dire à votre médecin. » Il n'y a rien de dés-
» honorant dans une pareille affection, qui est plus
» particulièrement la maladie des gens de lettres. Ç'a
» été l'infirmité d'hommes bons, sages, spirituels et
» même gais. Regnard, auteur des meilleures co-
» médies françaises, après Molière, était atrabilaire,
» et Molière lui-même était mélancolique. Le doc-

» teur Johnson, Gray et Burns furent tous plus ou
» moins affectés de l'hypocondrie par intervalles. Ce
» fut le prélude de la maladie plus sérieuse de Col-
» lins, Cowper, Swift et Smart; mais il ne s'ensuit
» nullement qu'un accès de cette affection doive se
» terminer ainsi. Mais, dût cette terminaison être
» nécessaire,

>   Ni les bons, ni les sages n'en sont exempts;
>   La folie, — la folie seule n'y est pas sujette.
>   PENROSE.

» . . . . . . Mendehlson et Bayle étaient par-
» fois tellement accablés par cette humeur noire,
» qu'ils étaient obligés de recourir à voir « les ma-
» rionnettes » et « à compter les tuiles des maisons
» situées vis-à-vis; » afin de se distraire. Docteur
» Johnson, par momens, « aurait donné un membre
» pour recouvrer ses esprits. » . . . .
. . . .

» Page 14, nous lisons l'assertion bien nette que
« l'*Héloïse* seule suffit pour le convaincre (Pope)
» d'une licence grossière. » Ainsi donc, M. Bowles
» accuse Pope d'une licence grossière, et fonde le
» grief sur un poème. La licence est un « grand
» peut-être » vu les mœurs du tems; — quant à
» l'épithète grossière, j'en nie positivement l'appli-
» cation. Au contraire, je crois que jamais sujet
» semblable ne fut et ne put être traité par aucun
» poète avec tant de délicatesse, mêlée en même tems

» à une passion si vraie et si intense. L'*Atys* de Ca-
» tulle est-il licencieux? Non, certes; et pourtant
» Catulle est souvent un écrivain graveleux. Le su-
» jet est presque le même, excepté qu'Atys fut le
» suicide de sa virilité, et qu'Abailard en fut la vic-
» time.

» La licence de l'histoire n'était pas de Pope : —
» c'était un fait. Tout ce qu'il y avait de grossier,
» il l'a adouci ; tout ce qu'il y avait d'indécent, il
» l'a purifié ; tout ce qu'il y avait de passionné, il
» l'a embelli ; tout ce qu'il y avait de religieux, il
» l'a sanctifié. M. Campbell a admirablement établi
» cela en peu de mots (je cite de mémoire), en dé-
» terminant la différence de Pope et de Dryden, et
» en marquant où pèche ce dernier. « Je crains, dit-
» il, si le sujet d'Héloïse était tombé dans les mains
» de Dryden, que ce poète ne nous eût donné
» qu'une peinture sensuelle de la passion. » Jamais
» la délicatesse de Pope ne se dévoila plus que dans ce
» poème. Avec les aventures et les lettres d'Héloïse,
» il a fait ce que nul autre esprit que celui du meil-
» leur et du plus pur des poètes n'eût pu accomplir
» avec de tels matériaux. Ovide, Sappho (dans l'ode
» qu'on lui attribue), — tout ce que nous avons de
» poésie ancienne et moderne, se réduit à rien, en
» comparaison de cette production.

» Ne parlons plus de cette accusation banale de
» licence. Anacréon n'est-il pas étudié dans nos éco-
» les ? — traduit, loué, imprimé et réimprimé ?....

» et les écoles et les femmes anglaises en sont-elles
» plus corrompues? Quand vous aurez jeté au feu
» les anciens, il sera tems de dénoncer les modernes.
» La licence! — il y a plus d'immoralité réelle et
» de licence destructive dans un seul roman français
» en prose, dans une hymne morave ou dans une
» comédie allemande, que dans toute la poésie qui
» fut jamais écrite ou chantée depuis les rapsodies
» d'Orphée. L'anatomie sentimentale de Rousseau et
» de Mme de Staël sont beaucoup plus formidables
» que n'importe quelle quantité de vers. Ces au-
» teurs sont à craindre, parce qu'ils détruisent les
» principes en raisonnant sur les passions; tandis
» que la poésie est elle-même passionnée, et ne fait
» pas de système. Elle attaque: mais elle n'argu-
» mente pas ; elle peut avoir tort, mais elle n'a pas
» de prétentions à avoir toujours raison. »

M. Bowles s'étant plaint, dans son pamphlet, d'avoir reçu une lettre anonyme, Lord Byron commente ainsi cette circonstance :

« Je tombe d'accord avec M. Bowles que l'intention
» de l'écrit était de le troubler ; mais je crains que
» lui, M. Bowles, n'ait répondu lui-même à cette
» intention en accusant publiquement réception de
» la critique. Un écrivain anonyme n'a qu'un moyen
» de connaître l'effet de son attaque. En cela, il a
» l'avantage sur la vipère ; il sait que son poison a
» fait effet, quand il entend crier sa victime : — le
» reptile est sourd. La meilleure réponse à un avis

» anonyme est de n'en point donner connaissance,
» ni directement ni indirectement. Je voudrais que
» M. Bowles pût voir seulement une ou deux des
» mille lettres de ce genre que j'ai reçues dans le
» cours de ma vie littéraire, qui, bien que com-
» mencée de bonne heure, ne s'est pas encore éten-
» due jusqu'au tiers de la sienne comme auteur. Je
» ne parle que de ma vie littéraire; — si j'ajoutais
» ma vie privée, je pourrais doubler la somme des
» lettres anonymes. S'il pouvait voir la violence,
» les menaces, l'absurdité complète de ces épîtres,
» il rirait, et moi aussi, et nous y gagnerions tous
» deux.

» Par exemple, dans le dernier mois de l'année
» présente (1821), j'ai eu ma vie menacée de la
» même manière que la réputation de M. Bowles l'a-
» vait été, excepté que la dénonciation anonyme était
» adressée au cardinal-légat de la Romagne, au lieu
» de l'être à ***. Je mets ci-joint le texte italien de
» la menace dans sa barbare, mais littérale exacti-
» tude, afin que M. Bowles puisse être convaincu;
» et comme c'est la seule promesse de paiement que
» les Italiens remplissent fidèlement, ma personne
» a donc été au moins aussi exposée à « un coup de
» feu dans l'obscurité, » tiré par John Heatherblut-
» ter (voir *Waverley*), que la gloire de M. Bowles
» ne le fut jamais aux vengeances d'un journaliste.
» Je fis néanmoins à cheval et seul, pendant plusieurs
» heures (dont partie à la nuit tombante), mes pro-

» menades quotidiennes dans la forêt ; et cela, parce
» que c'était « mon habitude de l'après-midi ; » et
» que je crois que si le tyran ne peut éviter le coup
» au milieu de ses gardes (lorsque le sort en est
» écrit), à plus forte raison les individus moins puis-
» sans verraient échouer toutes leurs précautions. »

J'ai un plaisir particulier à extraire le passage suivant, où Byron rend un juste hommage aux mérites de mon révérend ami comme poète.

« M. Bowles n'a aucune raison de le céder à d'autres
» qu'à M. Bowles. Comme poète, l'auteur du *Mission-*
» *naire* peut concourir avec les premiers de ses con-
» temporains. Je rappellerai que mes opinions sur la
» poésie de M. Bowles furent écrites long-tems avant
» la publication de son dernier et meilleur poème ;
» et dire d'un auteur que son dernier poème est son
» meilleur, c'est faire de lui le plus grand éloge.
» M. Bowles peut prendre une légitime et honorable
» place parmi ses rivaux vivans, etc., etc., etc. »

Parmi les diverses additions destinées pour ce pamphlet, et envoyées à Murray à différens intervalles, je trouve les passages suivans qui sont assez curieux.

« Il est digne de remarque, après toute cette
» criaillerie sur « la nature de salon, » et « les ima-
» ges artificielles, » que Pope fut le principal in-
» venteur de ce moderne système de jardins, dont
» les Anglais se font gloire. Il partage cet honneur
» avec Milton. Écoutez Warton : « Il semble évident

» par-là que cet art enchanteur des jardins moder-
» nes, dans lequel ce royaume prétend à une su-
» périorité incontestable sur toutes les nations de
» l'Europe, doit principalement son origine et ses
» perfectionnemens à deux grands poètes, Milton et
» Pope. »

» Walpole (ce n'est pas l'ami de Pope) avance
» que Pope forma le goût de Kent, et que Kent fut
» l'artiste à qui les Anglais sont surtout redevables
» de la diffusion « du bon goût dans la disposition
» des terrains. » Le dessin du jardin du prince de
» Galles a été fait d'après Pope à Twickenham.
» Warton applaudit à ses extraordinaires efforts
» d'art et de goût, pour produire tant de scènes
» variées sur un emplacement de cinq acres. Pope
» fut le premier qui ridiculisa « le goût faux fran-
» çais, hollandais, affecté et contre nature, dans
» la composition des jardins » tant en prose qu'en
» vers. (Voir, pour la prose, le *Guardian*.) « Pope
» a donné plusieurs de nos principales et meilleures
» règles et observations sur l'architecture et sur
» l'art des jardins. » (Voir l'*Essai de Warton*,
» vol. II, p. 237, etc., etc.)

» Or, après cela, c'est une honte que d'entendre
» nos Lakistes sur « la verdure de Kendal » et nos
» bucoliques *Cockneys*, crier à tue-tête (les der-
» niers dans un désert de briques et de mortier)
» après la nature », et « les habitudes artificielles et
» sédentaires de Pope. Pope avait vu de la nature

» tout ce que l'Angleterre seule peut montrer. Il
» fut élevé dans la forêt de Windsor, et au milieu
» des beaux paysages d'Eton; il vécut familièrement
» et fréquemment dans les maisons de campagne des
» Bathurst, Cobham, Burlington, Peterborough,
» Digby et Bolingbroke; et dans cette liste des châ-
» teaux de plaisance, il faut placer Stowe. Il a fait
» de son petit jardin « de cinq acres » un modèle
» pour les princes et pour les premiers de nos ar-
» tistes qui surent imiter la nature. Warton pense
» que « le plus charmant des ouvrages de Kent fut
» exécuté sur le modèle donné par Pope, — du
» moins dans l'entrée et les ombrages secrets de la
» vallée de Vénus.

» Il est vrai que Pope fut infirme et difforme;
» mais il pouvait se promener à pied, monter à che-
» val (il alla une fois à cheval d'Oxford à Londres),
» et il avait le renom d'une excellente vue. Sur un
» arbre du domaine de lord Bathurst, sont gravés
» ces mots : « Ici Pope chanta. » Il composa sous
» cet arbre. Bolingbroke, dans l'une de ses lettres,
» se représente, lui et Pope, écrivant au milieu
» d'une prairie. Nul poète n'admira plus la nature,
» ni ne s'en servit mieux que Pope n'a fait, comme
» je me charge de le prouver d'après ses œuvres,
» prose et vers, si rien ne me détourne d'un travail
» si aisé et si agréable. Je me rappelle je ne sais
» quel passage de Walpole sur un gentilhomme qui
» voulait donner des instructions pour la disposi-

» tion de quelques saules à un homme qui avait long-
» tems servi Pope dans ses terres. « Oui, monsieur,
» répliqua cet homme, je comprends; vous vou-
» driez qu'ils se penchassent d'une manière un peu
» poétique. » Or, cette petite anecdote, fût-elle seule,
» suffirait pour prouver combien Pope avait de goût
» pour la nature, et quelle impression il avait pro-
» duite sur un esprit ordinaire. Mais j'ai déjà cité
» Warton et Walpole (tous deux ennemis de Pope),
» et s'il en était besoin, je pourrais citer ample-
» ment Pope lui-même pour les hommages nom-
» breux qu'il a rendus à la nature, et dont aucun
» poète du jour n'a même approché.

» Sa supériorité en divers genres est réellement
» merveilleuse: architecture, peinture, jardins,
» tout est soumis également à son génie. Rappelons-
» nous que les jardins anglais ont pour but d'em-
» bellir une nature pauvre, et que sans eux l'An-
» gleterre n'est qu'un pays de haies et de fossés, de
» bornes et de barrières, de bruyères et autres mo-
» notonies, depuis que les principales forêts ont été
» abattues. C'est, en général, bien loin d'être un
» pays pittoresque. Il n'en est pas de même de l'É-
» cosse, du pays de Galles, et de l'Irlande; j'ex-
» cepte encore les comtés des lacs et le Derbyshire,
» avec Éton, Windsor, ma chère Harrow-on-the-
» Hill, et quelques endroits près de la côte. Dans
» l'abondance actuelle « des grands poètes du siècle »
» et des écoles de poésie » — dénomination qui,

» comme celles d'écoles d'éloquence, et d'écoles de
» philosophie » ne s'est introduite que lorsque la dé-
» cadence de l'art s'est étendue avec le nombre des
» maîtres, — dans l'époque actuelle, dis-je, il s'est
» élevé deux espèces de naturistes; — la secte des
» lakistes, qui gémissent sur la nature parce qu'ils
» vivent dans le Cumberland ; et leur *sous-secte*
» (qu'on a malicieusement nommée l'école des Cock-
» neys), formée de gens qui sont pleins d'enthou-
» siasme pour la campagne, parce qu'ils vivent à
» Londres. Il est à remarquer que les champêtres
» fondateurs de l'école sont très-disposés à désa-
» vouer toute connexion avec leurs imitateurs de la
» capitale, qu'ils critiquent peu gracieusement, et
» à qui ils donnent les noms de Cockneys, d'athées,
» de fous, de mauvais écrivains, et autres épithètes
» non moins dures qu'injustes. Je pense comprendre
» les prétentions du poète aquatique de Windermere
» à ce que M. Bowles appelle un enthousiasme pour
» les lacs, les montagnes, les asphodèles et les jon-
» quilles; mais je serais charmé d'apprendre le fonde-
» ment de la propension citadine de leurs imitateurs
» pour le même noble sujet. » Southey, Wordsworth
» et Coleridge ont parcouru la moitié de l'Europe, et
» vu la nature dans la plupart de ses formes variées,
» (quoique, à mon avis, ils n'en aient pas toujours
» tiré un bon parti.); mais qu'ont vu les autres, —
» qu'ont-ils vu de la terre, de la mer et de la na-
» ture? Pas la moitié, ni même la dixième partie de

» ce que Pope avait vu. Eux qui rient de sa *Forêt*
» *de Windsor*, ont-ils jamais rien vu de Windsor,
» que ses briques?

» Quand ils auront réellement vu la vie, —
» quand ils l'auront sentie, — quand ils auront
» voyagé au-delà des lointaines limites des déserts
» de Middlesex, — quand ils auront franchi les Al-
» pes d'Highgate, et suivi jusqu'à ses sources le Nil
» de la *New-River*, — alors, et seulement alors, ils
» pourront se permettre de dédaigner Pope, qui
» avait été près du pays de Galles, sinon dans le
» pays même, quand il décrivait si bien les œuvres
» artificielles du bienfaiteur de la nature et de l'hu-
» manité, de l'homme de Ross, dont le portrait, en-
» core suspendu dans la salle de l'auberge, a si sou-
» vent fixé mes regards en me pénétrant de respect
» pour la mémoire de l'original, et d'admiration
» pour le poète sans qui cet homme, malgré la durée
» même de ses bonnes œuvres qui existent encore,
» aurait à peine conservé son honorable renommée.
. . . .
» Si ces gens-là n'avaient rien dit de Pope, ils
» auraient pu rester seuls dans leur gloire; car je
» n'eusse rien dit ou pensé sur eux et leurs absur-
» dités. Mais s'ils s'attaquent au petit rossignol de
» Twickenham, d'autres pourront l'endurer; — mais
» non pas moi. Ni le tems, ni la distance, ni la dou-
» leur, ni l'âge, ne diminueront jamais ma vénéra-
» tion pour celui qui est le plus grand poète mo-

» raliste de tous les tems, de tous les climats, de
» tous les sentimens, et de toutes les conditions de
» la vie. C'est lui qui fut le charme de mon enfance,
» et l'étude de mon âge mûr, c'est lui peut-être qui
» sera la consolation de ma vieillesse (si le destin
» m'y laisse parvenir). La poésie de Pope est le livre
» de la vie. Sans hypocrisie, et sans dédaigner non
» plus la religion, il a rassemblé et revêtu de la
» plus belle parure tout ce qu'un homme de bien,
» un grand homme peut recueillir de sagesse morale.
» Sir William Temple fait observer « que de tous
» les individus de l'espèce humaine, qui vivent dans
» l'espace de mille ans, pour un homme qui naît ca-
» pable de faire un grand poète, il y en a des mil-
» liers capables de faire d'aussi grands généraux et
» d'aussi grands ministres que les plus célèbres dont
» parle l'histoire. » C'est l'opinion d'un homme d'é-
» tat sur la poésie, elle fait honneur à sir Temple
» et à l'art. Ce poète, qui ne se rencontre que dans
» l'espace de mille ans, fut Pope. Mille ans s'écou-
» leront avant qu'on en puisse espérer un second
» pour notre littérature. Mais elle peut s'en passer;
» — car Pope, lui seul, est une littérature entière.
» Un mot sur la traduction d'Homère, si bruta-
» lement traitée. « Le docteur Clarke, dont l'exac-
» titude critique est bien connue, n'a pas été ca-
» pable de noter plus de trois ou quatre contre-sens
» dans toute l'Iliade. Les fautes réelles de la traduc-
» tion sont d'une espèce différente. » Ainsi parle

» Warton, humaniste lui-même. Il est donc évident
» que Pope a évité le défaut principal d'une traduc-
» tion. Quant aux autres fautes, elles consistent à
» avoir fait un beau poème anglais d'un poème grec
» sublime. Cette traduction durera toujours. Cowper
» et tous les autres faiseurs de vers blancs, auront
» beau faire, ils n'arracheront jamais Pope des mains
» d'un seul lecteur sensé et sensible.

» Le principal caractère des classes inférieures de
» la nouvelle école poétique, est la vulgarité. Par ce
» mot, je n'entends pas la bassesse, mais ce qu'on ap-
» pelle « la mesquinerie. » Un homme peut être bas
» sans être vulgaire, et réciproquement. Burns est
» souvent bas, mais jamais vulgaire. Chatterton n'est
» jamais vulgaire, ni Wordsworth non plus, ni les
» meilleurs poètes de l'école Lakiste, quoiqu'ils trai-
» tent de tous les plus bas détails de la vie. C'est
» dans leur parure même que les poètes inférieurs
» de la nouvelle école sont le plus vulgaires, et c'est
» par là qu'ils peuvent être aussitôt reconnus; comme
» ce que nous appelions à Harrow un homme endi-
» manché, pouvait être facilement distingué d'un
» gentilhomme, quoiqu'il eût les habits les mieux
» faits et les bottes les mieux cirées; — probablement
» parce qu'il avait coupé les uns ou netoyé les au-
» tres de sa propre main.

» Dans le cas actuel, je parle des écrits, et non
» des personnes, car je ne sais rien des personnes ;
» quant aux écrits, j'en juge d'après ce que j'y trouve.

» . . . . . Ces hommes peuvent avoir un caractère
» honorable et un bon ton; mais ils prennent à tâche
» de cacher cette dernière qualité dans les ouvrages
» qu'ils publient. Ils me rappellent M. Smith et
» les miss Broughtons à Hampstead dans *Evelina*.
» Sur ces points (du moins en fait de vie privée),
» j'ai la prétention d'avoir quelque peu d'expérience,
» parce que, dans le cours de mon jeune âge, j'ai
» vu un peu de toute espèce de société, depuis le
» prince chrétien, le sultan musulman, et les hautes
» classes des états de l'un et de l'autre, jusqu'au
» boxeur de Londres, au muletier espagnol, au der-
» viche turc, au montagnard écossais, et au brigand
» albanais; — pour ne pas parler des curieuses va-
» riétés de la société italienne. Loin de moi de pré-
» sumer qu'il y ait ou puisse y avoir quelque chose
» qui ressemble à une aristocratie de poètes ; mais
» il y a une noblesse de pensées et d'expressions
» ouverte à tous les rangs, et dérivée en partie du
» talent, et en partie de l'éducation ; — noblesse
» que l'on trouve dans Shakspeare, Pope et Burns,
» non moins que dans Dante et Alfieri, mais que
» l'on ne peut apercevoir nulle part dans les faux
» oiseaux et faux bardes du petit chœur de M. Hunt.
» Si l'on me demandait de définir ce que c'est que
» le bon ton, je dirais qu'on ne peut le définir que
» par les exemples — de ceux qui l'ont, et de ceux
» qui ne l'ont pas. Je dirais que, dans l'usage de la
» vie, la plupart des militaires, mais peu de marins,

» plusieurs hommes de rang, mais peu de légistes
» en font preuve; qu'il est plus fréquent chez les
» auteurs (quand ils ne sont pas pédans), que chez
» les théologiens; que les maîtres d'escrime en ont
» plus que les maîtres de danse, et les chanteurs
» que les acteurs ordinaires; et qu'il est plus géné-
» ralement répandu parmi les femmes que parmi les
» hommes. En poésie comme en toute sorte de com-
» position en général, il ne constituera jamais à lui
» seul un poète ou un poème; mais sans lui, ni
» poète ni poème ne vaudront jamais rien. C'est le
» sel de la société, et l'assaisonnement de la com-
» position. La vulgarité est cent fois pire que la
» franche licence; car celle-ci admet l'esprit, la
» gaîté et quelquefois un sens profond, tandis que
» la première est un misérable avortement de toute
» idée, et une insignifiance absolue. La vulgarité
» ne dépend point de la bassesse des sujets, ni même
» de la bassesse du langage, car Fielding se com-
» plaît dans l'une et l'autre; — mais est-il jamais
» vulgaire? Non. Vous voyez l'homme bien élevé,
» le gentilhomme, le lettré, jouer avec son sujet;
» — en être le maître, non l'esclave. L'écrivain
» vulgaire l'est d'autant plus que son sujet est plus
» élevé; tel homme qui montrait la ménagerie de
» Pidcock avait coutume de dire : « Cet animal,
» messieurs, est l'aigle du soleil d'Archangel en
» Russie. . . . . ¹.

---

¹ Il y a de grosses fautes d'anglais, mises dans la bouche du *cicerone*

Dans une note sur un passage relatif aux vers de Pope sur lady Mary W. Montague, il dit :

« Je crois pouvoir montrer, s'il en était besoin,
» que lady Mary W. Montague fut aussi grandement
» blâmable dans cette affaire, non pour l'avoir re-
» poussé, mais pour l'avoir encouragé; mais j'ai-
» merais mieux éluder cette tâche,—quoique lady
» Mary dût se rappeler son propre vers :

Celui-là vient trop près, qui vient se faire refuser.

» J'admire à tel point cette noble dame, — sa
» beauté, ses talens, — que je ne plaiderais contre
» elle qu'à contre-cœur. Je suis d'ailleurs si attaché
» au nom même de Marie, que, comme dit Johnson :
« Si vous appeliez un chien Harvey, je l'aimerais. »
» Pareillement, si vous appeliez Marie une femelle
» de l'espèce canine, je l'aimerais mieux que tous
» les autres individus du même sexe (bipèdes ou
» quadrupèdes) différemment nommés. Lady Mon-
» tague était une femme extraordinaire; elle pouvait
» traduire Épictète, et cependant écrire un chant
» digne d'Aristippe. Les vers :

Quand les longues heures consacrées au public sont passées,
Et qu'enfin nous nous trouvons ensemble avec du champagne
    et un poulet,
Puissent les plus tendres plaisirs nous faire chérir cet instant!
Loin de nous la gêne et la crainte!

de la ménagerie; c'est donc intraduisible.—The *otterer* it is, the *igherer* he flies.   (*Note du Trad.*)

Dans l'oubli ou le mépris des airs de la foule,
Lui peut renoncer à la retenue, et moi à la fierté,
Jusques, etc., etc., etc.

» Eh bien! M. Bowles! — que dites-vous d'un
» tel souper avec une telle femme? et de la descrip-
» tion qu'elle-même en donne? Son « champagne »
» et son « poulet » ne valent-ils pas une forêt ou
» deux? N'est-ce pas de la poésie? Il me semble que
» cette stance contient la « pensée » de toute la phi-
» losophie d'Épicure. — Je veux dire la philosophie
» pratique de son école, et non pas les préceptes du
» maître; car j'ai été trop long-tems à l'université
» pour ne pas savoir que le philosophe fut un homme
» fort modéré. Mais après tout, quelques-uns de
» nous n'auraient-ils pas été aussi fous que Pope?
» Pour ma part, je m'étonne qu'avec sa sensibilité,
» avec la coquetterie de la dame, et après son dé-
» sappointement, il n'eût pas fait plus que d'écrire
» quelques vers qu'on doit condamner s'ils sont faux,
» et regretter s'ils sont vrais. »

LETTRE CCCCXXIV.

A M. HOPPNER.

Ravenne, 11 mai 1821.

« Si j'avais su vos idées à l'égard de la Suisse, je
les aurais adoptées sur-le-champ : maintenant que
la chose est faite, je laisserai Allegra dans son couvent, où elle me semble bien portante et heureuse
pour le moment. Mais je vous serai fort obligé si

vous prenez des informations, quand vous serez dans les cantons, sur les meilleures méthodes qu'on y suit pour l'éducation des filles, et que vous me fassiez savoir le résultat de vos réflexions. C'est une consolation pour moi que M. et Mrs. Shelley m'aient écrit pour m'approuver entièrement d'avoir placé l'enfant chez les religieuses pour le moment. Je puis prendre à témoin toute ma conduite, attendu que je n'ai épargné ni soins, ni tendresse, ni dépenses, depuis que l'enfant m'a été envoyé. Le monde peut dire ce qu'il lui plaît, je me contenterai de ne pas mériter (dans cette occasion) qu'on parle mal de moi.

» L'endroit est un petit bourg de campagne en bon air; il y a un vaste établissement d'éducation où sont placés beaucoup d'enfants, dont quelques-uns d'un rang élevé. Comme campagne, ce séjour est moins exposé aux objections de tout genre. Il m'a toujours paru que la corruption morale en Italie ne procède pas de l'éducation du couvent, puisque, à ma connaissance, les filles sortent de leurs couvens dans une innocence portée même jusqu'à l'ignorance du mal moral, mais que la faute en est due à l'état de société où elles sont immédiatement plongées au sortir du couvent. C'est comme si l'on élevait un enfant sur une montagne, et qu'on le mît ensuite à la mer, qu'on l'y jetât pour l'y faire nager. Toutefois le mal, quoique encore trop général, s'évanouit en partie, depuis que les femmes sont plus libres de se marier par inclination; c'est aussi, je crois, le cas en France. Et, après tout, qu'est la haute société d'Angleterre? D'après ma propre expérience, et tout ce que j'ai vu et entendu (et j'ai vécu dans la société la plus élevée et la *meilleure*, comme on dit), la corruption ne peut nulle part être plus grande. En Italie pourtant elle est, ou plutôt elle était plus systématisée; mais aujourd'hui on rougit d'un serventisme régulier. En Angleterre, le seul hommage qu'on rende à la vertu est l'hypocrisie. Je parle, bien entendu, du ton de la haute société; — les classes moyennes sont peut-être très-vertueuses.

» Je n'ai encore lu, ni même reçu, aucun exemplaire de la lettre sur Bowles; certes, je serais charmé de vous l'envoyer. Comment va Mrs. Hoppner? très-bien, j'espère. Faites-moi savoir quand vous partez. Je regrette de ne pouvoir me trouver avec vous cet été dans les Alpes bernoises, comme j'en avais l'espoir et l'intention. Mes plus profonds respects à madame.

» Je suis à jamais, etc.

» *P. S.* J'ai donné à un musicien une lettre pour vous il y a déjà quelque tems; vous l'a-t-il présentée? Peut-être vous pourriez l'introduire chez les Ingrams et autres *dilettanti*. Il est simple et modeste, — deux qualités extraordinaires dans sa profession, — et il joue du violon comme Orphée ou Amphion. C'est pitié qu'il ne puisse faire mettre Venise en branle pour chasser le tyran brutal qui la foule aux pieds. »

LETTRE CCCCXXV.

A M. MURRAY.

14 mai 1821.

« Un journal de Milan annonce que la pièce a été représentée et universellement condamnée. Comme l'opposition a été vaine, la plainte serait inutile. Je présume toutefois, dans votre intérêt (sinon dans le mien), que vous et mes autres amis aurez au moins publié mes différentes protestations contre la mise en scène de la tragédie, et montré que Elliston, en dépit de l'auteur, l'a transportée de force sur le théâtre. Il serait absurde de dire que cela ne m'a pas grandement vexé; mais je ne suis point abattu, et je ne recourrai pas à l'ordinaire ressource de blâmer le public, qui était dans son droit, — ou mes amis de n'avoir pas empêché — ce qu'ils ne pouvaient empêcher, pas plus que moi, — la représentation donnée malgré nous par un directeur qui croyait faire une bonne spéculation. C'est un malheur que vous ne leur ayez pas montré combien la pièce était peu propre au théâtre, avant de la publier, et que vous n'ayez pas exigé des directeurs la promesse de ne pas la représenter. En cas de refus de leur part, nous ne l'eussions pas publiée du tout. Mais c'est trop tard.

» Tout à vous.

» *P. S.* Je vous envoie les lettres de M. Bowles; remerciez-le en mon nom de sa bonne foi et de sa bonté. — De plus, une lettre pour Hodgson, que je vous prie de remettre promptement. Le journal de Milan dit que c'est moi « qui ai poussé à la représentation !!! » c'est encore plus plaisant. Mais ne vous inquiétez pas : si (comme il est probable) la folie d'Elliston nuit à la vente, je suis prêt à faire toute déduction convenable, ou même à annuler entièrement votre traité.

» Vous ne publierez pas, sans doute, ma défense de Gilchrist, parce qu'après les bons procédés de M. Bowles, elle serait par trop dure.

» Apprenez-moi les détails; car je ne sais encore que le fait pur et simple.

» Si vous saviez ce que j'ai eu à supporter par la faute de ces gueux de Napolitains, vous vous en amuseriez; mais tout est apparemment fini. On semblait disposé à rejeter tout le complot et tous les plans de ce pays sur moi principalement. »

LETTRE CCCCXXVI.

A. M. MOORE.

14 mai 1821.

« S'il y a dans la lettre à Bowles quelque passage qui (sans intention de ma part, autant que je me rappelle le contenu) vous ait causé de la peine, vous êtes pleinement vengé; car je vois par un journal italien, que nonobstant toutes les remontrances que j'ai fait faire par mes amis (et par vous-même entre autres), les directeurs ont persisté à vouloir représenter la tragédie ; et qu'elle a été « unanimement sifflée !!! » Telle est la consolante phrase du journal milanais (lequel me déteste cordialement, et me maltraite, en toute occasion, comme libéral); avec la remarque additionnelle que c'est moi qui ai « fait représenter la pièce » de mon plein gré.

» Tout cela est assez vexatoire, et semble une sorte de calvinisme dramatique, — de damnation prédestinée, sans la faute même du pêcheur. J'ai pris toutes les peines que peut prendre un pauvre mortel pour prévenir cette inévitable catastrophe; — et d'une part, en faisant des appels de tous genres au lord Chamberlain, — d'autre part, en m'adressant à ces diables de directeurs eux-mêmes; mais comme la remontrance fut vaine, la plainte est inutile. Je ne comprends pas cela, — car la lettre de Murray du 24, comme toutes ses lettres antérieures, me donnait les plus fortes espérances qu'il n'y aurait pas de représentation. Jusqu'à présent, je ne connais que le fait, que je présume être vrai, comme la nouvelle est datée de Paris et du 30. Il faut qu'on ait mis une hâte d'enfer pour cette damnée tentative, puisque je n'ai pas même encore appris que la pièce ait été publiée ; et si la publication n'eût eu lieu préalablement, les histrions n'eussent pas mis la main sur la tragédie. Le premier venu aurait pu voir d'un coup d'œil qu'elle était souverainement impropre au théâtre; et ce petit accident n'en augmentera nullement le mérite dans le cabinet.

» Allons, la patience est une vertu, et elle devient parfaite, je présume, à force de pratique. Depuis l'an dernier (c'est-à-dire le printems de l'an dernier), j'ai perdu un procès de grande importance sur les houillères de Rochdale ;— j'ai été la cause d'un divorce ; — ma poésie a été dépréciée par Murray et par les critiques ; — les hommes d'affaires ne m'ont pas permis de disposer de ma fortune pour un placement avantageux en Irlande ; — ma vie a été menacée le mois dernier (on a fait courir ici une circulaire pour exciter à mon assassinat pour motifs politiques, et les prêtres ont répandu le bruit que j'étais dans une conspiration contre les Allemands) ; et enfin, ma belle-mère s'est rétablie la dernière quinzaine, et ma pièce a été sifflée la semaine dernière : c'est comme « les vingt-huit infortunes d'Arlequin. » Mais il faut supporter tout cela. Je ne m'en serais pas tant inquiété, si nos voisins du Sud ne nous avaient point, par leurs sottises, fait perdre la liberté encore pour cinq cents ans.

» Connaissiez-vous John Keats ? On dit qu'il a été tué par un article de la *Quarterly* sur lui, si toutefois il est mort, ce que je ne sais pas positivement. Je ne comprends pas cette faiblesse de sensibilité. Ce que j'éprouve est une immense colère pendant vingt-quatre heures ; et je l'éprouve aujourd'hui, comme d'ordinaire, — à moins que cette fois elle ne dure plus long-tems. Il faut que je monte à cheval pour me tranquilliser. Tout à vous, etc.

» François Ier écrivait, après la bataille de Pavie :
« Tout est perdu, fors l'honneur. » Un auteur sifflé
peut dire l'inverse : « Rien n'est perdu, fors l'honneur. » Mais les chevaux attendent, et le papier est
rempli. Je vous ai écrit la semaine dernière. »

LETTRE CCCCXXVII.

A M. MURRAY.

Ravenne, 19 mai 1821.

« Par les journaux de jeudi, et deux lettres de
M. Kinnaird, j'ai vu que la gazette italienne avait
menti italiennement, et que le drame n'avait pas été
sifflé, et que mes amis étaient intervenus pour empêcher la représentation. Pourtant il semble que les
directeurs continuent de jouer la pièce en dépit de
nous tous; pour cela il faut que « nous les inquiétions un tantinet. » L'affaire sera portée devant les
tribunaux; je suis déterminé à tenter les voies de
la justice, et je ferai toutes les dépenses nécessaires.
La raison du mensonge lombard est que les Autrichiens, — qui ont une inquisition établie en Italie,
et la liste des noms de tous ceux qui pensent ou
parlent d'une façon contraire à leur despotisme; —
m'ont depuis cinq ans outragé sous toutes les formes
dans la gazette de Milan, etc. Je vous ai écrit il y a
huit jours sur ce sujet.

» Maintenant je serais charmé de connaître quel
dédommagement M. Elliston me donnerait; non-
seulement pour traîner mes écrits sur le théâtre en

cinq jours, mais encore pour être cause que je suis resté quatre jours (du dimanche au jeudi matin, ce sont les seuls jours où la poste arrive) dans l'entière persuasion que la tragédie avait été représentée et « unanimement sifflée, » et cela avec la remarque additionnelle que c'était moi qui avais « mis la pièce au théâtre, » d'où il s'ensuivait qu'aucun de mes amis n'avait eu égard à mes réclamations. Supposez que je me fusse rompu un vaisseau, comme John Keats, ou fait sauter la cervelle dans un accès de fureur, — hypothèses qui n'eussent pas été improbables il y a quelques années. A présent je suis, par bonheur, plus calme que je ne l'étais, et cependant je ne voudrais pas avoir ces quatre jours à passer encore une fois pour — je ne sais combien [1].

[1] Cette assertion de Byron est complétement confirmée par Mme Guiccioli, qui peint ainsi l'anxiété de son amant : Ma però la sua tranquillità era suo malgrado sovente alterata dalle pubbliche vicende, et dagli attacchi che spesso si direggevano a lui nei giornali come ad autore principalmente. Era in vano che egli protestava d'indifferenza per codesti attacchi. L'impressione non era è vero che momentanea, e purtroppo per una nobile fierezza sdegnava sempre di rispondere ai suoi detrattori. Ma per quanto fosse breve quella impressione, era però assai forte per farlo molto soffrire e per affliggere quelli che lo amavano. Tuttociò che ebbe luogo per la rappresentazione del suo *Marino Faliero* lo inquietò pure moltissimo, e dietro ad un articolo di una gazzetta di Milano in cui si parlava di quell' affare, egli mi scrisse così. — « Ecco la verità di ciò che io vi
» dissi pochi giorni fa, come vengo sacrificata in tutte le maniere senza
» sapere il *perchè* ed il *come*. La tragedia di cui si parla, non è (e non
» era mai) nè scritta nè adattata al teatro ; ma non è però romantico il
» disegno, è piuttosto regolare — regolarissimo per l'unità del tempo,
» e mancando poco a quella del sito. Voi sapete bene se io aveva inten-
» zione di farla rappresentare, poichè era scritta al vostro fianco, e nei

» Je vous écrivais pour soutenir votre courage, car le reproche est toujours inutile, et il irrite; — mais j'étais profondément blessé dans mes sentimens, en me voyant traîné comme un gladiateur à la destinée d'un gladiateur, par ce *retiarius* [1], M. Elliston. Que veut dire ce diable d'homme avec son apologie et ses offres de dédommagement ? N'est-ce pas le même cas que lorsque Louis XIV voulait acheter, à quelque prix que ce fût, le cheval de Sydney, et, en cas de refus, le prendre de force ; Sydney tua son cheval d'un coup de pistolet. Je ne pouvais tirer un coup de pistolet à ma tragédie, mais j'eusse mieux aimé la jeter au feu que d'en permettre la représentation.

» J'ai déjà écrit près de trois actes d'une autre tragédie (dans l'intention de l'achever en cinq), et je suis plus inquiet que jamais sur les moyens de me garantir d'une pareille violation des égards littéraires et même de toute courtoisie et politesse.

» Si nous réussissons, tant mieux : si non, avant toute publication, nous requerrons de ces gens-là

» momenti per certò più tragici per me come uomo che come autore,
» — perchè voi cravate in affanno ed in pericolo. Intanto sento dalla
» vostra gazzetta che sia nata una cabala, un partito, e senza ch'io vi
» abbia presa la minima parte. Si dice che *l'autore ne fece la lettura!* !!
» — qui forse ? a Ravenna ? ed a chi ? forse a Fletcher ? — quel illustre
» litterato, etc., etc. »   (*Note de Moore.*)

[1] On nommait ainsi, à Rome, le gladiateur dont l'adresse consistait à envelopper dans un rets son adversaire qui avait l'épée à la main.
(*Note du Trad.*)

la promesse de ne pas jouer la pièce, promesse que je leur paierai (puisque l'argent est leur but), ou je ne laisserai pas publier, — ce que peut-être vous ne regretterez pas beaucoup.

» Le chancelier s'est conduit noblement: Vous aussi, vous vous êtes conduit de la manière la plus satisfaisante, et je ne puis trouver en faute que les acteurs et leur chef. J'ai toujours eu tant d'égards pour M. Elliston, qu'il aurait dû être le dernier à me causer de la peine.

» Il y a un horrible ouragan qui détonne au moment même où je vous écris, en sorte que je n'écris ni au jour, ni à la chandelle, ni à la lumière des torches, mais au feu des éclairs; les sillons de la foudre sont aussi brillans que les flammes les plus gazeuses de la compagnie du gaz hydrogène. Ma cheminée vient d'être renversée par un coup de vent; — encore un éclair! mais

Vous, élémens, je ne vous accuse pas d'ingratitude;
Je ne vous écrivis jamais franc de port, ni ne mis ma carte
chez vous[1].

comme je l'ai fait pour M. Elliston.

» Pourquoi ne m'écrivez-vous pas? Vous devriez au moins m'envoyer une ligne de détails: je ne sais rien encore que par Galignani et l'honorable Douglas.

---

[1] I tax not you, ye elements, with unkindness;
I never gave ye *franks*, not *call'd* upon you.

» Eh bien ! comment va notre controverse sur Pope ? et le pamphlet ? Il est impossible d'écrire des nouvelles : les gueux d'Autrichiens fouillent toutes les lettres.

» *P. S.* J'aurais pu vous envoyer beaucoup de commérage et quelques informations réelles, si toutes les lettres ne passaient point par l'inspection des barbares, et que je voulusse leur faire connaître autre chose que mon horreur pour eux. Ils n'ont vaincu que par trahison, soit dit en passant. »

LETTRE CCCCXXVIII.

A M. MOORE.

Ravenne, 20 mai 1821.

« Depuis ma lettre de la semaine dernière, j'ai reçu des lettres et des journaux anglais, qui me font apercevoir que ce que j'ai pris pour une vérité italienne est, après tout, un mensonge français de la *Gazette de France*. Celle-ci contient deux assertions ultra-fausses en deux lignes. En premier lieu, Lord Byron n'a pas fait représenter sa pièce, mais s'y est opposé ; et secondement, elle n'est pas tombée, mais elle a continué d'être jouée, en dépit de l'éditeur, de l'auteur, du lord chancelier,—du moins jusqu'au 1er mai, date de mes dernières lettres. Vous m'obligerez beaucoup en priant madame la *Gazette de France* de se rétracter, ce à quoi elle est habituée, je présume. Je ne réponds jamais à la critique étrangère ; mais ceci est un point de fait, et non de goût.

Je suppose que vous me portez assez d'intérêt pour faire cela en ma faveur ; — mais, sans doute, comme ce n'est que la vérité que nous voulons établir, l'insertion pourra être difficile.

» Comme je vous ai écrit depuis quelque tems de fréquentes et longues lettres, aujourd'hui je ne vous ennuierai plus que d'une seule phrase : c'est que vous ayez la bonté de vous conformer à ma demande ; et je présume que l'*esprit du corps* (est-ce *du* ou *de* ? car ma science ne va pas jusque-là) vous engagera suffisamment, comme un des nôtres, à mettre cette affaire sous son véritable aspect. Croyez-moi toujours tout à vous pour la vie et de cœur,

BYRON. »

LETTRE CCCCXXIX.

A M. HOPPNER.

Ravenne, 25 mai 1821.

« Je suis très-content de ce que vous me dites de la Suisse, et j'y réfléchirai. Je préférerais que ma fille s'y mariât plutôt qu'ici pour cette raison. Quant à la fortune, — je lui en ferai une avec tout ce que je pourrai épargner (si je vis, et qu'elle se conduise bien); et si je meurs avant qu'elle soit établie, je lui ai laissé par testament cinq mille livres sterling, ce qui est, hors d'Angleterre, une assez jolie somme pour un enfant naturel. J'y ajouterai tout ce que je pourrai, si les circonstances me le permettent ; mais, sans doute, cela est très-incertain, comme toutes les choses humaines.

» Vous m'obligerez beaucoup d'employer votre intervention pour rétablir les faits relatifs à la représentation, attendu que ces coquins paraissent organiser un système d'outrages contre moi, parce que je suis sur leur liste. Je me soucie peu de leur critique, mais c'est un point de fait. J'ai composé quatre actes d'une autre tragédie : ainsi vous voyez qu'ils ne peuvent m'effrayer.

» Vous savez, je présume, qu'ils ont actuellement une liste de tous les individus, résidant en Italie, qui ne les aiment pas : — la liste doit être longue. Leurs soupçons et leurs alarmes actuelles sur ma conduite et sur mes intentions présumées dans le dernier mouvement, ont été vraiment ridicules, — quoique, pour ne pas vous abuser, je m'y sois un peu mêlé. Ils ont cru ici, et croient encore ou affectent de croire, que c'est moi qui ai dressé le plan entier du soulèvement, et qui ai fourni les moyens, etc. Tout ceci a été fomenté par les agens des barbares. Ils sont ici fort nombreux, et, par parenthèse, l'un d'eux a reçu hier un coup de poignard, mais peu dangereux ; — et quoique le jour où le commandant a été tué devant ma porte, en décembre dernier, je l'aie fait transporter dans ma maison, coucher dans le lit de Fletcher, et lui aie fait donner tous les secours jusqu'au dernier moment ; quoique personne n'eût osé lui donner asyle chez soi, et qu'on le laissât périr la nuit dans la rue ; cependant on répandit, il y a trois mois, un papier qui me dénonçait comme le chef des libéraux, et qui excitait à m'assassiner. Mais cela ne me fera jamais taire, ni changer mes opinions. Tout cela est venu des barbares allemands. »

LETTRE CCCCXXX.

A M. MURRAY.

Ravenne, 25 mai 1821.

« Depuis quelques semaines, je n'ai pas reçu une ligne de vous. Or, je serais charmé de savoir d'après quel principe ordinaire ou extraordinaire vous me laissez sans autres informations que celles que je puise dans des journaux anglais et d'injurieuses gazettes italiennes (vu que les Allemands me haïssent comme *charbonnier*), tandis qu'il y a eu tout ce tumulte pour la pièce ? Vous êtes un coquin !!! — Sans deux lettres de Douglas Kinnaird, j'aurais été aussi ignorant que vous êtes négligent.

» Eh bien ! j'apprends que Bowles a maltraité Hobhouse ! Si cela est vrai, il a rompu la trêve, comme le successeur de Murillo, et je le traiterai comme Cochrane traita Esmeralda.

» Depuis que j'ai écrit le paquet ci-joint, j'ai achevé (mais non copié) quatre actes d'une nouvelle tragédie. Quand j'aurai fini le cinquième acte, je copierai le tout. C'est sur le sujet de Sardanapale, dernier roi des Assyriens. Les mots de *reine* et de *pavillon* s'y rencontrent, mais ce n'est point par allusion à sa majesté britannique, comme vous pourriez vous l'imaginer en tremblant. Vous verrez un jour (si je finis la pièce) comme j'ai fait Sardanapale brave (quoique voluptueux, comme l'histoire le représente), et de plus, aussi aimable que mes pauvres talens ont pu le rendre; — ainsi, ce ne peut être ni le portrait ni la satire d'aucun monarque vivant. J'ai, jusqu'à présent, observé strictement toutes les unités, et continuerai ainsi dans le cinquième acte, si cela est possible; mais ce n'est pas pour le théâtre. Tout à vous, en hâte et en haine, infidèle correspondant. »

N.

LETTRE CCCCXXXI.

A M. MURRAY.

Ravenne, 28 mai 1821.

« Depuis ma dernière, du 26 ou 25, j'ai fini mon cinquième acte de la tragédie intitulée *Sardanapale*. Mais maintenant il faut copier le tout, ce qui est un rude travail, — tant d'écriture que de lecture. Je vous ai écrit au moins six fois sans avoir de réponse, ce qui prouve que vous êtes un — libraire. Je vous prie de m'envoyer un exemplaire de l'édition du *Plutarque de Langhorne*, revue par M. Wrangham. Je n'ai que le texte grec, imprimé en caractères un peu fins, et la traduction italienne, qui est d'un style trop lourd, et aussi fausse qu'une proclamation patriotique des Napolitains. Je vous prie aussi de m'envoyer la *Vie du magicien Apollonius de Tyane*, publiée il y a quelques années. Elle est en anglais, et l'éditeur ou auteur est, je crois, ce que Martin Marprelate appelle un prêtre vaillard.

» Tout à vous, etc. »

N.

LETTRE CCCCXXXII.

A M. MURRAY.

Ravenne, 30 mai 1821.

Cher Moray,

« Vous dites que vous m'avez écrit souvent ; j'ai reçu seulement la vôtre du 11, laquelle est fort courte. Par le courrier d'aujourd'hui, je vous envoie, en cinq paquets, la tragédie de *Sardanapale*, fort mal écrite : peut-être Mrs. Leigh pourra vous aider à la déchiffrer. Vous voudrez bien en accuser réception par le retour du courrier. Vous remarquerez que les unités sont toutes strictement observées. La scène se passe toujours dans la même salle ; la durée de l'action est celle d'une nuit d'été, environ neuf heures ou même moins, quoique la pièce commence avant le coucher du soleil, et ne finisse qu'après son lever. Dans le troisième acte, quand Sardanapale demande un miroir pour se voir en armes, songez à citer le passage latin de Juvénal sur Othon (homme d'un caractère semblable, qui fit la même chose): Gifford vous aidera pour la citation. Le trait est peut-être trop familier, mais il est historique

(pour Othon du moins), et naturel dans un caractère efféminé. »

LETTRE CCCCXXXIII.

A M. HOPPNER.

Ravenne, 31 mai 1821.

« Je vous envoie ci-joint une autre lettre, qui ne fera que confirmer ce que je vous ai dit.

» Quant à Allegra, — je prendrai pour elle une mesure décisive dans le courant de l'année ; à présent, elle est si heureuse où elle est, que peut-être il vaudrait mieux qu'elle apprît son alphabet dans son couvent.

« Ce que vous dites de *la Prophétie de Dante* est la première nouvelle que j'en reçois ; — tout semble être plongé dans le tumulte causé par la tragédie. Continuer ce poème !! — hélas ! Qu'est-ce que Dante lui-même pourrait prophétiser aujourd'hui sur l'Italie ? Toutefois, je suis charmé que vous goûtiez cette œuvre, mais je présume que vous serez seul de votre opinion. Ma nouvelle tragédie est achevée. »

LETTRE CCCCXXXIV.

A M. MOORE.

Ravenne, 4 juin 1821.

« Vous ne m'avez pas écrit dernièrement, quoiqu'il soit d'usage entre littérateurs bien élevés de consoler ses amis par ses observations dans les cas d'importance. Je ne sais si je vous ai envoyé mon *élégie sur le rétablissement de lady* *** [1].

Voyez les félicités de mon fortuné sort,
Ma pièce tombe, et non pas lady ***.

» Les journaux (et peut-être votre correspondance) vous auront fait connaître la conduite dramatique du directeur Elliston. Il est présumable que la pièce a été arrangée pour le théâtre par M. Dibdin, qui remplit l'office de tailleur dans les occasions semblables, et qui aura pris mesure avec son exactitude ordinaire. J'apprends que l'on continue toujours à me jouer, — trait d'entêtement dont je me console un peu en pensant qu'il aura vidé la bourse du discourtois histrion.

» Vous serez étonné d'apprendre que j'ai fini une autre tragédie en cinq actes, dans laquelle j'ai observé strictement toutes les unités. Elle a pour titre *Sardanapale*, et je l'ai envoyée en Angleterre par le dernier courrier. Elle n'est pas plus pour le théâtre que la première n'y fut destinée, — et je prendrai cette fois plus de précautions pour empêcher qu'on ne s'en empare.

» Je vous ai aussi envoyé, il y a quelques mois, une nouvelle lettre sur Bowles, etc.; mais il paraît

---

[1] Le nom a été supprimé par Moore, comme tous ceux qui sont remplacés par des astérisques. Il est facile de voir que c'est ici Lady Noël.

(*Note du Trad.*)

à tel point touché des égards (c'est son expression) que j'eus pour lui dans la première épître, que je ne suis pas sûr de publier celle-ci, qui est un peu trop pleine de phrases « récréatives et surabondantes. » J'apprends par des lettres particulières de M. Bowles, que c'est vous qui étiez l'illustre littérateur en astérisques [1]. Qui donc y aurait songé? Vous voyez quel mal ce révérend personnage a fait en imprimant les notes sans nom. Comment diable pouvais-je supposer que les premiers quatre astérisques désignaient Campbell et non Pope, et que le nom laissé en blanc était celui de Thomas Moore? Vous voyez ce qui résulte d'être en intimité avec des ecclésiastiques. Les réponses de Bowles ne me sont pas parvenues, mais je sais d'Hobhouse, que lui (Hobhouse) y a été attaqué. En ce cas, Bowles aurait rompu la trêve (que, par parenthèse, il avait lui-même proclamée), et il me faut avoir encore un démêlé avec lui.

» Avez-vous reçu mes lettres avec les deux ou trois dernières feuilles des mémoires?

» Il n'y a point ici de nouvelles très-intéressantes. Un espion allemand (se vantant de l'être) a reçu un coup de poignard la semaine dernière, mais le coup n'était pas mortel. Dès l'instant où j'appris qu'il s'é-

---

[1] M. Bowles avait cité à son appui une phrase d'une lettre particulière de Moore, en l'annonçant comme l'opinion d'un illustre littérateur, mais en remplaçant le nom par des astérisques; Byron avait fait là-dessus force plaisanteries. (*Note du Trad.*)

tait laissé aller à cette vanterie fanfaronne, il fut aisé pour moi, comme pour tout autre, de prédire ce qui lui adviendrait; c'est ce que je fis, et il reçut le coup deux jours après.

» L'autre nuit, une querelle sur une dame de l'endroit, entre ses divers amans, a occasioné à minuit une décharge de pistolets, mais personne n'a été blessé. Ça a été toutefois un grand scandale : — la dame est plantée là par son amant, — pour être rebutée par son mari, pour cause d'inconstance à son légitime *servente* ; elle s'est retirée toute confuse à la campagne, quoique nous soyons dans le fort de la saison de l'opéra. Toutes les femmes sont furieuses contre elle (attendu qu'elle était médisante) pour s'être laissée ainsi découvrir. C'est une jolie femme, — une comtesse ***, — un beau vieux nom visigoth ou ostrogoth.

» Et les Grecs! Qu'en pensez-vous ? Ce sont mes vieilles connaissances ; — mais je ne sais que penser. Espérons, néanmoins.

» Tout à vous. »

BYRON.

LETTRE CCCCXXXV.

A M. MOORE.

Ravenne, 22 juin 1821.

« Votre naine de lettre est arrivée hier. C'est juste ; — tenez-vous à votre *magnum opus*. — Ah! que ne pouvons-nous combiner un peu nos talens pour notre *Journal de Trévoux*. Mais il est inutile de soupirer, et cependant c'est bien naturel; — car je pense que vous et moi irions mieux ensemble dans une association littéraire, que toute autre couple d'auteurs vivans.

» J'ai oublié de vous demander si vous aviez vu votre panégyrique dans la *Correspondance* de mistriss Waterhouse et du colonel Berkeley. Certainement, *leur* morale n'est pas tout-à-fait exacte, mais *votre passion* est complétement efficace, et toute la poésie du genre asiatique — (je dis asiatique, comme les Romains disaient l'éloquence asiatique, et non parce que la scène se passe en Orient) — doit être constatée par cette épreuve seule. Je ne suis pas très-sûr que je permette un jour aux miss Byron (légitimes ou illégitimes) de lire *Lalla Rookh*; — d'abord, à cause de ladite *passion*, et, en second lieu, afin qu'elles ne découvrent pas qu'il y eût un meilleur poète que papa.

» Vous ne me dites rien de la politique; — mais hélas! que peut-on dire!

> Le monde est une botte de foin,
> Les hommes sont les ânes qui la mangent,
> Chacun la tire de son côté, —
> Et le plus grand de tous est John Bull!

» Comment nommez-vous l'œuvre nouvelle que vous projetez? J'ai envoyé à Murray une nouvelle tragédie, intitulée *Sardanapale*, écrite suivant les règles d'Aristote, — hormis le chœur : — je n'ai pu me décider à l'introduire. J'en ai commencé une autre, et je suis au second acte : — ainsi, vous voyez que je vais comme de coutume.

» Les réponses de Bowles me sont parvenues ; mais je ne puis continuer toujours à disputer, — surtout d'une façon civile. Je présume qu'il prendra mon silence volontaire pour un silence forcé. Il a été si poli, que je n'ai plus assez de bile pour le plaisanter ; — autrement, j'aurais une rude plaisanterie ou même deux à son service.

» Je ne puis vous envoyer le petit journal, parce que je ne puis le confier à la poste. Ne supposez pas qu'il contienne rien de particulier ; mais il vous montrera les *intentions* des Italiens à cette époque, — et un ou deux autres faits personnels comme le premier.

» Donc *Longman* ne *mord* pas : — c'était mon désir que de tirer parti de cet ouvrage. Ne pourriez-vous obtenir une somme, quelque petite qu'elle fût, par une vente à réméré.

» Êtes-vous à Paris ou à la campagne? Si vous êtes à la ville, vous ne résisterez jamais à l'invasion anglaise dont vous parlez. Je vois à peine un Anglais tous les six mois ; et, quand cela m'arrive, je tourne mon cheval à l'opposite. Le fait que vous trouverez dans la dernière note de *Marino Faliero*, m'a fourni une bonne excuse pour rompre toute relation avec les voyageurs.

» Je ne me rappelle pas le discours dont vous parlez, mais je soupçonne que ce n'en est pas un du doge, mais d'Israël Bertuccio à Calendaro. J'espère que vous regardez la conduite d'Elliston comme honteuse : — c'est mon unique consolation. J'ai obligé les journalistes milanais à rétracter leur mensonge, ce qu'ils ont fait avec la bonne grâce de gens habitués à cela.

» Tout à vous, etc. »

BYRON.

LETTRE CCCCXXXVI.

A M. MOORE.

Ravenne, 5 juillet 1821.

« Comment avez-vous pu présumer que je voulusse jamais me rendre coupable d'une plaisanterie à votre égard? Je regrette que M. Bowles n'ait pas dit plus tôt que vous étiez l'auteur de la note, ce que j'ai appris par une lettre particulière qu'il a écrite à Murray, et que Murray m'envoie. Au diable la controverse !

> Au diable Twizzle,
> Au diable la cloche,
> Au diable le sot qui la mit en branle ! — Ma foi !
> Je serai bientôt délivré de tous ces fléaux.

» J'ai vu un ami de votre M. Irving, — un fort joli garçon, — un M. Coolidge, de Boston, — un peu trop plein seulement de poésie et d'enthousiasme. J'ai été fort poli envers lui pendant son séjour de quelques heures, et j'ai beaucoup parlé avec lui sur Irving, dont les écrits font mes délices. Mais je soupçonne qu'il n'a pas été autant charmé de moi, vu qu'il s'attendait à rencontrer un misantrope en culottes de peau de loup, ne répondant que par de farouches monosyllabes, au lieu d'un homme de ce monde. Je ne puis jamais faire comprendre aux gens que la poésie est l'expression de la passion, et qu'il n'existe pas plus une vie toute de passion qu'un tremblement de terre continuel, ou une fièvre éternelle. D'ailleurs, qui voudrait jamais se raser dans un tel état?

» J'ai reçu aujourd'hui une lettre curieuse d'une jeune fille d'Angleterre — que je n'ai jamais vue, — et qui me dit qu'elle meurt d'une maladie de langueur, mais qu'elle n'a pu sortir de ce monde sans me remercier du plaisir que ma poésie, pendant plusieurs années, etc., etc. Cette lettre est signée N. N. A., et ne contient pas un mot de jargon ou de prêche qui ait trait à des opinions quelconques. La jeune personne dit simplement qu'elle est mourante, et qu'elle a cru pouvoir me dire combien j'avais contribué aux plaisirs de son existence; elle me prie de brûler sa lettre, — ce que je ne puis faire, attendu que je regarde une lettre pareille comme supérieure à un diplome de Gottingue. J'ai autrefois reçu une lettre de félicitation en vers de Drontheim, en Norwége (mais elle n'était pas d'une femme mourante) — ce sont ces choses-là qui font quelquefois croire à un homme qu'il est poète. Mais s'il faut croire que *** et autres gens pareils sont poètes aussi, il vaut mieux être hors du corps.

— » Je suis maintenant au cinquième acte de *Foscari* : c'est la troisième tragédie dans l'espace d'un an, outre la prose ; ainsi, vous voyez que je ne suis point paresseux. Et vous aussi, êtes-vous occupé ? Je soupçonne que votre vie de Paris prend trop sur votre tems, et c'est vraiment pitié. Ne pouvez-vous partager vos journées de manière à tout combiner ? J'ai eu une multitude d'affaires mondaines sur les bras pendant l'année dernière, — et pourtant il ne m'a pas été si difficile de donner quelques heures aux Muses.

» Pour toujours, etc.

» Si nous étions ensemble, je publierais mes deux pièces (périodiquement) dans notre commun journal. Ce serait notre plan de publier par cette voie nos meilleures productions. »

Dans le journal intitulé *Pensées Détachées*, je trouve la mention intéressante des hommages rendus à son génie.

« En fait de gloire (qu'on ait jamais obtenue
» de son vivant), j'ai eu ma part, peut-être, — que
» dis-je ? — certainement plus grande que mes mé-
» rites.

» J'ai acquis par ma propre expérience quelques
» bizarres exemples des lieux sauvages et étranges

» où un nom peut pénétrer, et produire même une
» vive impression. Il y a deux ans (presque trois,
» c'était en août ou juillet 1819), je reçus à Ravenne
» une lettre, en vers anglais, de Drontheim, en
» Norwége, écrite par un Norwégien, et pleine des
» complimens ordinaires, etc., etc. : elle est encore
» quelque part dans mes papiers. Le même mois,
» je reçus une invitation pour le Holstein, de la part
» d'un M. Jacobson (je crois) de Hambourg; plus,
» par la même voie, une traduction du chant de
» Médora du *Corsaire*, par une baronne westpha-
» lienne (non pas la baronne Thunderton-Trunck [1]),
» avec quelques vers du propre cru de cette dame
» (vers fort jolis et klopstock—iens [2].), et une tra-
» duction en prose y annexée, au sujet de ma femme :
» — comme ces vers concernaient ma femme plus
» que moi, je les lui envoyai, avec la lettre de M. Ja-
» cobson. C'était assez singulier que de recevoir en
» Italie une invitation de passer l'été dans le Hol-
» stein, de la part de gens que je n'avais jamais con-
» nus. La lettre fut adressée à Venise. M. Jacobson
» me parlait des « roses sauvages fleurissant l'été
» dans le Holstein. » Pourquoi donc les Cimbres et
» les Teutons émigrèrent-ils ?

[1] Nom de la baronne westphalienne, dans le célèbre roman de *Candide*. (*Note du Trad.*)

[2] Klopstock-ish. Byron a lui-même forgé cet adjectif avec le nom de l'illustre auteur de la *Christiade*. (*Note du Trad.*)

» Quelle étrange chose que la vie et que l'homme !
» Si je me présentais à la porte de la maison où ma
» fille est maintenant, la porte me serait fermée,
» — à moins que (ce qui n'est pas impossible) je
» n'assommasse le portier; et si j'étais allé cette an-
» née-là (et peut-être encore aujourd'hui) à Dron-
» theim, la ville la plus reculée de la Norwége,
» j'aurais été reçu à bras ouverts dans la demeure de
» gens sans rapport de parenté ou de patrie avec
» moi, et attachés à moi par l'unique lien de l'es-
» prit et de la renommée.

» En fait de gloire, j'ai eu ma part; à la vé-
» rité, les accidens de la vie humaine y ont mêlé
» leur levain, et cela en plus grande quantité qu'il
» n'est arrivé à la plupart des littérateurs d'un
» rang distingué; mais, en total, je prends le mal
» comme l'équilibre nécessaire du bien dans la con-
» dition humaine. »

Il parle aussi, dans le même journal, de la visite du jeune Américain, en ces termes.

« Un jeune Américain, nommé Coolidge, est venu
» me rendre visite il y a quelques mois. C'était un
» jeune homme intelligent, fort beau, et âgé de
» vingt ans au plus, à en juger par l'apparence;
» un peu romantique (ce qui va bien à la jeunesse),
» et fortement passionné pour la poésie, comme on
» peut le présumer de sa visite dans mon antre.
» Il m'apporta un message d'un vieux serviteur
» de ma famille (Joe Murray), et me dit que lui

» (M. Coolidge) avait obtenu une copie de mon
» buste de Thorwaldsen à Rome, pour l'envoyer en
» Amérique. J'avoue que je fus plus flatté du jeune
» enthousiasme de ce voyageur solitaire par-delà
» l'Atlantique, que si l'on m'eût décrété une statue
» dans le Panthéon de Paris (j'ai vu, même de
» mon tems, les empereurs et les démagogues ren-
» versés de dessus leurs piédestaux, et le nom de
» Grattan effacé de la rue de Dublin, à laquelle il
» avait été donné); je dis que j'en fus plus flatté,
» parce que c'était un hommage simple, sans mo-
» tif politique, sans intérêt ou ostentation, — le
» pur et vif sentiment d'un jeune homme pour le
» poète qu'il admirait. Son admiration, toutefois,
» a dû lui coûter cher. — Je ne voudrais pas payer
» le prix d'un buste de Thorwaldsen pour la tête et
» les épaules de qui que ce soit, excepté Napoléon,
» mes enfans, « quelque absurde individu de l'espèce
» féminine », comme dit Monkbarns, — et ma sœur.
» Me demande-t-on pourquoi je posai pour mon
» buste? — Réponse; ce fut à la requête particulière
» de J. C. Hobhouse, Esquire, et pour nul autre.
» Un portrait est une autre affaire; tout le monde
» pose pour son portrait; mais un buste a l'air de
» prétendre à la permanence, et offre une idée d'in-
» clination pour la renommée publique plutôt que
» de souvenir particulier.

» Toutes les fois qu'un Américain demande à me
» voir (ce qui n'est pas rare), je condescends à son

» désir, premièrement parce que je respecte un
» peuple qui a conquis sa liberté par un courage
» ferme, sans excès ; et, secondement, parce que
» ces visites transatlantiques « en petit nombre et
» à longs intervalles » me font le même effet que si
» je m'entretenais, de l'autre côté du Styx, avec la
» postérité. Dans un siècle ou deux, les nouvelles
» Atlantides espagnole et anglaise, suivant toute
» probabilité, régneront sur le vieux continent,
» comme la Grèce et l'Europe soumirent l'Asie, leur
» mère, dans les tems anciens et primitifs, comme
» on les appelle. »

LETTRE CCCCXXXVII.

A M. MURRAY.

Ravenne, 6 juillet 1821.

« Pour condescendre à un désir exprimé par M. Hobhouse, je suis déterminé à omettre la stance sur le cheval de Sémiramis, dans le cinquième chant de *Don Juan*. Je vous dis cela, au cas que vous soyez ou ayez l'intention d'être l'éditeur des derniers chants.

» A la requête particulière de la comtesse Guiccioli, j'ai promis de ne pas continuer *Don Juan*. Vous regarderez donc ces trois chants comme les derniers du poème. Depuis qu'elle avait lu les deux premiers dans la traduction française, elle ne cessait de me supplier de n'en plus écrire de nouveaux. La raison de ces prières ne frappe pas d'abord un obscrvateur superficiel des mœurs étrangères ; mais elle dérive du désir qu'ont toutes les femmes d'exalter le sentiment des passions, et de maintenir l'illusion qui leur donne l'empire. Or, *Don Juan* déchire cette illusion, et en rit comme de bien d'autres choses. Je n'ai jamais connu de femme qui ne protégeât Rousseau, ou qui ne traitât avec dégoût les *Mémoires de Grammont*, *Gilblas*, et tous les tableaux comiques des passions, quand ils sont naturellement présentés. »

LETTRE CCCCXXXVIII.

A M. MURRAY.

14 juillet 1821.

« J'espère que l'on ne prendra pas *Sardanapale* pour une pièce politique ; car une telle intention fut si loin d'être la mienne, que je ne songeai jamais qu'à l'histoire d'Asie. La tragédie vénitienne aussi est strictement historique. Mon but a été de mettre en drame, à la manière des Grecs (phrase modeste), des points d'histoire frappans, comme ces mêmes Grecs l'ont fait à l'égard de l'histoire et de la mythologie. Vous trouverez que tout cela ne ressemble guère à Shakspeare ; et c'est tant mieux dans un sens, car je le regarde comme le pire des modèles, bien que le plus extraordinaire des écrivains. J'ai eu pour but d'être aussi simple et aussi sévère qu'Alfiéri, et j'ai plié la poésie autant que j'ai pu au langage ordinaire. La difficulté est que, dans ce tems, on ne peut parler ni de rois ni de reines sans être soupçonné d'allusions politiques ou de personnalités. Je n'ai point eu d'intention pareille.

» Je ne suis pas très-bien, et j'écris au milieu de scènes désagréables : on a, sans jugement ni procès, banni un grand nombre des principaux habitans de Ravenne et de toutes les villes des états romains, — et parmi les exilés il y a plusieurs de mes amis intimes, en sorte que tout est dans la confusion et la douleur ; c'est un spectacle que je ne saurais décrire sans éprouver la même peine qu'à le voir.

» Vous êtes chiche dans votre correspondance.

» Tout à vous sincèrement. »

BYRON.

LETTRE CCCCXXXIX.

A M. MURRAY.

Ravenne, 22 juillet 1821.

« L'imprimeur a fait un miracle ; — il a lu ce que je ne puis lire moi-même, — mon écriture.

» Je m'oppose au délai jusqu'à l'hiver ; je désire particulièrement que l'on imprime tandis que les théâtres d'hiver sont fermés, afin de gagner du tems au cas que les directeurs ne nous jouent le même tour de politesse. Toute perte sera prise en considération dans notre contrat, quelle qu'en soit l'occasion, soit la saison, soit autre chose ; mais imprimez et publiez.

» Je crois qu'il faudra avouer que j'ai plus d'un

style. Sardanapale, toutefois, est presque un personnage comique; mais ainsi est Richard III. Faites attention que les trois unités sont mon principal but. Je suis charmé de l'approbation de Gifford; quant à la foule, vous voyez que j'ai eu en vue toute autre chose que le goût du jour pour d'extravagans « coups de théâtre. » Toute perte probable, comme je vous l'ai déjà dit, sera évaluée dans nos comptes. Les *Revues* (excepté une ou deux, le *Blackwood Magazine*, par exemple) sont assez froides; mais ne songez plus aux journalistes, — je les ferai marcher droit, si je me le mets en tête. J'ai toujours trouvé les Anglais plus vils en certains points que toute autre nation. Vous vous étonnez de mon assertion, mais elle est vraie quant à la reconnaissance, — peut-être est-ce parce que les Anglais sont fiers, et que les gens fiers haïssent les obligations.

» La tyrannie du gouvernement éclate ici. On a exilé environ mille personnes des meilleures familles des états romains. Comme plusieurs de mes amis sont de ce nombre, je songe à partir aussi, mais pas avant que je n'aie reçu vos réponses. Continuez de m'adresser vos lettres ici, comme d'ordinaire, et le plus vite possible. Ce que vous ne serez pas fâché d'apprendre, c'est que les pauvres de l'endroit, apprenant que j'avais l'intention de partir, ont fait une pétition au cardinal pour le prier de me prier de rester. Je n'ai entendu parler que de cela il y a un ou deux jours; et ce n'est un déshonneur ni pour cux ni pour moi; mais cette démarche aura mécontenté les hautes autorités, qui me regardent comme un chef de charbonniers. On a arrêté un de mes domestiques pour une querelle dans la rue avec un officier (on a pris sur un autre des couteaux et des pistolets); mais comme l'officier n'était pas en uniforme, et qu'il était d'ailleurs dans son tort, mon domestique, sur ma vigoureuse protestation, a été relâché. Je n'étais pas présent à la bagarre, qui arriva de nuit près de mes écuries. Mon homme (qui est un Italien), d'un caractère brave et peu endurant, aurait tiré une cruelle vengeance, si je ne l'en eusse pas empêché. Voici ce qu'il avait fait : il avait tiré son *stiletto*, et, sans les passans, il aurait fricassé le capitaine, qui, à ce qu'il paraît, fit triste figure dans la querelle, qu'il avait cependant provoquée. L'officier s'était adressé à moi, et je lui avais offert toute sorte de satisfaction, soit par le renvoi de l'homme, soit autrement, puisque l'homme avait tiré son couteau. Il me répondit que des reproches seraient suffisans. Je fis des reproches au domestique; et cependant, après cela, le misérable chien alla se plaindre au gouvernement, — après avoir dit qu'il était complétement satisfait. Cela me mit en colère, et j'adressai une remontrance qui eut quelque effet. Le capitaine a été réprimandé, le domestique relâché, et l'affaire en est restée là. »

Parmi les victimes de « la noire sentence » et de la proscription par laquelle les maîtres de l'Italie,

comme il appert des lettres précédentes, se vengeaient maintenant de leur dernière alarme sur tous ceux qui y avaient contribué, même dans le plus faible degré, les deux Gamba se trouvèrent nécessairement compris comme chefs présumés des carbonari de la Romagne. Vers le milieu de juillet, Mme Guiccioli, dans un profond désespoir, écrivit à Lord Byron pour l'informer que son père, dans le palais duquel elle résidait alors, venait de recevoir l'ordre de quitter Ravenne dans les vingt-quatre heures, et que c'était l'intention de son frère de partir le lendemain matin. Mais le jeune comte n'avait pas même été laissé tranquille si long-tems, et avait été conduit par des soldats jusqu'à la frontière; et la comtesse elle-même, peu de jours après, vit qu'elle devait aussi se joindre aux exilés. La perspective d'être de nouveau séparée de Byron, semble avoir rendu l'exil presque aussi terrible que la mort aux yeux de cette noble dame. « Cela seul », dit-elle dans une lettre à son amant, « manquait pour combler la me-
» sure de mon désespoir. Venez à mon aide, mon
» amour, car je suis dans la plus terrible situation,
» et sans vous je ne puis me résoudre à rien.
» *** vient de me quitter; il était envoyé par ***
» pour me dire qu'il faut que je parte de Ravenne
» avant mardi prochain, parce que mon mari a eu
» recours à la cour de Rome pour me forcer de re-
» tourner avec lui ou d'entrer dans un couvent ; et
» la réponse est attendue sous peu de jours. Je ne

» dois parler de cela à personne ; il faut que je m'é-
» chappe de nuit ; car, si mon projet est découvert,
» on y mettra obstacle, et mon passeport (que la
» bonté du ciel m'a permis je ne sais comment d'ob-
» tenir), me sera retiré. Byron ! je suis au désespoir !
» — S'il faut vous laisser ici sans savoir quand je
» vous reverrai ; si c'est votre volonté que je souffre
» si cruellement, je suis résolue à rester. On peut
» me mettre dans un couvent ; je mourrai ; — mais,
» — mais vous ne pouvez me secourir, et je ne puis
» rien vous reprocher. Je ne sais ce qu'on me dit :
» car mon agitation m'anéantit ; — et pourquoi ? ce
» n'est point parce que je crains mon danger pré-
» sent, mais seulement, j'en prends le ciel à témoin,
» seulement parce qu'il faut vous quitter. »

Vers la fin de juillet, celle qui écrivait cette lettre si tendre et si vraie se trouva forcée de quitter Ravenne, — séjour de sa jeunesse, et maintenant de ses affections, — sans savoir où elle irait, et où elle retrouverait son amant. Après avoir langui quelque tems à Bologne, dans la faible espérance que la cour de Rome pourrait encore, par la médiation de quelques amis, être engagée à rapporter l'arrêt prononcé contre son père et son frère ; cette espérance une fois évanouie, elle rejoignit enfin ses parens à Florence.

On a déjà vu, par les lettres de Lord Byron, qu'il était lui-même devenu l'objet des plus vifs soupçons pour le gouvernement, et que c'était même surtout

dans le désir de se débarrasser de lui qu'on avait pris toutes ces mesures contre la famille Gamba : — attendu qu'on craignait que la constante bienfaisance qu'il exerçait envers les pauvres de Ravenne ne lui donnât une dangereuse popularité parmi des hommes non accoutumés à l'exercice de la charité sur une si large échelle. « Une des principales causes, dit
» Mme Guiccioli, de l'exil de mes parens fut l'idée que
» Lord Byron partagerait l'exil de ses amis. Déjà le
» gouvernement voyait d'un mauvais œil le séjour de
» Lord Byron à Ravenne; on connaissait ses opi-
» nions; on craignait son influence, et on s'exagé-
» rait même l'étendue de ses moyens d'action. On
» s'imaginait qu'il avait donné l'argent pour l'achat
» des armes, etc., et qu'il avait fourni à tous les
» besoins pécuniaires de la société. La vérité est que
» lorsqu'il était invité à exercer sa bienfaisance, il
» ne s'enquérait point des opinions politiques ou re-
» ligieuses de ceux qui réclamaient son aide : tous
» les hommes malheureux et indigens avaient un droit
» égal à sa bienveillance. Les anti-libéraux cependant
» s'étaient fermement persuadés qu'il était le prin-
» cipal soutien du libéralisme en Romagne, et dési-
» raient qu'il s'en allât; mais n'osant pas exiger
» directement son départ, ils espéraient pouvoir in-
» directement le forcer à cette mesure[1]. »

---

[1] Una delle principali ragioni per cui si erano esiliati i miei parenti, era la speranza che Lord Byron pure lascierebbe la Romagna quando i suoi amici fossero partiti. Già da qualche tempo la permanenza di Lord

Après avoir donné les détails de son propre départ, la comtesse continue : « Lord Byron cepen-
» dant resta à Ravenne, ville déchirée par l'esprit
» de parti, ville où il avait certainement, à cause
» de ses opinions, bon nombre d'ennemis fanatiques
» et perfides ; et mon imagination me le peignait
» toujours au milieu de mille dangers. On peut donc
» concevoir ce que fut pour moi ce voyage, et ce
» que je souffris si loin de Lord Byron. Ses lettres
» m'auraient consolé ; mais il y avait deux jours
» d'intervalle entre l'instant où il me les écrivait et
» celui où je les recevais. Cette idée empoisonnait
» toute la consolation qu'elles auraient pu me don-
» ner, et par conséquent mon cœur était déchiré
» par les craintes les plus cruelles. Cependant il
» était nécessaire, pour son propre honneur, qu'il
» restât encore quelque tems à Ravenne, afin que
» l'on ne pût pas dire qu'il avait été banni aussi.
» D'ailleurs il avait conçu une grande affection pour
» la ville même, et il désirait, avant d'en partir,

Byron in Ravenna era mal gradita dal governo, conoscendo si le sue opinioni, e temendosi la sua influenza, ed esaggerandosi anche i suoi mezzi per esercitarla. Si credeva che egli somministrasse danaro per provvedere armi, che provvedesse ai bisogni della società. La verità era che nello spargere le sue beneficenze egli non s'informava delle opinioni politiche e religiose di quello che aveva bisogno del suo soccorso; ogni misero ed ogni infelice aveva un eguale diritto alla sua generosità. Ma in ogni modo gli anti-liberali lo credevano il principale sostegno del liberalismo della Romagna, e desideravano la sua partenza; ma non osando provocarla in nessun modo diretto, speravano di ottenerla indirettamente.

» épuiser tous les moyens de procurer le rappel de
» mes parens [1]. »

LETTRE CCCCXL.

A M. HOPPNER.

Ravenne, 23 juillet 1821.

« Ce pays-ci étant en proie à la proscription, et tous mes amis étant exilés ou arrêtés, — la famille entière des Gamba obligée pour le moment d'aller à Florence, — le père et le fils pour motifs politiques, — (et la Guiccioli, parce qu'elle est menacée du couvent en l'absence de son père), — j'ai résolu de me retirer en Suisse, et les Gamba aussi. Ma vie court, dit-on, de très grands dangers ici; mais ç'a été la même chose depuis douze mois, et ce n'est donc pas là la principale considération.

» J'ai écrit par le même courrier à M. Hentsch

---

[1] Lord Byron restava frattanto a Ravenna, in un paese sconvolto dai partiti, e dove aveva certamente dei nemici di opinioni fanatiche perfidi, e la mia imaginazione me lo dipingeva circondato sempre da mille pericoli. Si può dunque pensare cosa dovesse essere quel viaggio per me, e cosa io dovessi soffrire nella sua lontananza. Le sue lettere avrebbero potuto essermi di conforto; ma quando io le riceveva, era già trascorso lo spazio di due giorni dal momento in cui furono scritte, e questo pensiero distruggeva tutto il bene che esse potevano farmi, e la mia anima era lacerata dai più crudeli timori. Frattanto era necessario per la di lui convenienza che egli restasse ancora qualche tempo in Ravenna affinché non avesse a dirsi che egli pure ne era esigliato; ed oltre ciò egli si era sommamente affezionato à quel soggiorno, e voleva innanzi di partire vedere esauriti tutti i tentativi e tutte le speranze del ritorno dei miei parenti.

jeune, banquier à Genève, pour avoir, s'il est possible une maison pour moi, et une autre pour la famille Gamba (pour le père, le fils et la fille), toutes deux meublées, et avec une écurie de huit chevaux (au moins dans la mienne) au bord du lac de Genève, sur le côté du Jura. J'emmènerai Allegra avec moi. Pourriez-vous nous aider, Hentsch ou moi, dans nos recherches? Les Gamba sont à Florence; mais ils m'ont autorisé à traiter en leur nom. Vous savez ou ne savez pas que ce sont de grands patriotes, — et tous deux braves gens, surtout le fils; je puis le dire, car je les ai dernièrement vus dans une très-difficile situation, — non pas sous le rapport pécuniaire, mais sous le rapport personnel, — et ils se sont conduits en héros, sans céder ni se rétracter.

» Vous n'avez pas idée de l'état d'oppression dans lequel est ce pays-ci; on a arrêté environ un millier de personnes de haute ou basse condition dans la Romagne, — banni les uns, emprisonné les autres, sans jugement, sans procédure, et même sans accusation!!!... Tout le monde dit qu'on aurait fait la même chose à mon égard si l'on avait osé : toutefois, mon motif pour rester est que toutes les personnes de ma connaissance, au nombre de cent à-peu-près, ont été exilées.

» Voudrez-vous faire ce que vous pourrez pour trouver une couple de maisons meublées et pour en conférer avec Hentsch à notre place? Peu nous importe la société : — nous ne voulons qu'un asile temporaire et tranquille, et notre liberté individuelle.

» Croyez-moi, etc.

» *P. S.* Pouvez-vous me donner une idée des dépenses nécessaires en Suisse, par comparaison à l'Italie? je ne me rappelle plus cela. Je parle seulement des dépenses pour une vie honnête, chevaux, etc., et non des dépenses de luxe, et pour un grand train de maison. Ne décidez rien toutefois avant que je n'aie reçu votre réponse, car c'est alors seulement que je pourrai savoir que penser sur ces points de transmigration, etc., etc. »

LETTRE CCCCXLI.

A M. MURRAY.

Ravenne, 30 juillet 1821.

« Je vous envoie ci-joint la meilleure histoire sur le doge Faliero ; elle est tirée d'un vieux manuscrit, et je ne l'ai que depuis quelques jours. Faites-la traduire et adjoignez-la en forme de note à la prochaine édition. Vous serez peut-être content de voir que la manière dont j'ai conçu le caractère du doge est conforme à la vérité ; je regrette néanmoins de n'avoir pas eu cet extrait auparavant. Vous verrez que Faliero dit lui-même ce que je lui fais dire sur l'évêque de Trévise. Vous verrez aussi que « il parla très-peu et ne laissa échapper que des paroles de colère et de dédain » après qu'il eut été arrêté, ce qu'il fait aussi dans la pièce, excepté quand il éclate à la fin du cinquième acte. Mais son discours aux conspirateurs est meilleur dans le manuscrit que dans la pièce; je regrette de ne pas l'avoir connu à tems. N'oubliez pas cette note, avez la traduction.

» Dans une ancienne note de *Don Juan*, j'ai cité, en parlant de Voltaire, sa phrase fameuse : « Zaïre, tu pleures, » c'est une erreur; c'est : « Zaïre, vous pleurez. » Songez à corriger la citation.

» Je suis tellement occupé ici pour ces pauvres proscrits, qui sont dispersés en exil çà-et-là, et à essayer d'en faire rappeler quelques-uns, que j'ai à peine assez de tems ou de patience pour écrire une courte préface pour les deux pièces : toutefois je la ferai en recevant les prochaines épreuves.

» Tout à vous à jamais, etc.

» *P. S.* Veuillez joindre, à la première occasion, la lettre sur l'Hellespont comme note aux vers sur Léandre, etc., dans *Childe Harold*. N'oubliez pas cela au milieu de votre multitude d'occupations, que je songe à célébrer dans une ode dithyrambique à Albemarle-Street.

» Savez-vous que Shelley a composé une élégie sur Keats, et qu'il accuse la *Quarterly* d'avoir tué ce jeune poète.

Qui tua John Keats ?
« Moi, dit la *Quarterly*,
Farouche comme un Tartare;

C'est un de mes exploits ! »
Qui décocha la flèche ? —
Le poète-prêtre Milman,
(Toujours prêt à tuer son homme),
Ou Southey ou Barrow.

» Vous savez bien que je n'approuvais pas la poésie de Keats, ni ses théories poétiques, ni son injurieux mépris pour Pope; mais puisqu'il est mort, omettez tout ce que je dis sur son compte dans mes écrits, soit manuscrits, soit déjà publiés. Son *Hypérion* est un beau monument et conservera son nom. Je ne porte pas envie à celui qui a écrit l'article; — vous autres écrivains des *Revues*, vous n'avez pas plus le droit de meurtre que les voleurs de grand chemin; mais, à la vérité, celui qui est mort pour un article de critique serait probablement mort pour toute autre cause non moins triviale. La même chose arriva presque à Kirke White, qui mourut ensuite de consomption. »

LETTRE CCCCXLII.

A M. MOORE.

Ravenne, 2 août 1821.

« Certainement j'avais répondu à votre dernière lettre, quoique en peu de mots, sur le point que vous rappelez, en disant tout simplement : « Au diable la controverse, » et en citant quelques vers de George Colman, applicables non à vous, mais aux disputeurs. Avez-vous reçu cette lettre ? Il m'importe de savoir que nos lettres ne sont pas interceptées ou égarées.

» Votre drame de Berlin¹ est un honneur inconnu depuis Elkanah Settle, dont *l'Empereur de Maroc* fut joué par les dames de la cour, ce qui fut, dit Johnson, « le dernier coup de la douleur » pour le pauvre Dryden, qui ne put le supporter, et devint ennemi de Settle sans pitié ni modération, à cause de cette faveur, et d'un frontispice que l'auteur avait osé mettre à sa pièce.

» N'était-ce pas un peu périlleux de montrer, comme vous l'avez fait, les Mémoires à *** ? N'y a-t-il pas une ou deux facétieuses allusions qui doivent être réservées pour la postérité ?

» Je connais bien Schlegel, — c'est-à-dire je l'ai rencontré à Coppet. N'est-il pas légèrement attaqué dans les Mémoires ? Dans un article sur le quatrième chant de *Childe-Harold*, publié il y a trois ans dans le *Blackwood's-Magazine*, on cite quelques stances d'une élégie de Schlegel sur Rome, d'où l'on dit que j'ai pu tirer quelques idées. Je vous donne ma parole d'honneur que je n'avais jamais vu les vers avant cet article critique, qui donne, je crois, trois ou quatre stances envoyées, dit-on, par un correspondant, — peut-être par l'auteur même. Le fait se

---

¹ On avait joué, peu de tems auparavant, à la cour de Berlin, un spectacle fondé sur le poème de *Lalla Rookh*; l'empereur de Russie remplit le rôle de *Feramorz*, et l'impératrice celui de *Lalla Rookh*.

(*Note de Moore.*)

prouve facilement, car je ne comprends point l'allemand, et il n'y avait point, je crois, de traduction, — du moins c'était la première fois que j'entendais parler ou prenais lecture de la traduction et de l'original.

» Je me souviens d'avoir causé un peu avec Schlegel sur Alfiéri, dont il nie le mérite. Il était irrité aussi contre le jugement de la *Revue d'Édimbourg* sur Goëthe, jugement qui, en effet, était assez dur. Il vint aussi à parler des Français : « Je médite une terrible vengeance contre les Français; — je prouverai que Molière n'est pas poète [1]. » . . . .
. . . .

» Je ne vois pas pourquoi vous parleriez « du déclin des ans. » La dernière fois que je vous vis, vous aviez moins d'embonpoint et paraissiez encore plus jeune que quand nous nous quittâmes plusieurs années auparavant. Vous pouvez compter sur cette assertion comme sur un fait. Si cela n'était pas, je ne vous dirais rien; car je ne saurais faire de mauvais complimens à qui que ce soit sur sa personne; — comme le compliment est une vérité, je vous le fais. Si vous aviez mené ma vie, changé de climats et de relations, — si vous vous amaigrissiez par le jeûne et par les purgatifs, — outre l'épuisement causé par des passions rongeantes, et un mauvais tempé-

---

[1] Cette menace a été depuis mise à exécution; — le critique allemand a frappé d'horreur les littérateurs français en déclarant Molière *un farceur*.
(*Note de Moore.*)

rament en sus, — vous pourriez parler ainsi. — Mais vous! je ne sache personne qui ait si bonne mine pour son âge, ou qui mérite d'avoir mine ou santé meilleure sous tous les rapports. Vous êtes un....., et ce qui vaut peut-être mieux pour vos amis, un bon garçon. Ainsi donc, ne parlez pas de décadence, mais comptez sur quatre-vingts ans.

» Je suis à présent principalement occupé par ces malheureuses proscriptions et condamnations d'exil, qui ont eu lieu ici pour motifs politiques. Ç'a été un misérable spectacle que la désolation générale des familles. Je fais tout ce que je puis pour les exilés, grands ou petits, avec tout l'intérêt et tous les moyens que je puis employer. Il y a eu mille proscrits, le mois dernier, dans l'exarquat, ou, pour parler en style moderne, dans les légations. Hier un homme a eu les reins brisés en tirant un de mes chiens de dessous la roue d'un moulin. Le chien a été tué, et l'homme est dans le plus grand danger. Je n'étais pas présent; — cela est arrivé avant que je fusse levé, par la faute d'un enfant stupide qui a fait baigner le chien dans un endroit dangereux. Je dois, sans aucun doute, pourvoir aux besoins du pauvre diable tant qu'il vivra, et à ceux de sa famille, s'il meurt. J'aurais de grand cœur donné — plus qu'il ne m'en coûtera, pour qu'il n'eût pas été blessé. Donnez-moi, je vous prie, de vos nouvelles, et excusez ma hâte et la chaleur.

» Tout à vous, etc.

» Vous aurez probablement vu toutes les attaques dont quelques gazettes d'Angleterre m'ont assailli il y a quelques mois. Je ne les ai vues que l'autre jour, grâce à la bonté de Murray. On m'appelle « plagiaire. » Je ne sais quels noms on ne me donne pas. Je crois maintenant que j'aurai été accusé de tout.

» Je ne vous ai pas donné de détails sur les petits événemens qui se sont passés ici ; mais on a essayé de me faire passer pour le chef d'une conspiration, et on ne s'est arrêté que faute de preuves suffisantes pour informer contre un Anglais. Si c'eût été un natif du pays, le soupçon aurait suffi, comme pour des centaines d'autres.

» Pourquoi n'écrivez-vous pas sur Napoléon ? je n'ai pas assez de verve ni d'*estro* [1] pour le faire. Sa chute, dès le principe, m'a porté un coup terrible. Depuis cette époque, nous avons été les esclaves des sots. Excusez cette longue lettre. *Ecco* [2] une traduction littérale d'une épigramme française.

Églé, belle et poète, a deux petits travers,
Elle fait son visage et ne fait pas ses vers [3].

» Je vais monter à cheval, averti que je suis de

---

[1] Mot italien, du latin *œstrum*, qui signifie verve poétique.
(*Note du Trad.*)

[2] Voici.

[3] Egle, beauty and poet, has two little crimes,
She makes her own face, and does not make her rhymes.

ne pas aller dans un certain endroit de la forêt, à cause des ultra-politiques.

» N'y a-t-il aucune chance pour votre retour en Angleterre, et pour notre journal? j'y aurais publié les deux pièces, — deux ou trois scènes par numéro. »

Vers cette époque, M. Shelley, qui avait alors fixé sa résidence à Pise, reçut une lettre de Lord Byron, qui le priait instamment de venir le voir; et, par conséquent, il partit sur-le-champ pour Ravenne. Les extraits suivans des lettres qu'il écrivit, durant le tems de son séjour auprès de son noble ami, seront lues avec ce double sentiment d'intérêt qu'on ne manque jamais d'éprouver en entendant un homme de génie exprimer ses opinions sur un autre homme de génie.

Ravenne, 7 août 1821.

» J'arrivai hier soir à dix heures, et me mis à
» causer avec Lord Byron jusqu'à cinq heures du
» matin; puis j'allai dormir, et maintenant je viens
» de m'éveiller à onze heures; après avoir dépêché
» mon déjeûner aussi vite que possible, je veux vous
» consacrer tout le tems qui me reste jusqu'à midi,
» heure où part le courrier.

» Lord Byron est très-bien, et il a été charmé de
» me voir. Il a, en vérité, complétement recouvré sa
» santé, et il mène une vie totalement contraire à
» celle qu'il menait à Venise. Il a une sorte de liai-
» son permanente avec la comtesse Guiccioli, qui

» est maintenant à Florence, et qui, à en juger par ses
» lettres, semble une très-aimable femme. Elle attend
» dans cette ville qu'il y ait quelque chose de décidé
» sur leur émigration en Suisse, ou sur leur séjour
» en Italie ; point qui n'est pas encore définitivement
» résolu. Elle a été forcée de s'échapper du territoire
» papal en grande hâte, vu que des mesures avaient
» déjà été prises pour la placer dans un couvent où
» elle aurait été impitoyablement confinée pour la
» vie. Les droits oppressifs d'un contrat de mariage,
» tels qu'ils existent dans la législation et l'opinion
» de l'Italie, quoique moins souvent exercés qu'en
» Angleterre, sont encore plus terribles qu'en ce
» dernier pays.

» Lord Byron s'était presque tué à Venise. Il avait
» été réduit à un tel état de débilité, qu'il était in-
» capable de rien digérer, il était consumé par une
» fièvre hectique, et il serait bientôt mort sans cet
» attachement, qui le retira des excès où il s'était
» plongé plutôt par insouciance et orgueil que par
» goût. Pauvre garçon, il est maintenant tout-à-fait
» bien ; et il s'est jeté dans la politique et la littéra-
» ture. Il m'a donné beaucoup de détails intéressans
» sur la première ; mais nous n'en parlerons pas dans
» une lettre. Fletcher est ici, et — comme si, à la
» manière d'une ombre, il croissait et décroissait avec
» le corps même de son maître, — il a aussi repris sa
» bonne mine, et du milieu de ses cheveux gris pré-
» maturés s'est élevée une nouvelle pousse de touffes
» blondes.

» Nous avons beaucoup causé de poésie et de
» sujets analogues hier soir, et comme d'ordinaire,
» nous n'avons pas été d'accord, — et je crois,
» moins que jamais. Byron affecte de se déclarer le
» patron d'un système de littérature propre à ne pro-
» duire que la médiocrité, et quoique tous ses plus
» beaux poèmes et ses plus beaux passages n'aient
» été produits qu'au mépris de ce système, je re-
» connais dans le doge de Venise les pernicieux ef-
» fets de cette nouvelle foi littéraire qui gênera et
» arrêtera dorénavant ses efforts, quelque grands
» qu'ils puissent être; à moins qu'il ne secoue le
» joug. Je n'ai lu que quelques passages de la pièce,
» ou plutôt il me les a lus, et m'a donné le plan de
» l'ensemble. »

Ravenne, 15 août 1821.

» Nous sortons à cheval le soir pour nous prome-
» ner dans la forêt de pins qui sépare la ville de la
» mer. Je t'écris notre genre de vie, auquel je me
» suis accommodé sans beaucoup de difficulté : —
» Lord Byron se lève à deux heures, — et déjeûne —
» nous causons, lisons, etc. jusqu'à six, — puis nous
» montons à cheval à huit, et après dîner nous devi-
» sons jusqu'à quatre ou cinq heures du matin. Je
» me lève à midi, et je vous consacre aujourd'hui le
» tems qui reste libre entre mon lever et celui de
» Byron.

» Lord Byron a beaucoup gagné sous tous les rap-
» ports, — en génie, en caractère, en vues morales.

» en santé et en bonheur. Sa liaison avec la Guiccioli
» a été pour lui un avantage inappréciable. Il vit
» avec une grande splendeur, mais sans outrepasser
» son revenu, qui est aujourd'hui d'environ quatre
» mille livres sterling par an, et dont il consacre le
» quart à des œuvres de charité. Il a eu de désastreu-
» ses passions, mais il semble les avoir subjuguées,
» et il devient ce qu'il devait être : un homme ver-
» tueux. L'intérêt qu'il a pris aux affaires politiques
» d'Italie, et les actions qu'il a faites en conséquence
» ne doivent point s'écrire dans une lettre, mais vous
» causeront du plaisir et de la surprise.

» Il n'est pas encore décidé à aller en Suisse, pays
» en vérité peu fait pour lui ; le commérage et les ca-
» bales de ces cotéries anglicanes le tourmenteraient
» comme auparavant, et pourraient le faire retomber
» dans le libertinage, où il s'est, dit-il, plongé non
» par goût mais par désespoir. La Guiccioli, et son
» frère (qui est l'ami et le confident de Lord Byron,
» et approuve complétement la liaison de sa sœur
» avec lui) désirent aller en Suisse, à ce que dit Lord
» Byron, seulement par amour de la nouveauté et
» pour le plaisir de voyager. Lord Byron préfère la
» Toscane ou Lucques, et il essaie de leur faire
» adopter ses idées. Il m'a fait écrire une longue
» lettre à la comtesse pour l'engager à rester. C'est
» une chose assez bizarre pour un étranger que d'é-
» crire sur des sujets de la plus grande délicatesse
» à la maîtresse de son ami ; — mais le destin sem-

» ble vouloir que j'aie toujours une part active dans
» les affaires de tous ceux que j'approche. J'ai ex-
» primé en doucereux italien les raisons les plus
» fortes que j'ai pu imaginer contre l'émigration en
» Suisse. Pour vous dire la vérité, je serais charmé
» de le voir, pour prix de ma peine, s'établir en Tos-
» cane. Ravenne est un misérable endroit, les ha-
» bitans sont barbares et sauvages, et leur langage
» est le plus infernal patois que vous puissiez con-
» cevoir ; Byron serait, sous tous les rapports, beau-
» coup mieux chez les Toscans.

» Il m'a lu un des chants encore inédits de *Don*
» *Juan*. C'est une œuvre d'une étonnante beauté : elle
» le place non-seulement au-dessus, mais beaucoup
» au-dessus, de tous les poètes du siècle. Chaque
» mot a le cachet de l'immortalité. Ce chant est dans
» le même style que la fin du second (mais il est
» entièrement pur d'indécences, et soutenu avec
» une aisance et un talent incroyables); il n'y a pas
» un mot que le plus rigide défenseur de la dignité
» de la nature humaine voulût faire biffer. Voilà,
» jusqu'à un certain point, ce que j'ai long-tems ré-
» clamé, —une production tout-à-fait neuve, adaptée
» au siècle, et cependant extraordinairement belle.
» C'est peut-être vanité, mais je crois voir l'effet
» des vives exhortations que je fis à Byron pour
» l'engager à créer quelque chose d'entièrement
» neuf. . . . .

» Je suis sûr que si je demandais je ne serais pas

» refusé; mais il y a en moi quelque chose qui m'em-
» pêche absolument de demander. Lord Byron et
» moi sommes très-bons amis, et si j'étais réduit à la
» pauvreté ou si j'étais un écrivain qui n'eût aucun
» droit à une position plus élevée que celle où je suis,
» ou si j'étais dans une position plus élevée que je
» ne mérite, nous paraîtrions toujours tels, et je lui
» demanderais librement toute espèce de faveur. Mais
» ce n'est pas là mon cas. Le démon de la défiance et
» de l'orgueil veille entre deux personnes telles que
» nous, et empoisonne la liberté de nos relations.
» C'est une taxe, et une taxe lourde, que nous de-
» vons payer par cela même que nous sommes hom-
» mes. Je ne crois pas que la faute soit de mon côté;
» non, très probablement, puisque je suis le plus fai-
» ble. J'espère que dans l'autre monde les choses se-
» ront mieux arrangées. Ce qui se passe dans le cœur
» d'un autre, échappe rarement à l'observation de
» celui qui est l'anatomiste exact de son propre cœur
. . . .

» Lord Byron a ici de splendides appartemens
» dans le palais du mari de sa maîtresse, un des
» hommes les plus riches d'Italie. Mme Guiccioli est
» divorcée, avec une pension de douze mille écus
» par an, misérable traitement de la part d'un
» homme qui a cent-vingt mille livres sterling de
» rente. Il y a deux singes, cinq chats, huit chiens
» et dix chevaux; tous (excepté les chevaux) se
» promènent dans la maison comme s'ils en étaient

» maîtres. Le Vénitien Tita est ici, et me sert de va-
» let, — c'est un beau garçon, avec une admirable
» barbe noire; il a déjà poignardé deux ou trois
» personnes, et il a l'air le plus doux que j'aie jamais
» vu.

Mercredi, Ravenne.

» Je vous ai dit que j'avais écrit d'après le désir
» de Lord Byron, à la Guiccioli pour la dissuader
» ainsi que sa famille, du voyage en Suisse. La ré-
» ponse de cette dame est arrivée, et mes représen-
» tations semblent avoir fait comprendre combien la
» mesure était mauvaise. A la fin d'une lettre pleine
» de toutes les belles choses que la noble dame dit
» avoir entendues sur mon compte, se trouve cette de-
» mande que je transcris ici, « —Signore, la vostra
» bontà mi far ardita di chiedervi un favore; me la
» accorderete-voi? *Non partite da Ravenna senza
» milord*[1]. » Sans contredit me voilà de par toutes les
» lois de la chevalerie, captif sur parole à la re-
» quête d'une dame, et je ne recouvrerai ma liberté
» que lorsque Byron sera établi à Pise. Je répondrai
» à la comtesse que sa demande lui est accordée, et
» que si son amant hésite à quitter Ravenne après
» que j'aurai fait tous les arrangemens nécessaires
» pour le recevoir à Pise, je m'engage à me remettre
» dans la même situation qu'aujourd'hui pour le
» fatiguer d'importunités jusqu'à ce qu'il aille la re-

[1] Monsieur, votre bonté me rend assez hardie pour vous demander une faveur; me l'accorderez-vous? Ne quittez pas Ravenne sans milord.

» joindre. Heureusement cela n'est pas nécessaire,
» et je n'ai pas besoin de vous avertir que cette che-
» valeresque soumission aux grandes lois de l'anti-
» que courtoisie, contre lesquelles je ne me révolte
» jamais et qui constituent ma religion, ne m'em-
» pêchera pas de retourner bientôt près de vous pour
» y rester long-tems.................

» Nous montons à cheval tous les soirs comme à
» l'ordinaire, et nous nous exerçons au tir du pisto-
» let, et je ne suis pas fâché de vous dire que j'appro-
» che de l'adresse avec laquelle mon noble ami frappe
» au but. J'ai la plus grande peine à m'en aller, et
» Lord Byron, pour m'obliger à rester, a prétendu
» que sans moi ou la Guiccioli il retombera certai-
» nement dans ses anciennes habitudes. Je lui parle
» donc raison, et il m'écoute, aussi j'espère qu'il
» est trop bien instruit des terribles et dégradantes
» conséquences de son ancien genre de vie pour
» courir quelque danger dans le court intervalle de
» tentation qui lui sera laissé. »

LETTRE CCCCXLIII.

A M. MURRAY.

Ravenne, 10 août 1821.

» Votre conduite envers M. Moore est certainement belle, et je ne dirais pas cela si je pouvais m'en
empêcher, car vous n'êtes point à présent dans mes
bonnes grâces.

» A l'égard des additions, etc., il y a un journal

que j'ai tenu en 1814, et que vous pouvez demander à M. Moore, plus un journal de mon voyage dans les Alpes, dans lequel se trouvent tous les germes de *Manfred*, et qu'il faut retirer d'entre les mains de Mrs. Leigh. J'ai encore tenu ici pendant quelques mois de l'hiver passé un petit *Memorandum* quotidien, que je vous enverrai. Vous trouverez un facile accès dans tous mes papiers et toutes mes lettres, et ne négligez pas (en cas d'accident) de visiter cette masse, si confuse qu'elle soit, car dans ce chaos de papiers, vous trouverez quelques morceaux curieux, soit de moi soit d'autrui, à moins qu'ils n'aient été perdus ou détruits. Si les circonstances me faisaient jamais consentir (chose presque impossible) à la publication des *Mémoires* de mon vivant, vous feriez, je suppose, quelques avances à Moore, en proportion du plus ou moins de probabilité de succès. Mais vous êtes tous deux certains de me survivre.

» Il faudra aussi que vous ayez de Moore la correspondance entre moi et lady Byron, à qui j'ai offert le droit de voir tout ce qui la concerne dans ces papiers. Ceci est important. Moore a la lettre de milady et une copie de ma réponse. J'aimerais mieux avoir Moore pour éditeur que tout autre.

» Je vous ai envoyé la lettre de Valpy pour vous laisser décider par vous-même, et celle de Stockdale pour vous amuser. Je suis toujours loyal à votre égard, comme je le fus dans l'affaire de Galignani, et comme vous-même l'êtes avec moi, —par-ci par-là.

« Je vous rends la lettre de Moore, lettre fort honorable pour lui, pour vous et pour moi.

» Tout à vous pour jamais.

LETTRE CCCCXLIV.

A M. MURRAY.

Ravenne, 16 août 1821.

» Je regrette que Holmes ne puisse ou ne veuille pas venir; c'est agir un peu malhonnêtement, vu que je fus toujours très-poli et très-ponctuel à son égard; mais ce n'est qu'un *** de plus. On ne rencontre pas d'autres gens parmi les Anglais.

» J'attends les épreuves des manuscrits avec une raisonnable impatience.

» Ainsi vous avez publié, ou voulez publier, les nouveaux chants de *Don Juan*. N'êtes-vous pas effrayé de l'assassinat constitutionnel de Bridge-Street. Quand j'ai vu le nom de *Murray*, j'ai cru au premier instant que c'était vous, mais j'ai été consolé en voyant que votre homonyme est un procureur, car vous ne faites point partie de cette infâme race.

» Je suis dans un grand chagrin, vu la probabilité de la guerre, parce que mes hommes d'affaires ne sortent pas ma fortune des fonds publics. Si la banqueroute a lieu, c'est mon intention de me faire voleur de grand chemin; toutes les autres professions en Angleterre ont été amenées à un tel point de perversité par la conduite de ceux qui les exercent, que le vol ouvertement pratiqué est la seule ressource laissée à un homme qui a quelques principes; c'est même chose honnête, comparativement parlant, puisqu'on ne se déguise pas.

» Je vous ai écrit par le dernier courrier pour vous dire que vous avez très-bien agi à l'égard de Moore et des *Mémoires*. . . . .

» Mes amitiés à Gifford.

» Croyez-moi, etc.

» *P. S.* Je vous rends la lettre de Smith, que je vous prie de remercier de sa bienveillante opinion. Le buste de Thorwaldsen est-il arrivé?

LETTRE CCCCXLV.

A M. MURRAY.

Ravenne, 23 août 1821.

» Je vous envoie ci-inclus les deux actes corrigés. Quant aux accusations relatives au naufrage[1], je crois vous avoir dit à vous et à M' Hobhouse, il y a déjà quelques années, qu'il n'y avait pas une seule circonstance qui n'eût été prise dans les faits, non pas, il est vrai, dans l'histoire d'un naufrage particulier quelconque, mais dans les accidens réels de différens naufrages. Presque tout *Don Juan* est une peinture de la vie réelle, soit de la mienne, soit

---

[1] On avait ridiculement accusé Byron de plagiat, parce qu'il n'avait pas puisé sa description dans sa seule imagination, mais dans les relations authentiques des divers naufrages.

(*Note du Trad.*)

de celle de gens que j'ai connus. Par parenthèse, une grande partie de la description de l'ameublement, dans le troisième chant, est prise du *Tully's Tripoli* (je vous prie de noter cela), et le reste, de mes propres observations. Souvenez-vous que je n'ai jamais voulu cacher cela; et que si je ne l'ai pas publiquement déclaré, c'est uniquement parce que *Don Juan* a paru sans préface et sans nom d'auteur. Si vous pensez que cela en vaille la peine, mettez-le en note à la prochaine occasion. Je ris de pareilles accusations, tant je suis convaincu que jamais nul écrivain n'emprunta moins que moi, ou ne s'appropria davantage les matériaux empruntés. Beaucoup de plagiats apparens ne sont dus qu'à une coïncidence fortuite. Par exemple, Lady Morgan (dans un livre sur l'Italie, vraiment excellent, je vous assure) appelle Venise *Rome de l'Océan*. J'ai employé la même expression dans les *Foscari*, et pourtant vous savez que la pièce est écrite depuis plusieurs mois, et envoyée en Angleterre. Je n'ai reçu *l'Italie* que le 16 courant.

» Votre ami, ainsi que le public, ne sait pas que ma simplicité dramatique est à dessein toute grecque, et que je continuerai dans cette voie ; nulle réforme n'a jamais réussi [1] tout d'abord. J'admire les vieux

---

[1] « Nul homme, dit Pope, ne s'est jamais élevé à quelque degré de perfection dans l'art d'écrire sans lutter avec une obstination et une constance opiniâtres contre le courant de l'opinion publique. »

Que les ennemis de la nouvelle école méditent cette réflexion d'un auteur reconnu pour classique.

(*Notes du Trad.*)

dramaturges anglais ; mais le système grec est sur un tout autre terrain, et n'a rien à démêler avec eux. Je veux créer un drame anglais régulier, peu m'importe qu'il soit propre ou non au théâtre, ce n'est point là mon but ; — je ne veux créer qu'un théâtre pour l'esprit.

» Tout à vous.

» *P. S.* Je ne puis accepter vos offres. . . . . . .
. . . .
Il faut traiter ces affaires-là avec M. Douglas Kinnaird. C'est mon fondé de pouvoirs, et il est homme d'honneur. C'est à lui que vous pourrez exposer toutes vos raisons mercantiles, plutôt que de me les exposer à moi-même directement. Ainsi donc, la mauvaise saison, — le public indifférent, — le défaut de vente, — sa seigneurie écrit trop, — la popularité déclinant, — la déduction pour le commerce, — les pertes presque constantes, — les contre-façons, — les éditions en pays étranger, — les critiques sévères, etc., etc., etc., et autres phrases et doléances oratoires ; — je laisse à Douglas, qui est un orateur, le soin d'y répondre.

» Vous pourrez exprimer plus librement toutes ces raisons à une tierce personne, tandis qu'entre vous et moi elles pourraient faire échanger quelques mots piquans qui n'orneraient pas nos archives.

» Je suis fâché pour la reine, et cela plus que vous ne l'êtes. »

LETTRE CCCCXLVI.

A M. MOORE.

Ravenne, 24 août 1821.

« Votre lettre du 5 ne m'est parvenue qu'hier, tandis que j'ai reçu des lettres datées de Londres du 8. La poste farfouille-t-elle dans nos lettres? Quelque arrangement que vous fassiez avec Murray,—si vous en êtes satisfait, je le serai aussi. Point de scrupule;—il est bien vrai que maintes fois j'ai dit par plaisanterie (car j'aime la pointe tout autant que le barbare lui-même,—c'est-à-dire Shakspeare.) —oui, j'ai dit que « comme un Spartiate, je vendrais » ma *vie* aussi *cher* que possible. »—Mais ce ne fut jamais mon intention d'en tirer un profit pécuniaire pour mon propre compte, mais de transmettre ce legs à mon ami,—à vous—en cas de survivance. J'ai devancé l'époque, parce que nous nous sommes trouvés ensemble, et que je vous ai pressé de tirer de cette affaire tout le parti possible aujourd'hui même, pour raisons qui sont évidentes. Je ne me suis privé de rien par là, et je ne mérite pas les remercîmens que vous m'adressez . . . .
. . . .

» A propos, quand vous écrirez à lady Morgan, remerciez-la pour les belles phrases qu'elle a faites dans son livre sur le compte des miens. Je ne sais pas son adresse. Son ouvrage sur l'Italie est courageux et excellent. — Je vous prie de lui faire part de cette opinion d'un homme qui connaît le pays. Je regrette qu'elle ne m'ait pas vu, j'aurais pu lui dire un ou deux faits qui auraient confirmé ses assertions.

» Je suis charmé que vous soyez content de Murray, qui semble apprécier les lords morts à une plus haute valeur que les lords vivans.

» Tout à vous pour jamais, etc.

» *P. S.* Vous me dites quelques mots d'un procureur en route pour se rendre auprès de moi, pour traiter d'affaires. Je n'ai reçu aucun avis d'une telle apparition. Que peut vouloir l'individu? J'ai des procès et des affaires en train, mais je n'ai pas entendu dire qu'il fallût ajouter à toutes les dépenses faites en Angleterre les frais de voyage d'un homme de loi.

» Pauvre reine! mais peut-être est-ce pour le mieux, si l'on doit croire l'anecdote d'Hérodote...

» Rappelez-moi au souvenir de tous nos amis communs. A quoi vous occupez-vous? Ici, je n'ai été occupé que des tyrans et de leurs victimes. Il n'y eut jamais pareille oppression, même en Irlande. »

LETTRE CCCCXLVII.

A M. MURRAY.

Ravenne, 31 août 1821.

« J'ai reçu les chants de *Don Juan*, qui sont imprimés avec si peu de soin (surtout le cinquième), que la publication en serait honteuse pour moi, et peu honorable pour vous. Il faut réellement revoir les épreuves avec le manuscrit, les fautes sont si grossières; — il y a des mots ajoutés, — il y en a de changés, — d'où s'ensuivraient mille cacophonies et absurdités. Vous n'avez pas soigné ce poëme, parce que quelques hommes de votre escouade ne l'approuvent pas; mais je vous dis qu'avant long-tems vous n'aurez rien de moitié aussi bon, comme poésie ou style. D'après quel motif avez-vous omis la note sur Bacon et Voltaire? et une des stances finales que je vous ai envoyées pour être ajoutées au chant? C'est, je présume, parce que la stance finissait par ces deux vers :

Et ne réunissez jamais deux ames vertueuses pour la vie,
En ce *centaure moral*, mari et femme.

» Or, il faut vous dire, une fois pour toutes, que je ne permettrai jamais à personne de prendre de telles libertés à l'égard de mes écrits à cause de mon absence. Je désire que les passages retranchés soient remis à leur place (excepté la stance sur Sémiramis); — mais reproduisez surtout la stance sur les mariages turcs. Je requiers d'ailleurs que le tout soit revu avec soin sur le manuscrit.

» Je ne vis jamais d'impression si détestable : — *Gulleyaz* au lieu de *Gulbeyaz*, etc. Savez-vous que Gulbeyaz est un nom réel, et que l'autre est un nonsens ? J'ai copié les chants avec soin, en sorte que les fautes sont inexcusables.

» Si vous ne vous souciez pas de votre propre réputation, ayez, je vous prie, quelques égards pour la mienne. J'ai relu le poème avec soin, et, je vous le répète, c'est de la poésie. Votre envieuse bande de prêtres-poètes peut dire ce qu'il lui plaît ; le tems montrera que sur ce point je ne me suis pas trompé.

» Priez mon ami Hobhouse de corriger l'impression, surtout pour le dernier chant, d'après le manuscrit tel qu'il est . . . .
. . . . [1].

» Il ne faudrait pas s'étonner que le poème tombât (ce qui n'arrivera pas, vous verrez) — avec un pareil cortége de sottises. Replacez ce qui est omis, corrigez ces ignobles fautes d'impression, et laissez le poème aller droit son chemin ; alors je ne crains plus rien.

. . . .

» Vous publierez les drames quand ils seront prêts. Je suis de si mauvaise humeur à cause de cette négligence dans l'impression de *Don Juan*, que je suis obligé de clorre ma lettre.

» Tout à vous.

» *P. S.* Je présume que vous n'avez pas perdu la stance dont je vous parle ? Je vous l'ai envoyée après

---

[1] Nous supprimons plusieurs fautes d'impression que Byron se remet encore à citer.

(*Note du Trad.*)

les autres; cherchez dans mes lettres, et vous la trouverez. »

LETTRE CCCCXLVIII[1].

A M. MURRAY.

« La lettre ci-incluse est écrite avec mauvaise humeur, mais non sans motif. Toutefois, tenez-en peu de compte (je veux dire de la mauvaise humeur); mais je réclame instamment une attention sérieuse de votre part aux fautes de l'imprimeur, à qui pareille chose n'aurait jamais dû être permise. Vous oubliez que tous les sots de Londres (principaux acheteurs de vos publications) rejetteront sur moi la stupidité de votre imprimeur. Par exemple, dans les notes du cinquième chant, « le bord *adriatique* du Bosphore » au lieu d'*asiatique*. Tout cela peut vous sembler peu important, à vous, homme honoré d'amitiés ministérielles; mais c'est très-sérieux pour moi, qui suis à trois cents lieues, et n'ai pas l'occasion de prouver que je ne suis pas aussi sot que me fait votre imprimeur.

» Dieu vous bénisse et vous pardonne, car pour moi je ne le puis. »

LETTRE CCCCXLIX.

A M. MOORE.

Ravenne, 3 septembre 1821.

« Par l'entremise de M. Mawman (payeur dans le

[1] Écrite dans l'enveloppe de la lettre précédente. (*Note de Moore.*)

corps dont vous et moi sommes de simples membres), j'expédiai hier, à votre adresse, sous une seule enveloppe, deux cahiers, contenant le *Giaour*-nal, et une ou deux choses. Tout cela n'est pas propre à réussir, — même auprès d'un public posthume; — mais des extraits le seraient peut-être. C'est une courte et fidèle chronique d'un mois environ; — quelques parties n'en sont pas fort discrètes, mais sont suffisamment sincères. M. Mawman dit qu'il vous remettra lui-même, ou vous fera remettre par un ami le susdit paquet dans vos champs élysées.

» Si vous avez reçu les nouveaux chants de *Don Juan*, songez qu'il y a de grossières fautes d'impression, particulièrement dans le cinquième chant. — Par exemple : *précaire* pour *précoce*, *adriatique* pour *asiatique*, etc.; plus, un luxe de mots et de syllabes additionnelles, qui changent le rhythme en une véritable cacophonie. . . . .
. . . .

» Je fais mes préparatifs de départs pour me rendre à Pise : — mais adressez vos lettres ici, jusqu'à nouvel ordre.

« Tout à vous à jamais, etc. »

Un des cahiers mentionnés ci-dessus comme confiés à M. Mawman pour m'être remis, contenait un fragment, d'environ cent pages, d'une histoire en prose, où Byron racontait les aventures d'un jeune gentilhomme andalous, et qu'il avait commencée à

Venise, en 1817. Je n'extrairai que le passage suivant de cet intéressant fragment.

« Peu d'heures après, nous fûmes très-bons amis,
» et, au bout de quelques jours, elle partit pour
» l'Arragon avec mon fils, pour aller voir son père
» et sa mère. Je ne l'accompagnai pas immédiate-
» ment, parce que j'avais déjà été en Arragon ; mais
» je devais rejoindre la famille dans son château
» moresque, au bout de quelques semaines.

» Durant le voyage, je reçus une lettre très-af-
» fectueuse de dona Josépha, qui m'instruisait de
» sa santé et de celle de mon fils. A son arrivée au
» château, elle m'en écrivit une autre encore plus
» affectueuse, où elle me pressait, en termes très-
» tendres et ridiculement exagérés, de la rejoindre
» immédiatement. Comme je me préparais à partir
» pour Séville, j'en reçus une troisième : — celle-ci
» était du père don Jose di Cardozo, qui me requé-
» rait, de la façon la plus polie, de dissoudre mon
» mariage. Je lui répondis avec une égale politesse,
» que je ne consentirais jamais à sa requête. Une
» quatrième lettre arriva ; — elle était de Doña Jo-
» sepha, qui m'informait que c'était d'après son dé-
» sir, que la lettre de son père avait été écrite. Je
» lui écrivis courrier par courrier, pour savoir quelle
» était sa raison : — elle répondit, par exprès, que,
» comme la raison n'était pour rien là-dedans ; il
» était inutile de donner une raison quelconque ; —
» mais qu'elle était une femme excellente et offensée.

» Je lui demandai alors pourquoi elle m'avait écrit
» précédemment deux lettres si affectueuses, où elle
» me priait de venir en Arragon. Elle répondit que
» c'était parce qu'elle me croyait hors de mes sens ;
» — qu'étant incapable de me soigner moi-même,
» je n'avais qu'à me mettre en route, et que, par-
» venu sans obstacle jusque chez don Jose di Car-
» dozo, j'y trouverais la plus tendre des épouses, —
» et la camisole de force.

» Je n'avais, pour réplique à ce trait d'affection,
» qu'à réitérer la demande de quelques éclaircisse-
» mens. Je fus averti qu'on ne les donnerait qu'à
» l'inquisition. En même tems, nos différends domes-
» tiques étaient devenus un objet de discussion pu-
» blique ; et le monde, qui décide toujours avec
» justice, non-seulement en Arragon, mais en Anda-
» lousie, jugea que non-seulement j'étais digne de
» blâme, mais que dans toute l'Espagne il ne pour-
» rait jamais exister personne de si blâmable. Mon
» cas fut présumé comprendre tous les crimes pos-
» sibles, et même quelques-uns impossibles, et peu
» s'en fallut qu'un auto-da-fé ne fût annoncé comme
» le résultat de l'affaire. Mais qu'on ne dise pas que
» nous sommes abandonnés par nos amis dans l'ad-
» versité ; — ce fut tout le contraire. Les miens se
» pressèrent autour de moi pour me condamner,
» m'admonester, me consoler par leur désapproba-
» tion. — Ils me dirent tout ce qui a été ou peut
» être dit sur le sujet. Ils secouèrent la tête, —

» m'exhortèrent, me plaignirent, les larmes aux yeux,
» et puis — ils allèrent dîner. »

LETTRE CCCCL.

A M. MURRAY.

Ravenne, 4 septembre 1821.

» Par le courrier de samedi, je vous ai envoyé une lettre farouche et furibonde sur les bévues commises par l'imprimeur dans *Don Juan*. Je sollicite votre attention à cet égard, quoique ma colère se soit changée en tristesse.

» Hier je reçus M. ***, — un de vos amis, et je ne l'ai reçu que parce qu'il est un de vos amis ; et c'est plus que je ne ferais pour les visiteurs anglais, excepté pour ceux que j'honore. Je fus aussi poli que j'ai pu l'être au milieu de l'emballage de toutes mes affaires, car je vais aller à Pise dans quelques semaines, et j'y ai envoyé et envoie encore mon mobilier. J'ai regretté que mes livres et mes papiers fussent déjà emballés, et que je ne pusse vous envoyer quelques écrits que je vous destinais; mais les paquets étaient scellés et ficelés, et il eût fallu un mois pour retrouver ce dont j'aurais eu besoin. J'ai remis sous enveloppe, à votre ami, la lettre italienne[1] à laquelle je fais allusion dans ma défense de Gilchrist. Hobhouse la traduira pour vous, et elle vous fera rire et lui aussi, surtout à cause de

---

[1] Une lettre anonyme qui le menaçait d'un assassinat.
(*Note de Moore.*)

l'orthographe. Les *mericani*, dont on m'appelle le *capo* ou chef, désignent les Américains, nom donné en Romagne à une partie des carbonari, c'est-à-dire, à la partie populaire, aux troupes des carbonari. C'était originairement une société de chasseurs, qui prirent le nom d'Américains; mais à présent elle comprend quelques milliers de personnes, etc. Mais je ne vous mettrai pas davantage dans le secret, parce que les directeurs de la poste pourraient en prendre connaissance. Je ne sais pourquoi l'on m'a cru le chef de ces gens-là; leurs chefs ressemblent au démon nommé Légion, ils sont plusieurs. Toutefois, c'est un poste plus honorable qu'avantageux; car, aujourd'hui que les Américains sont persécutés, il est convenable que je les aide; et ainsi ai-je fait, autant que mes moyens me l'ont permis. Il y aura quelque jour un nouveau soulèvement; car les sots qui gouvernent sont frappés d'aveuglement; ils semblent actuellement ne rien savoir, ils ont arrêté et banni plusieurs personnes de leur propre parti, et laissé échapper quelques-uns de ceux qui ne sont pas leurs amis.

» Que penses-tu de la Grèce?

» Adressez vos lettres ici comme d'ordinaire, jusqu'à ce que vous receviez de mes nouvelles.

» J'ai chargé Mawman d'un Journal pour Moore; mais ce Journal ne vaudrait rien pour le public, — ou du moins en grande partie; — des extraits en peuvent réussir.

» Je relis les chants de *Don Juan* : ils sont excellens. Votre escouade a complétement tort, et vous le verrez bientôt. Je regrette de ne pas continuer ce poème, car j'avais mon plan tout fait pour plusieurs chants, pour différentes contrées et différens climats. Vous ne dites rien de la note que je vous ai envoyée, laquelle expliquera pourquoi j'ai cessé de continuer *Don Juan* (à la prière de Mme Guiccioli).

» Faites-moi savoir que Gifford est mieux. Nous avons, vous et moi, besoin de lui. »

LETTRE CCCGLI.

A M. MURRAY.

Ravenne, 12 septembre 1821.

« Par le courrier de mardi, je vous enverrai, en trois paquets, le drame de *Caïn*, en trois actes, dont je vous prie d'accuser réception aussitôt après l'arrivée. Dans le dernier discours d'Ève, au dernier acte (quand Ève maudit Caïn), ajoutez aux derniers vers les trois suivans :

Puisse l'herbe se flétrir sous tes pas ! les bois
Te refuser un asile ! le monde une demeure ! la terre
Un tombeau ! le soleil sa lumière ! et le ciel son Dieu !

» Voilà pour vous, quand les trois vers seront réunis à ceux déjà envoyés, un aussi beau morceau d'imprécation que vous puissiez désirer en rencontrer dans le cours de vos affaires. Mais n'oubliez pas cette addition, qui est le trait du discours d'Ève.

» Faites-moi savoir ce que Gifford pense (si la pièce arrive saine et sauve); car j'ai bonne opinion de ce drame, comme poésie; c'est dans mon gai style métaphysique, et dans le genre de Manfred.

» Vous devez au moins louer ma facilité et ma variété, quand vous considérerez ce que j'ai fait depuis quinze mois, la tête pleine, d'ailleurs, d'affaires mondaines. Mais nul doute que vous n'évitiez de dire du bien de la pièce, de crainte que je n'en réclame de vous un prix plus élevé; c'est juste: songez à votre affaire.

» Pourquoi ne publiez-vous pas ma traduction de Pulci, — la meilleure chose que j'aie jamais composée, — avec l'italien en regard? Je voudrais être sur vos talons : rien ne se fait tandis qu'un homme est absent; tout le monde court sus, parce qu'on le peut. Si jamais je retourne en Angleterre (ce que je ne ferai pas, toutefois), j'écrirai un poème en comparaison duquel *les Poètes Anglais*, etc., ne seront plus que du lait : votre monde littéraire d'aujourd'hui, tout composé de charlatans, a besoin de ce coup; mais je ne suis pas encore assez bilieux : attendez encore une saison ou deux, encore une ou deux provocations, et je serai monté au ton convenable, alors j'attaquerai toute la bande.

» Je ne puis supporter cette espèce de rebut que vous m'envoyez pour mes lectures; excepté les romans de Scott, et trois ou quatre autres ouvrages, je ne vis jamais pareille besogne. Campbell professe, — Moore fainéantise, — Southey bavarde, — Wordsworth écume, — Coleridge hébête, — *** niaise, — *** chicane, querelle et criaille, — *** réussira, s'il ne donne pas trop dans le jargon du jour, et qu'il n'imite pas Southey; il y a de la poésie en lui; mais il est envieux, et malheureux comme sont tous les envieux. Il est encore un des meilleurs écrivains du siècle. B*** C*** réussira mieux bientôt, j'ose le dire, s'il n'est pas abîmé par le thé vert, et par les éloges de Pentonville et de Paradise-row. Le malheur de ces hommes-là est qu'ils n'ont jamais vécu dans le grand monde ni dans la solitude; il n'y a point de milieu pour acquérir la connaissance du monde agité ou du monde tranquille. S'ils sont admis pour quelque tems dans le grand monde, c'est seulement comme spectateurs; — ils ne forment point partie de la machine. Or, Moore et moi, lui par des circonstances particulières, et moi par ma naissance, nous sommes entrés dans toutes les agitations et passions de ce monde. Tous deux avons appris par-là beaucoup de choses qu'autrement nous n'aurions jamais sues.

» Tout à vous.

» *P. S.* J'ai vu l'autre jour un de vos confrères, un des souverains alliés de Grub-Street, Mawman-le-Grand, par l'intermède de qui j'ai envoyé mon légitime hommage à votre impériale majesté. Le courrier de demain m'apportera peut-être une lettre de vous, mais vous êtes le plus ingrat et le moins gracieux des correspondans. Pourtant vous êtes excusable, avec votre perpétuelle cour de politiques, de prêtres, d'écrivailleurs et de flâneurs. Quelque jour je vous donnerai un catalogue poétique de tous ces gens-là. »

LETTRE CCCCLIII[1].

A M. MOORE.

Ravenne, 19 septembre 1821.

« Je suis dans le fort de la sueur, de la poussière, et de la colère d'un déménagement universel de toutes mes affaires, meubles, etc., pour Pise, où je vais passer l'hiver. La cause de ce départ est l'exil de tous mes amis carbonari; et, entre autres, de toute la famille de Mme Guiccioli, qui, comme vous savez, a divorcé la semaine dernière « à cause de P. P., clerc de cette paroisse », et qui est obligée de rejoindre son père et ses parens, actuellement en exil à Pise, afin d'éviter d'être enfermée dans un monastère, parce que l'arrêt de séparation, décrété par le pape, lui a imposé l'obligation de résider dans la *casa paterna*[2], ou bien dans un couvent pour l'intérêt du décorum. Comme je ne pouvais dire avec Hamlet : « va-t-en parmi des nonnes », je me prépare à suivre la famille.

» C'est une forte puissance que ce diable d'amour,

---

[1] La lettre 452°, d'ailleurs fort courte, a été supprimée.
[2] Maison paternelle.

qui empêche un homme d'accomplir ses projets de vertu ou de gloire. Je voulais il y a quelque tems aller en Grèce (où tout semble se réveiller) avec le frère de Mme Guiccioli, bon et brave jeune homme (je l'ai vu mettre à l'épreuve), et farouche sur l'article de la liberté. Mais les larmes d'une femme qui a laissé son mari pour moi, et la faiblesse de mon cœur, sont des obstacles à ces projets, et je peux difficilement m'y abandonner...

» Nous nous divisâmes sur le choix de notre résidence entre la Suisse et la Toscane, et je donnai mon vote pour Pise, comme étant plus près de la Méditerranée, que j'aime pour les rivages qu'elle baigne, et pour mes jeunes souvenirs de 1809. La Suisse est un maudit pays de brutes égoïstes et grossières, dans la région la plus romantique du monde. Je n'ai jamais pu en supporter les habitans, et encore moins les visiteurs anglais; c'est pour cette raison qu'après avoir écrit pour prendre quelques informations sur des maisons à louer, et avoir appris qu'il y avait une colonie d'Anglais sur toute la surface des cantons de Genève, etc., j'abandonnai sur-le-champ l'idée, et persuadai aux Gamba d'en faire autant...

» Que faites-vous, et où êtes-vous? en Angleterre? Depuis la dernière lettre que je vous ai écrite, j'ai envoyé à Murray une autre tragédie, — intitulée *Caïn*, — en trois cahiers; elle est maintenant entre ses mains, ou chez l'imprimeur. C'est dans le style de *Manfred*, c'est métaphysique et plein de déclamations titaniques [1]. — Lucifer est un des personnages, et il emmène Caïn en voyage parmi les étoiles, puis dans « l'Hadès » où il lui montre les fantômes d'un monde antérieur. J'ai supposé l'idée de Cuvier, que le monde a été détruit trois ou quatre fois, et a été habité par les mammouths, les mégalosauriens, etc., mais non par l'homme avant la période mosaïque, comme on le voit, en effet, par l'étude des os fossiles ; car ces os appartiennent tous à des espèces inconnues ou même connues, mais on ne trouve point d'ossemens humains. J'ai donc supposé que Caïn voit les préadamites [2], êtres doués d'une intelligence supérieure à celle de l'homme, mais d'une forme totalement différente, et d'une plus grande force d'esprit et de corps. Vous pouvez croire que la petite conversation qui a lieu entre Caïn et Lucifer sur ce sujet, n'est pas entièrement conforme aux canons.

» Il s'ensuit que Caïn, à son retour, tue Abel dans un accès de mauvaise humeur, et parce qu'il est mécontent de la politique qui l'a chassé, lui et toute sa famille, hors du paradis, et parce que (conformément au récit de la Genèse) le sacrifice d'Abel est

---

[1] Analogues à celles des Titans qui se révoltèrent contre le souverain des dieux.
(*Note du Trad.*)

[2] Êtres qui ont existé avant Adam.
Note du Trad.)

le plus agréable à la divinité. J'espère que la rapsodie est arrivée ; — elle est en trois actes, et porte le titre de *Mystère*, suivant l'ancien usage chrétien, et en honneur de ce qu'elle sera probablement pour le lecteur.

» Tout à vous, etc. »

LETTRE CCCCLV[1].

A M. MURRAY.

Ravenne, 20 septembre 1821.

. . . .

« Les papiers dont je parle, en cas de survivance, sont des lettres, etc., que j'ai amassées depuis l'âge de seize ans, et qui sont dans les coffres de M. Hobhouse. Cette collection est au moins doublée par celles que j'ai à présent ici, — toutes reçues depuis mon dernier ostracisme. Je désirerais que l'éditeur eût accès dans cette dernière pacotille, non dans le but d'abuser des confidences, ou d'offenser les sentimens de mes correspondans vivans et la mémoire des morts ; mais il y a des faits qui n'auraient ni l'un ni l'autre de ces inconvéniens, et que cependant je n'ai ni mentionnés ni expliqués : le tems seul (comme à l'égard de toutes affaires pareilles) permettra de les mentionner et de les expliquer, quoique quelques-uns soient à ma gloire. La tâche, sans doute, exigera de la délicatesse ; mais cette exigence sera sa-

---

[1] La lettre 454e, d'une quinzaine de lignes, a été supprimée.

tisfaite, si Moore et Hobhouse me survivent, et, je puis aussi le dire, si vous-même me survivez : et je vous assure que mon sincère désir est que vous soyez tous trois dans ce cas. Je ne suis pas sûr qu'une longue vie soit souhaitable pour un homme de mon caractère, atteint d'une mélancolie constitutionnelle [1] que, sans doute, je dissimule en société, mais qui éclate dans la solitude et dans mes écrits malgré moi-même. Cette disposition a été renforcée, peut-être, par quelques événemens de ma vie passée (je ne veux pas parler de mon mariage, etc., — au contraire, alors la persécution ranima mes esprits); mais je la nomme constitutionnelle, parce que je la crois telle. Vous savez, ou ne savez pas, que mon grand-père-maternel (habile et aimable homme, m'a-t-on dit) fut vivement soupçonné de suicide (on le trouva noyé dans l'Avon à Bath), et qu'un autre de mes proches parens de la même ligne s'empoisonna, et ne fut sauvé que par les contre-poisons. Dans le premier cas, il n'y avait pas de motif apparent, vu que mon grand-père était riche, considéré, doué de grands moyens intellectuels, à peine âgé de quarante ans, et pur de tout vice ruineux. Le suicide d'ailleurs ne fut qu'un soupçon fondé sur le

---

[1] Ce mot est pris ici comme en anglais, dans son sens physiologique et médical ; il signifie ce qui est inhérent à la constitution physique, à l'organisation. Nous avons cru devoir faire cette remarque, parce que le sens politique, beaucoup plus généralement employé, aurait pu préoccuper l'esprit du lecteur.

(*Note du Trad.*)

genre de mort et sur le tempérament mélancolique de mon aïeul. Dans le second cas, il y eut un motif, mais il ne me convient pas d'en parler : cette mort arriva lorsque j'étais trop jeune pour en être instruit, et je n'en ai entendu parler que plusieurs années après. Je pense donc que je puis appeler constitutionnel cet abattement de mes esprits. On m'a toujours dit que je ressemblais plus à mon aïeul maternel qu'à personne de la famille de mon père ; — c'est-à-dire dans le plus sombre côté de son caractère ; car il était ce que vous appelez une bonne nature d'homme, ce que je ne suis pas.

» Comptez, de plus, le journal ici tenu, que j'ai envoyé à Moore l'autre jour ; mais comme c'est un vrai *memorandum* quotidien, il ne faudrait en publier que des extraits. Je pense aussi qu'Augusta vous laisserait prendre une copie du journal de mon voyage en 1816.

» Je suis très-peiné que Gifford n'approuve pas mes nouveaux drames. Certes, ils sont aussi contraires que possible au drame anglais ; mais j'ai idée que s'ils sont compris, ils trouveront à la fin faveur, je ne dis pas sur le théâtre, mais dans le cabinet du lecteur. C'est à dessein que l'intrigue est simple, l'exagération des sentimens évitée, et les discours resserrés dans les situations sévères. Ce que je cherche à montrer dans les *Foscari*, c'est la suppression des passions, plutôt que l'exagération du tems présent, car ce dernier genre ne me serait pas difficile, comme je crois l'avoir montré dans mes jeunes productions, — à la vérité, non dramatiques. Mais, je le répète, je suis peiné que Gifford n'aime pas mes drames ; mais je n'y vois pas de remède, nos idées sur ce point étant si différentes. Comment va-t-il ? — bien, j'espère ! faites-le moi savoir. Son opinion me cause d'autant plus de regret, que c'est lui qui a toujours été mon grand patron, et que je ne connais aucune louange capable de compenser pour moi sa censure. Je ne songe pas aux *Revues,* attendu que je puis les travailler avec leurs armes.

» Tout à vous, etc.

» Adressez-moi vos lettres à Pise, où je vais maintenant. La raison de mon changement de résidence est que tous mes amis italiens d'ici ont été exilés, et sont réunis à Pise pour le moment, et je vais les rejoindre, comme il en a été convenu, pour y passer l'hiver avec eux. »

LETTRE CCCCLVI.

A M. MURRAY.

Ravenne, 24 septembre 1821.

« J'ai réfléchi à notre dernière correspondance, et je vous propose les articles suivans pour règles de notre conduite à venir.

» Premièrement, vous m'écrirez pour me parler de vous, de la santé, des affaires et des succès de tous nos amis ; mais de moi, — peu ou point.

» Secondement, vous m'enverrez du *soda-powder*, de la poudre dentifrice, des brosses à dents, et tous autres articles anti-odontalgiques ou chimiques, comme auparavant, *ad libitum*, avec obligation de ma part à vous rembourser.

» Troisièmement, vous ne m'enverrez point de publications modernes, ou, comme on dit, d'ouvrages nouveaux, en anglais, excepté la prose et les vers de Walter-Scott, de Crabbe, de Moore, de Campbell, de Rogers, de Gifford, de Joanna Baillie, de l'Américain Irving, de Hogg et de Wilson (l'homme de l'île des Palmiers), ou un ouvrage d'imagination jugé d'un mérite transcendant. Les voyages, pourvu qu'ils ne soient ni en Grèce, ni en Espagne, ni en Asie-Mineure, ni en Italie, seront bien venus. Ayant voyagé dans les pays ci-dessus mentionnés, je sais que ce qu'on en dit ne peut rien ajouter à ce que je désire connaître sur eux. — Point d'autres ouvrages anglais, quels qu'ils soient.

» Quatrièmement, vous ne m'enverrez plus d'ouvrages périodiques ; — plus de *Revue d'Édimbourg*, de *Quarterly* ou *Monthly Review*, ni de journaux anglais ou étrangers, de quelque nature que ce soit.

» Cinquièmement, vous ne me communiquerez plus d'opinions d'aucune espèce, favorables, défavorables ou indifférentes, de vous ou de vos amis ou autres, concernant mes ouvrages passés, présens ou futurs.

» Sixièmement, toutes les négociations d'intérêt

entre vous et moi se traiteront par l'intermédiaire de l'honorable Douglas Kinnaird, mon ami et mon fondé de pouvoirs, ou de M. Hobhouse, comme *alter ego*, et mon représentant dans mon absence — et même moi présent.

» Quelques-unes de ces propositions peuvent au premier abord sembler étranges, mais elles sont fondées. La quantité des mauvais livres que j'ai reçus est incalculable, et je n'en ai tiré ni amusement ni instruction. Les *Revues* et les *Magazines* ne sont qu'une lecture éphémère et superficielle : — qui songe au grand article de l'année dernière dans une *Revue* quelconque? Puis, si on y parle de moi, cela ne tend qu'à accroître l'*égotisme*. Si les articles me sont favorables, je ne nie pas que l'éloge n'énorgueillisse; s'ils sont défavorables, que le blâme n'irrite. Dans ce dernier cas, je pourrais être amené à vous infliger une sorte de satire qui ne vaudrait rien pour vous ni pour vos amis : ils peuvent sourire aujourd'hui, et vous aussi ; mais si je vous prenais tous entre les mains, il ne serait pas malaisé de vous hacher comme chair à pâté. Je l'ai fait à l'égard de gens aussi puissans, à l'âge de dix-neuf ans, et je ne sais pas ce qui, à trente-trois ans, m'empêcherait de faire de vos côtes autant de grils ardens pour vos cœurs, si telle était mon envie ; mais je ne me sens pas en pareille disposition : que je n'entende donc plus vos provocations. S'il survient quelque attaque assez grossière pour mériter mon attention ; je l'apprendrai par mes amis légaux. Quant au reste, je demande qu'on me le laisse ignorer.

. . . .

» Toutes ces précautions seraient inutiles en Angleterre : le diffamateur ou le flatteur m'y atteindrait malgré moi ; mais en Italie nous savons peu de chose sur le monde littéraire anglais, et y pensons encore moins, excepté ce qui nous parvient par quelque misérable extrait inséré dans quelque misérable gazette. Depuis deux ans (hors deux ou trois articles), je n'ai lu de journal anglais qu'autant que j'y ai été forcé par quelque accident; et, au total, je n'en sais pas plus sur l'Angleterre que vous sur l'Italie, et Dieu sait que c'est fort peu de chose, malgré tous vos voyages, etc. Les voyageurs anglais connaissent l'Italie comme vous connaissez l'île de Gernesey ; et qu'est-ce que c'est que cela ?

» S'il s'élève quelque attaque assez grossière ou personnelle pour que je doive la connaître, M. Douglas Kinnaird m'en instruira. Quant aux louanges, je désire n'en rien savoir.

» Vous direz : « A quoi tend tout ceci ? » Je répondrai : « Cela tend à ne plus laisser surprendre et
» distraire mon esprit par toutes ces misérables ir-
» ritations que causent l'éloge ou la censure ; — à
» permettre à mon génie de suivre sa direction na-
» turelle, tandis que ma sensibilité ressemblera au
» mort qui ne sait ni ne sent rien de tout ce qui se
» dit ou se fait pour ou contre lui. »

» Si vous pouvez observer ces conditions, vous vous épargnerez à vous et à d'autres quelques chagrins. Ne me laissez pas pousser à bout; car si jamais ma colère s'éveille, ce ne sera pas pour un petit éclat. Si vous ne pouvez observer ces conditions, nous cesserons de correspondre, — sans cesser d'être amis, car je serai toujours le vôtre à jamais et de cœur,

BYRON.

» *P. S.* J'ai pris ces résolutions non par colère contre vous ou *vos gens,* mais simplement pour avoir réfléchi que toute lecture sur mon propre compte, soit éloge, soit critique, m'a fait du mal. Quand j'étais en Suisse et en Grèce, j'étais hors de la portée de ces discours, et vous savez comme j'écrivais alors! — En Italie, je suis aussi hors de la portée de vos articles de journaux; mais dernièrement, moitié par ma faute, moitié par votre complaisance à m'envoyer les ouvrages les plus nouveaux et les publications périodiques, j'ai été écrasé d'une foule de *Revues,* qui m'ont déchiré de leur jargon, dans l'un et l'autre sens, et ont détourné mon attention de sujets plus grands. Vous m'avez aussi envoyé une pacotille de poésie de rebut, sans que je puisse savoir pourquoi, à moins que ce ne soit pour me provoquer à écrire le pendant des *Poètes Anglais,* etc. Or c'est ce que je veux éviter; car si jamais je le fais, ce sera une terrible production, et je désire être en paix aussi long-tems que les sots n'embarrasseront pas mon chemin de leurs absurdités. »

LETTRE CCCCLVIII[1].
A M. MURRAY.

28 septembre 1821.

« J'ajoute une autre enveloppe pour vous prier de demander à Moore qu'il retire, si c'est possible, d'entre les mains de lady Cowper mes lettres à feue lady Melbourne. Elles sont très-nombreuses, et m'auraient dû être rendues depuis long-tems, vu que je suis prêt à donner celles de lady Melbourne en échange. Celles-ci sont confiées à la garde de M. Hobhouse avec mes autres papiers, et elles seront fidèlement rendues en cas de besoin. Je n'ai pas voulu m'adresser auparavant à lady Cowper, parce que je m'abstins de l'importuner à l'instant même de la mort de sa mère. Quelques années se sont écoulées, et il est nécessaire que j'aie mes épîtres. Elle sont essentielles comme confirmant cette partie des *Mémoires* qui a trait aux deux époques (1812 et 1814) où mon mariage avec la nièce de lady Melbourne fut projeté, et elles montreront quelles furent mes idées, quels furent mes sentimens réels sur ce point.

» Vous n'avez pas besoin de vous alarmer; les quatorze ans[2] ne peuvent guère s'écouler sans que

---

[1] La lettre 457e a été supprimée.
[2] Allusion à un passage d'une lettre de Murray, qui remarquait que si les *Mémoires* n'étaient pas publiés du vivant de sa seigneurie, la

la mortalité frappe sur l'un de nous : c'est une longue portion de vie comme objet de spéculation.....

» Je veux aussi vous donner une ou deux idées à votre avantage, vu que vous avez eu réellement une très-belle conduite envers Moore dans cette affaire, et que vous êtes un brave homme dans votre genre. Si par vos manœuvres vous pouvez reprendre quelques-unes de mes lettres à lady ***, vous pourrez en faire usage dans votre recueil (en supprimant, bien entendu, les noms et tous les détails qui pourraient blesser des personnes encore vivantes, ou celles qui survivent aux personnes compromises). J'y ai traité parfois des sujets autres que l'amour.....

. . . .

» Je vous dirai encore quelles personnes peuvent avoir de mes lettres en leurs mains : lord Powerscourt, quelques-unes à feu son frère; M. Long de — (j'ai oublié le nom du pays), mais père d'Édouard Long, qui se noya en allant à Lisbonne en 1809; miss Élisabeth Pigot de Southwell (elle est peut-être devenue *mistress*[1] par le tems qui court, car elle n'avait qu'un an ou deux de plus que moi) : ce ne sont pas des lettres d'amour, ainsi vous pouvez les

somme actuellement payée (2,100 liv.) pour prix d'achat, monterait, d'après un calcul très-probable des chances de vie, à près de 8,000 livres sterling.

(*Note de Moore.*)

[1] Madame.

obtenir sans difficulté. Il y en a peut-être quelques-unes à feu révérend J. C. Tattersall, dans les mains de son frère (à moitié frère) M. Wheatley, qui demeure, je crois, près de Cantorbéry. Il y en a aussi à Charles Gordon, aujourd'hui de Dulwich, et quelques-unes, en très-petit nombre, à Mrs. Chaworth; mais ces dernières sont probablement détruites ou imprenables.

. . . .

» Je mentionne ces personnes et ces détails comme de simples possibilités. La plupart des lettres ont été probablement détruites ; et, dans le fait, elles sont de peu d'importance, ayant été pour la plupart écrites dans ma première jeunesse, à l'école et au collége.

» Peel (le frère cadet du secrétaire-d'état) entretint avec moi une correspondance, ainsi que Porter, fils de l'évêque de Clogher ; lord Clare en eut une très-volumineuse ; William Harness, ami de Milman; Charles Drummond, fils du banquier ; William Bankes, le voyageur, votre ami ; R. G. Dallas, Esq.; Hodgson, Henri Drury en eurent aussi, et Hobhouse, comme vous en êtes déjà instruit.

» J'ai mis dans cette longue liste :

Les amis froids, infidèles et morts.

»

parce que je sais que, comme les curieux gourmets, vous êtes amateur des choses de ce genre.

» En outre, il y a par-ci par-là des lettres à des

littérateurs et autres, lettres de compliment, etc., qui ne valent pas mieux que le reste. Il y a aussi une centaine de notes italiennes, griffonnées avec un noble mépris de la grammaire et du dictionnaire, en étrusque anglicanisé; car je parle l'italien couramment, mais je l'écris avec une négligence et une incorrection extrêmes. »

LETTRE CCCCLIX.

A.M. MOORE.

29 septembre 1821.

« Je vous envoie deux pièces un peu dures, l'une en prose, l'autre en vers; elles vous montreront, l'une, l'état du pays, l'autre, celui de mon esprit, à l'époque où elles ont été écrites. Elles n'ont pas été envoyées à leur adresse, mais vous verrez par le style, qu'elles étaient sincères comme je le suis en me signant

» Tout à vous pour toujours et de cœur. »

B.

De ces deux pièces, incluses dans la lettre précédente, l'une était une lettre destinée à lady Byron, relativement à l'argent que Byron avait dans les fonds publics : j'en donnerai les extraits suivans.

Ravenne, 1er mars 1821.

« J'ai reçu, par la lettre de ma sœur, votre com-
» munication sur la sécurité de l'Angleterre, etc.
» Il est vrai que telle est l'opinion sur ce point,
» mais telle n'est pas la mienne. M.*** mettra des

» obstacles à toutes les tentatives de ce genre, jus-
» qu'à ce qu'il ait accompli ses propres desseins,
» c'est-à-dire, qu'il m'ait fait prêter ma fortune à
» quelque client de son choix.

» A cette distance,—après une si longue absence,
» et avec mon ignorance extrême dans les affaires
» d'intérêt, — avec mon caractère et mon indo-
» lence, je n'ai ni les moyens ni l'intention de ré-
» sister. . . . .

» Avec l'opinion que j'ai sur les fonds publics,
» et le désir d'assurer après moi une fortune hono-
» rable à ma sœur et à ses enfans, je dois me jeter
» sur les expédiens.

» Ce que je vous ai dit s'accomplit : — la guerre
» napolitaine est déclarée. Vos fonds tomberont, et
» je serai par conséquent ruiné, ce qui n'est rien,—
» mais mes parens le seront aussi. Vous et votre en-
» fant vous êtes pourvus. Vivez et prospérez, —
» c'est ce que je vous souhaite à toutes deux. Vivez
» et prospérez, — vous en avez le moyen. Je ne
» songe qu'à mes vrais parens, à ceux dont le sang
» est le mien, — et qui seront peut-être victimes de
» cette maudite filouterie.

» Vous ne songez pas aux conséquences de cette
» guerre ; c'est une guerre de l'humanité contre les
» monarques ; elle se répandra comme une étincelle
» sur l'herbe sèche des prairies désertes. Ce que
» c'est pour vous et vos Anglais, vous n'en savez
» rien, car vous dormez. Ce que c'est pour nous

» ici, je le sais ; car nous avons l'incendie par-de-
» vant, par-derrière, et jusqu'au milieu de nous.

» Jugez combien je déteste l'Angleterre et tout ce
» qu'elle renferme, puisque je ne retourne pas dans
» votre pays à une époque où non-seulement mes
» intérêts pécuniaires, mais peut-être ma sécurité
» personnelle, exigeraient mon retour. Je ne puis
» en dire davantage, car on ouvre toutes les let-
» tres. En peu de tems se décidera ce qui doit s'ac-
» complir ici, et alors vous en serez instruite sans
» être troublée par moi ou ma correspondance.
» Quoi qu'il arrive, un individu est peu de chose,
» pourvu que le succès de la grande cause soit
» avancé.

» Je n'ai rien de plus à vous dire sur les affaires,
» ou sur tout autre sujet. »

La seconde pièce ci-dessus mentionnée consistait en quelques vers, que Byron composa en décembre 1820, en lisant l'article suivant dans un journal. « Lady Byron est cette année dame patronesse du
» bal de charité que l'on donne annuellement à l'Hô-
» tel-de-Ville, à Hinckly, dans le Leicester-Shire ;
» et sir G. Crewe, baronnet, est le principal com-
» missaire. » Ces vers respirent une vive indignation,—chaque stance finit par ces mots : *bal de charité*, et la pensée qui domine percera dans les huit premiers vers.

Qu'importent les angoisses d'un époux ou d'un père,
Que pour lui les ennuis de l'exil soient pesans ou légers;

Cependant, la sainte s'entoure de gloires pharisiennes,
Et se fait la patronne d'un bal de charité.

Qu'importe — qu'un cœur, fautif, il est vrai, mais sensible,
Soit poussé à des excès qui font trembler; —
La souffrance du pêcheur est chose juste et belle ;
La sainte réserve sa charité pour le bal.

LETTRE CCCCLX.

A M. MOORE.

1er octobre 1821.

« Je vous ai envoyé dernièrement de la prose et des vers, en grande quantité, à Paris et à Londres. Je présume que Mrs. Moore, ou la personne quelconque qui vous représente à Paris, vous fera passer mes paquets à Londres. »

» Je vais me mettre en route pour Pise, si une légère fièvre intermittente commençante ne m'en empêche pas. Je crains qu'elle ne soit pas assez forte pour donner beaucoup de chances à Murray.

» J'ai un grand pressentiment que (sauf le chapitre des accidens) vous devez me survivre. La différence de huit ans, ou à-peu-près, entre nos âges, n'est rien. Je ne sens pas (ni, en vérité, je ne me soucie de le sentir) — que le principe de vie tende chez moi à la longévité. Mon père et ma mère moururent jeunes, l'un à trente-cinq ou trente-six ans, l'autre à quarante-cinq ; et le docteur Rush, ou quelque autre, dit que personne ne vit long-tems, si au moins un de ses parens n'est parvenu à une grande vieillesse.

» Certes, j'aimerais à voir partir mon éternelle belle-mère, non pas tant pour son héritage, qu'à cause de mon antipathie naturelle. Mais la satisfaction de ce désir naturel est au-dessus de ce qu'on doit attendre de la Providence, qui veille sur les vieilles femmes. Je vous fatigue de toutes ces phrases sur les chances de vie, parce que j'ai été mis sur la voie par un calcul d'assurances que Murray m'a envoyé. Je pense réellement que vous devez avoir davantage si je disparais au bout d'un tems raisonnable.

Je m'étonne que mon *Caïn* soit parvenu sans malencontre en Angleterre. J'ai écrit depuis environ soixante stances d'un poème, en octaves (dans le genre de Pulci, dont les sots en Angleterre attribuèrent l'invention à Whistlecraft, — et qui est aussi vieux que les montagnes en Italie), intitulé : *La Vision du Jugement, par Quevedo-Redivivus*, avec cette épigraphe :

Un Daniel ici pour le jugement, — oui — un Daniel ;
Je te rends grâce, Juif, de m'avoir rappelé ce mot.

J'ai intention d'y placer l'apothéose de Georges sous un point de vue whig, sans oublier le poète lauréat pour sa préface et ses autres démérites.

» Je viens d'arriver au passage où saint Pierre, apprenant que le royal défunt s'est opposé à l'éman cipation catholique, se lève, et interrompt la harangue de Satan pour déclarer qu'il changera de place avec Cerbère plutôt que de laisser entrer Georges dans le ciel, tant qu'il en aura les clefs.

» Il faut que je monte à cheval, quoique avec un peu de fièvre et de frisson. C'est la saison fiévreuse; mais les fièvres me font plutôt du bien que du mal. On se sent bien après l'accès.

» Les dieux soient avec vous! — Adressez vos lettres à Pise.

» Toujours tout à vous. »

» *P. S.* Depuis mon retour de la promenade, je me sens mieux, quoique je sois demeuré trop tard pour cette saison de *malaria* [1], sous le maigre croissant d'une jeune lune, et que je sois descendu de cheval pour me promener dans une avenue avec une signora pendant une heure. Je pensais à vous et à ces vers :

> Quand sur le soir tu rôdes
> A la lueur des étoiles, tu aimes [2].

Mais je ne fus point du tout romantique, comme j'eusse été autrefois; et pourtant c'était une femme nouvelle (c'est-à-dire, nouvelle pour moi), et à qui j'aurais du faire l'amour. Mais je ne lui dis que des lieux communs. Je sens, comme votre pauvre

---

[1] Mauvais air.
[2]   When at eve thou rovest
   By the star, thou lovest.

ami Curran le disait avant sa mort, « une montagne de plomb sur mon cœur »; c'est un mal que je crois constitutionnel, et qui ne se guérira que par le même remède. »

LETTRE CCCCLXI.

A M. MOORE.

6 octobre 1821.

« Je vous ai envoyé par le courrier de ce jour mon cauchemar, destiné à contrebalancer le rêve où Southey célèbre par une impudente anticipation l'apothéose de Georges III. J'aimerais que vous jetassiez un regard sur la pièce, parce que je pense qu'il y a deux ou trois passages qui pourront plaire à « nos pauvres montagnards. »

» Ma fièvre ne me rend visite que tous les deux ou trois jours, mais nous ne sommes pas encore sur le pied de l'intimité. J'ai, en général, une fièvre intermittente tous les deux ans, quand le climat y est favorable, comme ici; mais je n'en éprouve aucun mal. Ce que je trouve pire, et dont je ne puis me délivrer, est l'affaissement progressif de mes esprits sans cause suffisante. Je vais à cheval;—je ne commets point d'excès dans le boire ou le manger, — et ma santé générale va comme à l'ordinaire, sauf ces légers accès fébriles, qui me font plutôt du bien que du mal. Cet abattement doit tenir à ma constitution; car je ne sache rien qui puisse m'abattre plus que de coutume.

» Comment vous arrangez-vous ? Je crois que vous m'avez dit à Venise que vos esprits ne se soutenaient pas sans un peu de vin. Je peux boire, et supporter une bonne quantité de vin (comme vous l'avez vu en Angleterre); mais par-là je ne m'égaie pas, — mais je deviens farouche, soupçonneux, et même querelleur. Le laudanum a un effet semblable; mais je puis même en prendre beaucoup sans en éprouver le moindre effet. Ce qui relève le plus mes esprits (cela semble absurde, mais cela est vrai), c'est une dose de sels, — je veux dire dans l'après-midi, après leur effet. Mais on ne peut en prendre comme du champagne.

» Excusez cette lettre de vieille femme; mais ma mélancolie ne dépend pas de ma santé; car elle subsiste au même degré, que je sois bien ou mal, ici ou là. »

LETTRE CCCCLXII.

A M. MURRAY.

Ravenne, 9 octobre 1821.

» Vous aurez la bonté de donner ou d'envoyer à M. Moore le poème ci-inclus. Je lui en ai envoyé un double à Paris; mais il a probablement quitté cette ville.

» N'oubliez pas de m'envoyer mon premier acte de *Werner*, si Hobhouse peut le trouver parmi mes papiers; — envoyez-le par la poste à Pise.......

» Une autre question ! — L'*Épître de saint Paul*, que j'ai traduite de l'arménien, pour quelle raison l'avez-vous retenue en portefeuille, quoique vous ayez publié le morceau qui a donné naissance au *Vampire?* Est-ce que vous craignez d'imprimer quelque chose en opposition avec le jargon de la *Quarterly* sur le manichéisme ? Envoyez-moi une épreuve de cette épître. Je suis meilleur chrétien que tous les prêtres de votre bande, sans être payé pour cela.

» Envoyez-moi les *Mystères du Paganisme*, de Sainte-Croix (le livre est peut-être rare, mais il faut le trouver, parce que Mitford y renvoie fréquemment).

» Plus, une Bible ordinaire, d'une bonne et lisible impression (reliée en cuir de Russie). J'en ai une ; mais comme c'est le dernier présent de ma sœur (que probablement je ne reverrai jamais), je ne puis m'en servir qu'avec grand soin, et rarement, parce que je veux la conserver en bon état. N'oubliez pas cela, car je suis un grand liseur et admirateur des livres saints, et je les avais lus et relus avant l'âge de huit ans, — je ne parle que de l'Ancien-Testament, car le Nouveau me fit l'impression d'une tâche, et l'Ancien d'un plaisir. Je parle comme un enfant, d'après mes souvenirs d'Aberdeen, en 1796.

» Tous les romans de Scott, ou les vers du même. *Item,* de Crabbe, Moore, et des élus ; mais plus de votre maudit rebut, — à moins qu'il ne s'élève quelque auteur d'un mérite réel, ce qui pourrait bien être, car il en est tems. »

LETTRE CCCCLXIII.

A M. MURRAY.

20 octobre 1821.

« Si les fautes sont dans le manuscrit, tenez-moi pour un âne; elles n'y sont pas, et je me soumets de grand cœur à telle pénalité qu'il vous plaira si elles y sont. D'ailleurs l'omission de la stance (oui, d'une des dernières stances) était-elle aussi dans le manuscrit?

» Quant « à l'honneur », je ne crois à l'honneur de personne en matière de commerce. Je vais vous dire pourquoi : l'état de commerce est « l'état de nature » de Hobbes, — « un état de guerre. » Tous les hommes sont de même. Si je vais trouver un ami, et que je lui dise : « mon ami, prêtez-moi cinq cents livres », il me les prête, ou dit qu'il ne le peut ou ne le veut. Mais si je vais trouver le susdit, et que je lui dise : « un tel, j'ai une maison, ou un che-
» val, ou un carrosse, ou des manuscrits, ou des
» livres, ou des tableaux, etc., etc., etc., dont la
» valeur est de mille livres, — vous les aurez pour
» cinq cents. » Que dit l'homme? Hé bien! il examine les objets, et avec des *hum*! des *ah*! des *humph*! il fait ce qu'il peut pour obtenir le meilleur marché possible, parce que c'est un marché. — C'est dans

le sang et dans les os de l'espèce humaine ; et le même homme qui prêterait à un ami mille livres sans intérêt, ne lui achètera un cheval à moitié prix, qu'autant qu'il n'aura pas pu le payer moins cher. C'est ainsi que va le monde; on ne peut le nier ; par conséquent je veux avoir autant que je puis, et vous, donner aussi peu que possible ; et finissons-en. Tous les hommes sont essentiellement coquins, et je ne suis fâché que d'une chose, c'est que, n'étant pas chien, je ne puisse les mordre.

» Je suis en train de remplir pour vous un autre livre de petites anecdotes, à moi connues, ou bien authentiques, sur Shéridan, Curran, etc., et tous les autres hommes célèbres avec qui je me souviens d'avoir été en relation, car j'en ai connu la plupart plus ou moins. Je ferai tout mon possible pour que mes précoces obsèques préviennent vos pertes.

» Tout à vous, etc. »

LETTRE CCCCLXIV.

A M. ROGERS.

Ravenne, 21 octobre 1821.

« Je serai (avec la volonté des dieux) à Bologne samedi prochain. C'est une réponse curieuse à votre lettre : mais j'ai pris une maison à Pise pour tout l'hiver ; toutes mes affaires, meubles, chevaux, carrosses, etc., y sont déjà transportés, et je me prépare à les suivre.

» La cause de ce déménagement est, pour le

dire en une phrase, l'exil ou la proscription des personnes avec qui j'avais contracté ici des amitiés et des liaisons, et qui sont aujourd'hui toutes retirées en Toscane à cause de nos dernières affaires politiques; partout où elles iront, je les accompagnerai. Si je suis resté ici jusqu'à présent, c'était seulement pour terminer quelques arrangemens concernant ma fille, et pour donner le tems à mon bagage de me précéder. Il ne me reste ici que quelques mauvaises chaises, des tables, et un matelas pour la semaine prochaine.

» Si vous voulez pousser avec moi jusqu'à Pise, je pourrai vous loger aussi long-tems qu'il vous plaira. On m'écrit que la maison, le *Palazzo Lanfranchi*, est spacieuse; elle est sur l'Arno, et j'ai quatre voitures et autant de chevaux de selle (aussi bons qu'ils peuvent l'être dans ces contrées), avec toutes autres commodités, à votre disposition, ainsi que le maître même de la maison. Si vous faites cela, nous pourrons au moins traverser les Apennins ensemble, ou, si vous venez par une autre route, nous nous rencontrerons, j'espère, à Bologne. J'adresse cette lettre poste restante (suivant votre désir). Vous me trouverez probablement à *l'albergo di San-Marco*[1]. Si vous arrivez le premier, attendez que je vienne, ce qui sera (sauf accident) samedi ou dimanche au plus tard.

» Je présume que vous voyagez seul. Moore est

---

[1] Auberge, hôtel de Saint-Marc.

à Londres *incognito*, suivant les derniers avis que j'ai reçus de ces lointains climats.

. . . .

» Laissez-moi deux lignes de vous à l'hôtel ou auberge.

» Tout à vous pour la vie, etc. »

B.

[1] Au mois d'août, Mme Guiccioli avait rejoint son père à Pise, et elle présidait alors aux préparatifs que l'on faisait dans la *casa Lanfranchi*, — un des plus anciens et des plus spacieux palais de cette ville, — pour la réception de son noble amant. « Il » était parti de Ravenne, dit-elle, avec un grand » regret, et avec le pressentiment que son départ » serait pour nous la cause de mille maux. Dans » toutes les lettres qu'il m'écrivait alors, il m'expri- » mait le déplaisir qu'il éprouvait à quitter Ravenne. « — Si votre père est rappelé d'exil (m'écrivait-il), » je retourne à l'instant même à Ravenne; et s'il » est rappelé avant mon départ, je ne pars pas. » » Dans cette espérance, il différa de plusieurs mois » de partir; mais enfin, ne pouvant plus espérer » que nous revinssions prochainement, il m'écri- » vait : — « Je pars fort à contre-cœur, prévoyant » des malheurs très-grands pour vous tous, et sur- » tout pour vous : je n'en dis pas davantage; mais » vous verrez. » — Et dans une autre lettre : — Je

---

[1] La lettre 465 a été supprimée.

» laisse Ravenne de si mauvais gré, et dans une
» telle persuasion que mon départ ne peut que nous
» conduire de malheurs en malheurs de plus en plus
» grands, que je n'ai pas le courage d'écrire un mot
» de plus sur ce sujet. » — Il m'écrivait alors en
» italien, et je transcris ses propres paroles ; —
» mais comme ses pressentimens se sont depuis vé-
» rifiés [1] !!!

Après avoir décrit le genre de vie de Byron durant son séjour à Ravenne, la noble dame procède
ainsi :

« Telle fut la vie simple qu'il mena jusqu'au jour
» fatal de son départ pour la Grèce ; et les dévia-
» tions peu nombreuses qu'il se permit peuvent être
» uniquement attribuées au plus ou moins grand
» nombre d'occasions qu'il eut de faire le bien, et
» aux actions généreuses qu'il faisait continuelle-

---

[1] Egli era partito con molto riverescimento da Ravenna, e col pres-
sentimento che la sua partenza da Ravenna ci sarebbe cagione di molti
mali. In ogni lettera che egli mi scriveva allora, egli mi esprimeva il suo
dispiacere di lasciare Ravenna. — « Se papà è richiamato (mi scriveva
egli), io torno in quel istante a Ravenna, e se è richiamato prima della
mia partenza, io non parto. — » In questa speranza egli differì varii
mesi a partire. Ma, finalmente, non potendo più sperare il nostro ritorno
prossimo, egli mi scriveva : — Io parto molto mal volentieri preve-
dendo dei mali assai grandi per voi altri e massime per voi ; altro non
dico — lo vedrete. » — E in un altra lettera : « Io lascio Ravenna così
mal volentieri, e così persuaso che la mia partenza non può che con-
durre da un male ad un altro più grande, che non ho cuore di scrivere
altro in questo punto. » Egli mi scriveva allora sempre in italiano e tras-
crivo le sue precise parole, — ma come quei suoi pressentimenti si veri-
ficarono poi in appresso ! »

» ment. Plusieurs familles, surtout à Ravenne, lui
» durent le peu de jours prospères dont elles aient
» jamais joui. Son arrivée dans cette ville fut regar-
» dée comme un bienfait public de la fortune, et
» son départ comme une calamité publique ; et c'est
» là cette vie qu'on a essayé de diffamer comme celle
» d'un libertin. Mais le monde doit enfin apprendre
» comment, avec un cœur si bon et si généreux,
» Lord Byron, capable, à la vérité, des passions les
» plus fortes, mais en même tems des plus sublimes
» et des plus pures, comment, dis-je, payant tribut
» dans ses actes à toutes les vertus, il a pu fournir
» matière d'accusation à la malice et à la calomnie.
» Les circonstances, et probablement aussi des in-
» clinations excentriques (qui néanmoins avaient
» leur origine dans un sentiment vertueux, dans
» une horreur excessive pour l'hypocrisie et l'affec-
» tation) contribuèrent peut-être à obscurcir l'éclat
» du caractère exalté de Byron dans l'opinion du
» grand nombre. Mais, vous saurez bien analyser
» ces contradictions d'une manière digne de votre
» noble ami et de vous-même, et vous montrerez
» que la bonté de son cœur n'était pas inférieure à
» la grandeur de son génie[1]. »

A Bologne, suivant le rendez-vous convenu entre
eux, Lord Byron et M. Rogers se rencontrèrent,

---

[1] Moore regrette beaucoup d'avoir égaré le texte original de cet extrait.

(*Note du Trad.*)

et celui-ci a même consigné cette entrevue dans son poème sur l'Italie [1].

Sur la route de Bologne, Byron avait rencontré son ancien et tendre ami lord Clare; et dans ses *Pensées détachées*, il décrit ainsi cette courte entrevue:

Pise, 5 novembre 1821.

« Il y a d'étranges coïncidences quelquefois dans
» les petits événemens de ce monde, Sancho, » dit
» Sterne dans une lettre (si je ne me trompe), et
» j'ai souvent vérifié cette remarque.

» Page 128, article 91 de ce recueil, j'ai parlé
» de mon ami lord Clare dans les termes que mes
» sentimens m'inspiraient. Une semaine ou deux
» après, je le rencontrai sur la route entre Imola et
» Bologne, pour la première fois depuis sept ou huit
» ans. Il était hors d'Angleterre en 1814, et revint
» à l'époque même de mon départ en 1816.

» Cette rencontre anéantit pour un instant toutes
» les années d'intervalle entre le moment actuel et
» les jours de Harrow-on-the-hill. Ce fut pour moi
» un sentiment nouveau et inexplicable, comme sorti
» de la tombe. Clare aussi fut très-ému, — beau-
» coup plus en apparence que je ne fus moi-même;
» car je sentis son cœur battre jusque dans le bout
» de ses doigts, à moins cependant que ce ne fût
» mon propre pouls qui me causât cette impression.

---

[1] Moore donne les vers de Rogers relatifs à cette entrevue; la traduction en eût été peu intéressante pour nos lecteurs. (*Note du Trad.*)

» Il me dit que je trouverais un mot de lui à Bolo-
» gne, ce que je trouvai en effet. Nous fûmes obli-
» gés de nous séparer pour gagner chacun le but
» de notre voyage, lui Rome, et moi Pise, mais
» avec la promesse de nous revoir au printems. Nous
» ne fûmes ensemble que cinq minutes, et sur la
» grand' route ; mais je me rappelle à peine, dans
» toute mon existence, une heure équivalente à ces
» minutes. Il avait appris que je venais à Bologne,
» et y avait laissé une lettre pour moi, parce que les
» personnes avec qui il voyageait ne pouvaient at-
» tendre plus long-tems.

» De tous ceux que j'ai jamais connus, il a sous
» tous les rapports le moins dévié des excellentes
» qualités et des tendres affections qui m'attachèrent
» si fortement à lui à l'école. J'aurais à peine cru
» possible que la société (ou le monde, comme on
» dit) pût laisser un être si peu souillé du levain
» des mauvaises passions.

» Je ne parle pas que d'après mon expérience
» personnelle, mais d'après tout ce que j'ai entendu
» dire de lui par les autres, en son absence et loin
» de lui. »

Après être resté un jour à Bologne, Lord Byron
traversa les Apennins avec M. Rogers, et je trouve
la note suivante concernant la visite que les deux
poètes firent ensemble à la galerie de Florence.

« J'ai de nouveau visité la galerie de Florence, etc.
» Mes premières impressions se sont confirmées ;

» mais il y avait là trop de visiteurs pour permettre
» à personne de rien sentir réellement. Comme nous
» étions (environ trente ou quarante) tous entassés
» dans le cabinet des pierres précieuses et des coli-
» fichets, dans un coin d'une des galeries, je dis à
» Rogers que « nous étions comme dans un corps-
» de-garde. » Je le laissai rendre ses devoirs à quel-
» ques-unes de ses connaissances, et me mis à rôder
» tout seul — les quatre minutes que je pus saisir
» pour mieux sentir les ouvrages qui m'entouraient.
» Je ne prétends pas appliquer ceci à un examen
» fait en tête-à-tête avec Rogers, qui a un goût ex-
» cellent et un profond sentiment des arts (deux
» qualités qu'il possède à un plus haut degré que
» moi ; car, pour le goût surtout, j'en ai peu) ; mais
» à la foule des admirateurs ébaubis qui nous cou-
» doyaient et des bavards qui circulaient autour de
» nous.

» J'entendis un hardi Breton dire à une femme à
» qui il donnait le bras, en regardant la Vénus du
» Titien : « Bien ; c'est réellement très-beau, » —
» observation qui, comme celle de l'hôte « sur la
» certitude de la mort, » était (comme l'observa la
» femme de l'hôte) « extrêmement vraie. »

» Dans le palais Pitti, je n'ai pas omis la prescrip-
» tion de Goldsmith pour un connaisseur, c'est à
» savoir « que les peintures auraient été meilleures
» si le peintre avait pris plus de peine, et qu'il faut
» louer les œuvres de Pietro Perugino. »

LETTRE CCCCLXVI.

A M. MURRAY.

Pise, 3 novembre 1821.

« Les deux passages ne peuvent être changés sans faire parler Lucifer comme l'évêque de Lincoln, ce qui ne serait pas dans le caractère du susdit Lucifer. L'idée des anciens mondes est de Cuvier; comme je l'ai expliqué dans une note additionnelle jointe à la préface. L'autre passage est aussi dans l'esprit du personnage; si c'est une absurdité, tant mieux, puisque alors cela ne peut faire du mal, et plus on rend Satan imbécile, moins on le rend dangereux. Quant au chapitre « des alarmes, » croyez-vous réellement que de telles paroles aient jamais égaré personne? Ces personnages sont-ils plus impies que le Satan de Milton ou le Prométhée d'Eschyle? Adam, Ève, Ada et Abel ne sont-ils pas aussi pieux que le Catéchisme?

» Gifford est un homme trop sage pour penser que de telles choses puissent jamais avoir quelque effet sérieux. Qui fut jamais changé par un poème? Je prie de remarquer qu'il n'y a dans tout cela aucune profession de foi ou hypothèse de mon propre crû; mais j'ai été obligé de faire parler Caïn et Lucifer conformément à leurs caractères; et certes cela a toujours été permis en poésie. Caïn est un homme orgueilleux : si Lucifer lui promettait un royaume, il l'élèverait; le démon a pour but de le rabaisser encore plus dans sa propre estime, qu'il ne se rabaissait lui-même auparavant, et cela en lui montrant son néant, jusqu'à ce qu'il ait créé en lui cette disposition d'esprit qui le pousse à la catastrophe, par une pure irritation intérieure, non par préméditation, ni par envie contre Abel (ce qui aurait rendu Caïn méprisable), mais par colère, par fureur contre la disproportion de son état et de ses conceptions, fureur qui se décharge plutôt sur la vie et l'auteur de la vie, que contre la créature vivante.

» Son remords immédiat est l'effet naturel de sa réflexion sur cette action soudaine. Si l'action avait été préméditée, le repentir aurait été plus tardif.

» Dédiez le poème à Walter Scott, ou, si vous pensez qu'il préfère que les *Foscari* lui soient dédiés, mettez la dédicace aux *Foscari*. Consultez-le sur ce point.

» Votre première note était assez bizarre; mais vos deux autres lettres, avec les opinions de Moore et de Gifford, arrangent la chose. Je vous ai déjà dit que je ne puis rien retoucher. Je suis comme le tigre : si je manque au premier bond, je retourne en grognant dans mon antre; mais si je frappe au but, c'est terrible......

» Vous m'avez déprécié les trois derniers chants de *Don Juan*, et vous les avez gardés plus d'un an; mais j'ai appris que, malgré les fautes d'impression, ils sont estimés,—par exemple, par l'Américain Irving

» Vous avez reçu ma lettre (ouverte) par l'entremise de M. Kinnaird; ainsi, je vous prie, ne m'envoyez plus de *Revues*. Je ne veux plus rien lire de bien ni de mal en ce genre. Walter-Scott n'a pas lu un article sur lui pendant treize ans.

» Le buste n'est pas ma propriété, mais celle d'Hobhouse. Je vous l'ai adressé comme à un homme de l'amirauté, puissant à la douane. Déduisez, je vous prie, les frais du buste ainsi que tous autres. »

LETRE CCCCLXVII.

A M. MURRAY.

Pise, 9 novembre 1821.

« Je n'ai point lu du tout les *Mémoires*, depuis que je les ai écrits, et je ne les lirai jamais : c'est assez d'avoir eu la peine de les écrire; vous pouvez m'en épargner la lecture. M. Moore est investi (ou peut s'investir) d'un pouvoir discrétionnaire pour omettre toutes les répétitions ou les expressions qui ne lui semblent pas bonnes, vu qu'il est un meilleur juge que vous ou moi.

» Je vous envoie ci-joint un drame lyrique (intitulé *Mystère*, d'après son sujet) qui pourra peut-être arriver à tems pour le volume. Vous le trouverez assez pieux, j'espère; — du moins quelques-uns des chœurs auraient pu être écrits par Sternhold et Hopkins eux-mêmes. Comme il est plus long, plus lyrique et plus grec que je n'avais d'abord l'intention de le faire, je ne l'ai pas divisé en actes, mais j'ai appelé ce que je vous envoie *première partie*, vu qu'il y a une suspension de l'action, qui peut, ou se terminer là sans inconvénient, ou se continuer d'une manière que j'ai en vue. Je désire que la première partie soit publiée avant la seconde, parce qu'en cas d'insuccès, il vaut mieux s'arrêter que de continuer un essai inutile.

» Je désire que vous m'accusiez l'arrivée de ce paquet par le retour du courrier, si vous le pouvez sans inconvénient, en m'envoyant une épreuve.

» Votre très-obéissant, etc.

» *P. S.* Mon désir est que ce poème soit publié en même tems et, s'il est possible, dans le même volume que les autres, parce qu'au moins, quels que soient les mérites ou démérites de ces pièces, on avouera peut-être que chacune est d'un genre différent et dans un différent style. »

LETTRE CCCCLXVIII.

A M. MOORE.

Pise, 16 novembre 1821.

« Il y a ici M. ***, génie irlandais, avec qui nous sommes liés. Il a composé un excellent commentaire de Dante, plein de renseignemens nouveaux et vrais, et d'observations habiles; mais sa versification est telle qu'il a plu à Dieu de la lui donner. Néanmoins, il est si fermement persuadé de l'égale excellence de ses vers, qu'il ne consentira jamais à séparer le commentaire de la traduction, comme je me hasardai à lui en insinuer délicatement l'idée, — sans la peur de l'Irlande devant les yeux, et avec l'assurance d'avoir assez bien tiré en sa présence (avec des pistolets ordinaires) le jour précédent.

» Mais il est empressé de publier le tout, et doit en avoir la satisfaction, quoique les réviseurs doivent lui faire souffrir plus de tourmens qu'il n'y en a dans l'original. En vérité, les notes sont bien dignes de la publication ; mais il insiste à les accompagner de la traduction. Je lui ai lu hier une de vos lettres, et il me prie de vous écrire sur sa poésie. Il paraît être réellement un brave homme, et j'ose dire que son vers est très-bon irlandais.

» Or, que ferons-nous pour lui ? Il dit qu'il se chargera d'une partie des frais de la publication. Il n'aura de repos que lorsqu'il aura été publié et vilipendé, — car il a une haute opinion de lui-même, — et je ne vois pas d'autre ressource que de ne le laisser vilipender que le moins possible, car je crois qu'il en peut mourir. Écrivez donc à Jeffrey pour le prier ne pas parler de lui dans sa *Revue*; je ferai demander la même faveur à Gifford par Murray. Peut-être on pourrait parler du commentaire sans mentionner le texte ; mais je doute que les chiens... — car le texte est trop tentant.

» J'ai à vous remercier encore, comme je crois l'avoir déjà fait, pour votre opinion sur *Caïn*.

. . . .

» Je vous adresse cette lettre à Paris, suivant votre désir. Répondez bientôt, et croyez-moi toujours, etc.

» *P. S.* Ce que je vous ai écrit sur l'abattement de mes esprits est vrai. A présent, grâce au climat, etc. (je puis me promener dans mon jardin et cueillir mes oranges, et, par parenthèse, j'ai gagné la diarrhée pour m'être trop livré à ce luxe méridional de la propriété), mes esprits sont beaucoup mieux. Vous semblez penser que je n'aurais pu composer la *Vision*, etc., si mes esprits eussent été abattus; — mais je crois que vous vous trompez. La poésie, dans l'homme, est une faculté ou ame distincte; et n'a pas plus de rapport avec l'individu de tous les jours, que l'inspiration avec la pythonisse une fois éloignée de son trépied. »

La correspondance que je vais maintenant insérer ici, quoique publiée depuis long-tems par celui [1] qui l'eut avec Lord Byron, sera, je n'en doute pas, relue avec plaisir, même par ceux qui sont déjà instruits de toutes les circonstances, vu que, parmi les étranges et intéressans événemens dont ces pages abondent, il n'y en a peut-être aucun aussi touchant et aussi singulier que celui auquel les lettres suivantes ont trait.

[1] *Voir* les *Pensées sur la dévotion privée*, par M. Sheppard.
(*Note de Moore.*)

A LORD BYRON.

From Somerset, 21 novembre 1821.

Milord,

« Il y a plus de deux ans, une femme aimable et aimée m'a été enlevée par une maladie de langueur après une très-courte union. Elle avait une douceur et un courage invariables, et une piété toute intérieure, qui se révélait rarement par des paroles, mais dont l'active influence produisait une bonté uniforme. A sa dernière heure, après un regard d'adieu sur un nouveau-né, notre unique enfant, pour qui elle avait témoigné une affection inexprimable, les derniers mots qu'elle murmura furent : « Dieu est le bonheur ! Dieu est le bonheur ! » Depuis le second anniversaire de sa mort, j'ai lu quelques papiers qui, pendant sa vie, n'avaient été vus de personne, et qui contiennent ses plus secrètes pensées. J'ai cru devoir communiquer à votre seigneurie un morceau qui sans doute est relatif à vous, vu que j'ai plus d'une fois entendu ma femme parler de votre agilité à gravir les rochers à Hastings.

« O mon Dieu ! je me sens encouragé par l'assu-
» rance de ta parole à te prier en faveur d'un être
» pour qui j'ai pris dernièrement un grand intérêt.
» Puisse la personne dont je parle (et qui est main-
» tenant, nous le craignons, aussi célèbre par son
» mépris pour toi que par les talens transcendans
» dont tu l'as douée) être réveillée par le sentiment
» de son danger, et amenée à chercher dans un
» convenable sentiment de religion cette paix de

» l'ame qu'elle n'a pu trouver dans les jouissances
» de ce monde! Fais-lui la grâce que l'exemple de
» sa future conduite produise plus de bien que sa
» vie passée et ses écrits n'ont produit de mal; et
» puisse le soleil de la justice, qui, nous l'espérons,
» luira un jour à venir pour lui, briller en propor-
» tion des ténèbres que le péché a rassemblées au-
» tour de lui, et le baume que répand ta lumière
» avoir une efficacité et une bienfaisance propor-
» tionnées à la vivacité de cette agonie, légitime
» punition de tant de vices! Laisse-moi espérer que
» la sincérité de mes efforts pour parvenir à la sain-
» teté, et mon amour pour le grand auteur de la
» religion, rendront cette prière plus efficace, comme
» toutes celles que je fais pour le salut des hommes.
» — Soutiens-moi dans le chemin du devoir; —
» mais ne me laisse jamais oublier que, quoique
» nous puissions nous animer nous-mêmes dans nos
» efforts par toutes sortes de motifs innocens, ces
» motifs ne sont que de faibles ruisseaux qui peu-
» vent bien accroître le courant, mais qui, privés
» de la grande source du bien (c'est-à-dire d'une
» profonde conviction du péché originel, et d'une
» ferme croyance dans l'efficacité de la mort du
» Christ pour le salut de ceux qui ont foi en lui, et
» désirent réellement le servir), tariraient bientôt,
» et nons laisseraient dénués de toute vertu comme
» auparavant. »

31 juillet 1814, HASTINGS. »

» Il n'y a, milord, dans cet extrait, rien qui puisse, dans un sens littéraire, vous intéresser ; mais il vous paraîtra peut-être à propos de remarquer quel intérêt profond et étendu pour le bonheur d'autrui la foi chrétienne peut éveiller au milieu de la jeunesse et de la prospérité. Il n'y a rien là de poétique ni d'éclatant, comme dans les vers de M. de Lamartine, mais c'est là qu'est le sublime, milord ; car cette intercession était offerte, en votre faveur, à la source suprême du bonheur. Elle partait d'une foi plus sûre que celle du poète français, et d'une charité qui, combinée à la foi, se montrait inaltérable au milieu des langueurs et des souffrances d'une prochaine dissolution. J'espère qu'une prière qui, j'en suis sûr, était profondément sincère, ne sera peut-être pas à jamais inefficace.

» Je n'ajouterais rien, milord, à la renommée dont votre génie vous a environné, en exprimant, moi, individu inconnu et obscur, mon admiration pour vos œuvres. Je préfère être mis au nombre de ceux qui souhaitent et prient que « la sagesse d'en haut » la paix et la joie entrent dans une ame telle que la vôtre. »

John SHEPPARD.

Quelque romanesque que puisse paraître aux esprits froids et mondains la piété de cette jeune personne, il serait à désirer que le sentiment vraiment chrétien qui lui dicta sa prière, fût plus commun parmi tous ceux qui professent la même croyance; et que ces indices d'une nature meilleure, si visibles même à travers les nuages du caractère de Byron, après avoir ainsi engagé cette jeune femme innocente à prier pour lui quand il vivait, pussent inspirer aux autres plus de charité envers sa mémoire, aujourd'hui qu'il est mort.

Lord Byron fit à cette touchante communication, la réponse suivante :

LETTRE CCCCLXIX.

A M. SHEPPARD.

Pise, 8 décembre 1821.

« Monsieur,

» J'ai reçu votre lettre. Je n'ai pas besoin de vous dire que l'extrait qu'elle contient m'a touché, parce qu'il m'aurait fallu manquer de toute sensibilité pour le lire avec indifférence. Quoique je ne sois pas entièrement sûr qu'il ait été écrit à mon intention, cependant la date, le lieu, avec d'autres circonstances que vous mentionnez, rendent l'allusion probable. Mais quelle que soit la personne pour qui il ait été écrit, toujours est-il que je l'ai lu avec tout le plaisir qui peut naître d'un si triste sujet. Je dis plaisir, —parce que votre brève et simple peinture de la vie et de la conduite de l'excellente personne que vous devez sans doute retrouver un jour, ne peut être contemplée sans l'admiration due à tant de vertus, et à cette piété pure et modeste. Les derniers momens de votre femme furent surtout frappans : et je ne sache pas que, dans le cours de mes lectures sur l'histoire du genre humain, et encore moins dans celui de mes observations sur la portion existante, j'aie rencontré rien de si sublime, joint à si peu d'ostentation. Incontestablement, ceux qui croient fermement en l'Évangile, ont un grand avantage sur tous les autres, — par cette seule raison que, si ce livre est vrai, ils auront leur récompense après leur mort ; et que s'il n'y a pas d'autre vie, ils ne peuvent qu'être plongés avec l'incrédule dans un éternel sommeil, après avoir eu durant leur vie l'assistance d'une espérance exaltée, sans désappointement subséquent, puisque (à prendre le pire) « rien ne peut naître de rien, » pas même le chagrin. Mais la croyance d'un homme ne dépend pas de lui. Qui peut dire : « Je crois ceci, cela, ou autre chose? » et surtout, ce qu'il peut le moins comprendre. J'ai toutefois observé que ceux qui ont commencé leur vie avec une foi extrême, l'ont à la fin grandement restreinte, comme Chillingworth, Clarke (qui finit par être arien), Bayle, Gibbon (d'abord catholique), et quelques autres ; tandis que, d'autre part, rien n'est plus commun que de voir le jeune sceptique finir par une croyance ferme, comme Maupertuis et Henry Kirke White.

» Mais mon objet est d'accuser la réception de votre lettre, non de faire une dissertation. Je vous suis fort obligé pour vos bons souhaits, et je vous le suis infiniment pour l'extrait des papiers de cette créature chérie dont vous avez si bien décrit les qualités en peu de mots. Je vous assure que toute la gloire qui inspira jamais à un homme l'idée illusoire de sa haute importance, ne contrebalancerait jamais dans mon esprit le pur et pieux intérêt qu'un être vertueux peut prendre à mon salut. Sous ce point de vue, je n'échangerais pas l'intercession de votre épouse en ma faveur contre les gloires réunies d'Homère, de César et de Napoléon, pussent-elles toutes s'accumuler sur une tête vivante. Faites-moi au moins la justice de croire que,

Video meliora proboque [1].

quoique le « *Deteriora sequor* » puisse avoir été appliqué à ma conduite.

» J'ai l'honneur d'être votre reconnaissant et obéissant serviteur,

BYRON.

» P. S. Je ne sais pas si je m'adresse à un ecclésiastique ; mais je présume que vous ne serez pas offensé par la méprise (si c'en est une) de l'adresse de cette lettre. Quelqu'un qui a si bien expliqué et si profondément senti les doctrines de la religion,

---

[1] Ovid. *Métamorph.* Disc. de Médée.

*Video meliora proboque
Deteriora sequor.*

« Je vois et j'approuve le parti du devoir ; je suis le parti contraire. »
(*Note du Trad.*)

excusera l'erreur qui me l'a fait prendre pour un de ses ministres. »

LETTRE CCCCLXX.

A M. MURRAY.

Pise, 4 décembre 1821.

« Je vois dans les journaux anglais, — dans le *Messenger* de votre saint allié Galignani, — que « les deux plus grands exemples de la vanité humaine dans le présent siècle » sont, premièrement « l'ex-empereur Napoléon, » et secondement « sa seigneurie, etc., le noble poète, » c'est-à-dire, votre humble serviteur, moi, pauvre diable innocent. »

» Pauvre Napoléon ! il ne songeait guères à quelles viles comparaisons le tour de la roue du destin le réduirait !

» Je suis établi ici dans un fameux et vieux palais féodal, sur l'Arno, assez grand pour une garnison, avec des cachots dans le bas et des cellules dans les murs, et si plein d'esprits, que le savant Fletcher, mon valet, m'a demandé la permission de changer de chambre, et puis a refusé d'occuper sa nouvelle chambre, parce qu'il y avait encore plus d'esprits que dans l'autre. Il est vrai qu'on entend les bruits les plus extraordinaires (comme dans tous les vieux bâtimens), ce qui a épouvanté mes domestiques, au point de m'incommoder extrêmement. Il y a une place évidemment destinée à murer les gens, car il n'y a qu'un seul passage pratiqué dans le mur, et fait pour être remuré sur le prisonnier. La maison appartenait à la famille des Lanfranchi (mentionnés par Ugolin dans son rêve comme ses persécuteurs avec les Sismondi), et elle a eu dans son tems un ou deux maîtres farouches. L'escalier, etc., dit-on, a été bâti par Michel-Ange. Il ne fait pas encore assez froid pour avoir du feu. Quel climat!

» Je n'ai encore rien vu ni même entendu de ces spectres (que l'on dit avoir été les derniers occupans du palais); mais toutes les autres oreilles ont été régalées de toutes sortes de sons surnaturels. La première nuit j'ai cru entendre un bruit bizarre, mais il ne s'est pas reproduit. Je ne suis là que depuis un mois.

» Tout à vous, etc. »

LETTRE CCCCLXXI.

A M. MURRAY.

Pise, 10 décembre 1821.

« Aujourd'hui, à cette heure même (à une heure), ma fille a six ans. Je ne sais quand je la reverrai, ou si même je dois la revoir jamais.

» J'ai remarqué une curieuse coïncidence, qui a presque l'air d'une fatalité.

» Ma mère, ma femme, ma fille, ma sœur consanguine, la mère de ma sœur, ma fille naturelle et moi, nous sommes tous enfans uniques.

» N'est-ce pas chose bizarre, —qu'une telle complication d'enfans uniques? A propos, envoyez-moi la miniature de ma fille Ada. Je n'ai que la gravure, qui ne donne que peu ou point d'idée de son teint.

» Tout à vous, etc. »

LETTRE CCCCLXXII.

A M. MOORE.

Pise, 12 décembre 1821.

« Ce que vous dites sur les deux biographies de Galignani est fort amusant; et si je n'étais paresseux, je ferais certainement ce que vous désirez. Mais je doute à présent de mon fonds de gaîté,— assez pour ne pas laisser le chat sortir du sac[1]. Je désire que vous entrepreniez la chose. Je vous pardonne et vous accorde indulgence (comme un pape), par avance, pour toutes les plaisanteries qui maintiendront ces sots dans leur chère croyance qu'un homme est un loup-garou.

» Je crois vous avoir dit que l'histoire du Giaour avait quelque fondement dans les faits; ou si je ne

---

[1] M. Galignani ayant exprimé le désir d'avoir une petite biographie de Lord Byron, pour la placer à la tête de ses œuvres, j'avais dit par plaisanterie, dans une lettre précédente à mon noble ami, que ce serait une bonne satire de la disposition du monde à le peindre comme un monstre, que d'écrire lui-même pour le public, tant anglais que français, une sorte de biographie héroï-comique, où il raconterait, avec un assaisonnement d'horreurs et de merveilles, tout ce qu'on avait déjà publié ou cru sur son compte, et laisserait même l'histoire de Goëthe sur le double meurtre de Florence.

(*Note de Moore.*)

vous l'ai pas dit, vous le verrez un jour dans une lettre que lord Sligo m'a écrite après la publication du poème............

» Le dénoûment dont vous parlez pour le pauvre ***, a été sur le point d'avoir lieu hier. Allant à cheval assez vite derrière M. Medwin et moi, en tournant l'angle d'un défilé entre Pise et les montagnes, il s'est jeté par terre, — et s'est fait une assez forte contusion; mais il n'est pas en danger. Il a été saigné, et garde la chambre. Comme je le précédais de quelques centaines d'yards [1], je n'ai pas vu l'accident; mais mon domestique, qui était derrière, l'a vu; et il dit que le cheval n'a pas bronché, — excuse ordinaire des écuyers démontés. Comme *** se pique d'être bon écuyer, et que son cheval est réellement une assez bonne bête, je désire entendre l'aventure de sa propre bouche, — attendu que je n'ai encore rencontré personne qui réclamât une chute comme chose de son fait........

» A toujours et de cœur, etc. »

» *P. S.* 13 décembre.

« Je vous envoie ci-joint des vers que j'ai composés il y a quelque tems; vous en ferez ce qu'il vous plaira, vu qu'ils sont fort innocens [2]. Seulement, si

---

[1] *L'yard* vaut trois pieds.

(*Note du Trad.*)

[2] Voici ces vers :

Oh ! ne me parlez pas d'un grand nom dans l'histoire,
Les jours de notre jeunesse sont les jours de notre gloire.

vous les faites copier, imprimer ou publier, je désire qu'ils soient plus correctement reproduits qu'on n'a coutume de le faire quand « des riens deviennent des monstruosités » comme dit Coriolan.

» Il faut réellement que vous fassiez publier *** : il n'aura pas de repos jusque-là. Il vient d'aller avec la tête cassée à Lucques, suivant mon désir, pour essayer de sauver un homme du supplice du feu. L'Espagnole, dont la jupe règne sur Lucques, avait condamné un pauvre diable au bûcher, pour vol d'une boîte de pains à chanter [1] dans une église. Shelley et moi, nous nous sommes armés contre cet acte de piété, et nous avons troublé tout le

> Le myrte et le lierre du doux âge de vingt-deux ans
> Valent tous vos lauriers, quelle qu'en soit l'abondance.
>
> Que sont les guirlandes et les couronnes pour le front ridé ?
> Des fleurs mortes, mouillées de la rosée d'avril.
> Arrière donc de la tête blanchie tous ces honneurs !
> Que m'importent ces tresses qui ne donnent que la gloire ?
>
> O Renommée ! Si jamais je m'enivrai de tes louanges,
> Ce fut moins pour le plaisir de tes phrases sonores,
> Que pour voir les yeux brillans d'une femme chérie révéler
> Qu'elle ne me jugeait point indigne de l'aimer.
>
> C'est là surtout que je te cherchai, c'est là seulement que je te trouvai.
> Le regard féminin fut le plus doux des rayons qui t'environnaient ;
> Quand il brilla sur quelque éclatante partie de mon histoire,
> Alors je connus l'amour, et je sentis la gloire.

[1] *Wafer-box*, boîte de pains à cacheter, à chanter *messe* ; c'est ce que les ames dévotes appellent un ciboire.

(*Note du Trad.*)

monde pour faire commuer la peine. *** est allé voir ce qu'on peut faire. »

B.

LETTRE CCCCLXXIV [1].

A M. MOORE.

» Je vous envoie les deux notes qui vous apprendront l'histoire de l'auto-da-fé dont je parle. Shelley, en parlant de son cousin le serpent, fait allusion à une plaisanterie de mon invention. Le Méphistophélès de Goëthe nomme le serpent qui tenta Ève, « la célèbre couleuvre ma tante, » et je prétends sans cesse que Shelley n'est rien moins qu'un des neveux de cette bête fameuse, marchant sur le bout de la queue. »

A LORD BYRON.

Mardi, 2 heures.

« Mon cher Lord,

» Quoique fermement convaincu que l'histoire est
» entièrement feinte, ou exagérée au point de deve-
» nir une fiction ; cependant, afin d'être à même
» de mettre la vérité hors de doute, et de calmer
» complétement votre inquiétude, j'ai pris la réso-
» lution d'aller en personne à Lucques ce matin. Si
» la nouvelle est moins fausse que je ne crois, je ne
» manquerai pas de recourir à tous les moyens de
» succès que j'imaginerai. Soyez-en assuré.

» De votre seigneurie,

» Le très-sincère. »

[1] La lettre 473e a été supprimée ; c'est une contre note adressée à Shelley, pour des démarches à faire pour empêcher l'auto-da-fé.

» *P. S.* Pour empêcher le bavardage, j'aime mieux aller moi-même à Lucques, que d'y envoyer mon domestique avec une lettre. Il vaut mieux que vous ne parliez de mon excursion à personne (excepté à Shelley). La personne que je vais visiter mérite toute confiance sous le double rapport de l'autorité et de la vérité. »

A LORD BYRON.

Jeudi-matin.

« Mon cher Lord Byron,

» J'apprends ce matin que le projet, que certainement on avait eu en vue, de brûler mon cousin le serpent, a été abandonné, et que le susdit a été condamné aux galères. . . . .
. . . .

» Tout à vous à jamais et sincèrement. »

P.-B. SHELLEY.

LETTRE CCCCLXXV.

A SIR WALTER-SCOTT, BARONNET.

Pise, 12 janvier 1822.

» Mon cher sir Walter,

» Je n'ai pas besoin de dire combien je suis reconnaissant de votre lettre, mais je dois avouer mon ingratitude pour être resté si long-tems sans vous répondre. Depuis que j'ai quitté l'Angleterre, j'ai griffonné des lettres d'affaires, etc., pour cinq cents benêts, sans difficulté, quoique sans grand plaisir; et cependant, quoique l'idée de vous écrire m'ait cent fois passé par la tête, et ne soit jamais sortie de mon cœur, je n'ai pas fait ce que j'aurais dû faire. Je ne puis me rendre compte de cela que par le même sentiment de timide anxiété, avec lequel, nous faisons quelquefois la cour à une belle femme de notre rang, dont nous sommes vivement amoureux, tandis que nous attaquons une fraîche et grasse chambrière (je parle, sans contredit, de notre jeune tems) sans aucun remords ou adoucissement sentimental de notre vertueux dessein.

» Je vous dois beaucoup plus que la reconnaissance ordinaire des bons offices littéraires et d'une mutuelle amitié, car vous vîntes de vous-même en 1817 me rendre service, quand il fallait non-seulement de la bienveillance, mais du courage pour agir ainsi ; une telle expression de vos opinions sur mon compte eût en tout tems flatté mon orgueil, mais à cette époque où « tout le monde et ma femme » comme dit le proverbe, s'efforçaient de m'accabler, cela me rehausse encore davantage dans ma propre estime ; — je parle de l'article de la *Quarterly* sur le troisième chant de *Childe-Harold*, dont Murray m'a dit que vous étiez l'auteur, — et, certes, je l'aurais su sans cette information, car il n'y avait pas deux hommes qui eussent alors pu ou voulu faire cet article. Si c'eût été un morceau de critique ordinaire, quelque éloquent et louangeur qu'il fût, j'en aurais, sans contredit, ressenti beaucoup de plaisir et de gratitude, mais non jusqu'au même degré où la bonté extraordinaire d'un procédé pareil au vôtre doit porter tout esprit capable de tels sentimens. Le témoignage de ma reconnaissance, tout tardif qu'il est, montrera du moins par-là que je n'ai pas oublié le service; et je puis vous assurer que le sentiment de cette obligation s'est accru dans mon cœur en intérêts composés durant le délai. Je n'ajouterai qu'un mot sur ce sujet; c'est que vous, Jeffrey, et Leigh Hunt, furent les seuls hommes de lettres, parmi tous ceux que je connais (et dont quelques-uns avaient été obligés par moi), qui osassent alors hasarder même un mot anonyme en ma faveur; et que, de ces trois hommes, je n'avais jamais vu l'un; — vu l'autre beaucoup moins que je ne le désirais, — et que le troisième n'avait à mon égard aucune espèce d'obligation, tandis que les deux premiers avaient été attaqués par moi précédemment, l'un, à la vérité, par suite d'une sorte de provocation, mais l'autre de gaîté de cœur. Ainsi, vous voyez que vous avez amassé « des charbons ardens, etc. », suivant la vraie maxime de l'Évangile, et je vous assure qu'ils m'ont brûlé jusqu'au cœur.

» Je suis charmé que vous acceptiez la dédicace. Je voulais d'abord vous dédier les « *Foscarini* »; mais premièrement, j'ai appris que *Caïn* était jugé le moins mauvais des deux drames comme composition; et, secondement, j'ai traité Southey comme un filou dans une note des *Foscarini*, et j'ai songé qu'il est un de vos amis (sans être le mien, néanmoins), et qu'il ne serait pas convenable de dédier à quelqu'un un ouvrage contenant de tels outrages contre son ami. Toutefois, je travaillerai bientôt le poète-lauréat. J'aime les querelles, et les ai toujours aimées depuis mon enfance; et c'est, il faut le dire, l'inclination que j'ai trouvé, la plus facile à satisfaire, soit en personne, soit en poésie. Vous désavouez « la jalousie », mais je vous demanderai comme Boswell à Johnson : « De qui pourriez-vous être ja- » loux? » d'aucun auteur vivant, sans contredit; et (en prenant en considération les tems passés et présens) de quel auteur mort? Je ne veux pas vous importuner sur le compte des romans écossais (comme on les appelle, quoique deux d'entre eux soient complétement anglais, et les autres à moitié), mais rien ne peut ni n'a pu me persuader, dix minutes après avoir joui de votre société, que vous n'êtes pas l'auteur. Ces romans ont pour moi tant de l'*Auld lang syne* (j'ai été élevé en franc Écossais jusqu'à dix ans), que je ne puis me passer d'eux; et quand je partis l'autre jour de Ravenne pour Pise, et que j'envoyai ma bibliothèque en avant, ce furent les seuls livres que je gardai près de moi, quoique je les susse déjà par cœur. »

27 janvier 1822.

» J'ai différé de clorre ma lettre jusqu'à présent, dans l'espoir que je recevrais *le Pirate*, qui est en mer pour m'arriver, mais qui n'est pas encore en vue. J'apprends que votre fille est mariée, et je suppose qu'à présent vous êtes à moitié grand-père,—jeune grand-père, par parenthèse. J'ai entendu faire de grands éloges de la personne et de l'esprit de Mrs. Lockhart, et l'on m'a dit beaucoup de bien de son mari. Puissiez-vous vivre assez pour voir autant de nouveaux Scott qu'il y a de Nouvelles de Scott[1] ! C'est la mauvaise pointe, mais le sincère désir de

» Votre affectionné, etc. »

» *P. S.* Pourquoi ne faites-vous pas un tour en Italie ? vous y seriez aussi connu et aussi bien-venu, que dans les montagnes d'Écosse parmi vos compatriotes. Quant aux Anglais, vous seriez avec eux comme à Londres ; et je n'ai pas besoin d'ajouter que je serais charmé de vous revoir, ce que je suis loin de pouvoir jamais dire pour l'Angleterre ni pour rien de ce qu'elle renferme, à quelques exceptions « de parentage et d'alliés. » Mais « mon cœur brûle pour le tartan » où toute autre chose d'Écosse, qui me rappelle Aberdeen et d'autres pays plus voisins des montagnes que cette ville, vers Indercauld et Braemar, où l'on m'envoya prendre du lait de chèvre en 1795-6, sans quoi j'étais menacé de dépérir après la fièvre scarlatine. Mais je bavarde comme une commère ; ainsi, bonne nuit, et les dieux soient avec vos rêves !

[1] To see as many *novel* Scotts as there are Scott's *novels*. Le jeu de mots est plus sensible dans le texte. *Novel* veut dire *nouveau*, et roman, *nouvelle*.

(*Note du Trad.*)

» Présentez, je vous prie, mes respects à lady Scott, qui se souviendra peut-être de m'avoir vu en 1815. »

LETTRE CCCCLXXVI.

A M. KINNAIRD.

Pise, 6 février 1822.

« Tentez de repasser le défilé de l'abîme », jusqu'à ce que nous trouvions un éditeur pour *la Vision*; et si l'on n'en trouve pas, imprimez cinquante exemplaires à mes frais, distribuez-les parmi mes connaissances, et vous verrez bientôt que les libraires publieront l'ouvrage même malgré notre opposition. La crainte à présent est naturelle; mais je ne vois pas que je doive céder pour cela. Je ne connais rien de la *Remontrance* de Rivington : mais je présume que le sermonnaire a besoin d'un bénéfice. J'ai déjà entendu parler d'un prêche à Kentish-Town contre *Caïn*. Le même cri fut poussé contre Priestley, Hume, Gibbon, Voltaire, et tous les hommes qui osèrent mettre les dîmes en question.

» J'ai reçu la prétendue réplique de Southey, de laquelle, à ma grande surprise, vous ne parlez pas du tout. Ce qui reste à faire, c'est de l'appeler sur le terrain. Mais viendra-t-il? voilà la question. Car, — s'il ne venait pas, — toute l'affaire paraîtrait ridicule, si je faisais un voyage long et dispendieux pour rien.

». Vous êtes mon second, et, comme tel, je désire vous consulter.

» Je m'adresse à vous, comme à un homme versé dans le duel ou *monomachie*. Sans doute, je viendrai en Angleterre le plus secrètement possible, et partirai (en supposant que je sois le survivant) de la même façon; car je ne retournerai dans ce pays que pour régler les différends accumulés durant mon absence.

» Par le dernier courrier je vous ai fait passer une lettre sur l'affaire Rochdale, d'où il résulte une perspective d'argent. Mon agent dit deux mille livres sterling; mais supposé que ce ne fût que mille, ou même que cent, toujours est-il que c'est de l'argent; et j'ai assez vécu pour avoir un excessif respect pour la plus petite monnaie du royaume, ou pour la moindre somme qui, bien que je n'en aie pas besoin moi-même, peut être utile à d'autres qui en ont plus besoin que moi.

» On dit que « savoir est pouvoir, » — je le croyais aussi; mais je sais maintenant qu'on a voulu dire l'argent; et quand Socrate déclarait que tout ce qu'il savait, était « qu'il ne savait rien », il voulait simplement déclarer qu'il n'avait pas une drachme dans le monde athénien. . . . .
. . . .

» Je ne puis me reprocher de grandes dépenses, mon seul *extra* (et c'est plus que je n'ai dépensé pour moi) étant un prêt de deux cent cinquante livres sterling à—., et un ameublement de cinquante livres, que j'ai acheté pour lui, et une barque que je fais construire pour moi à Gênes, laquelle coûtera environ cent livres.

» Mais revenons. Je suis déterminé à me procurer tout l'argent que je pourrai, soit par mes rentes, soit par succession, soit par procès, soit par mes manuscrits ou par tout autre moyen légitime.

» Je paierai (quoique avec la plus sincère répugnance) le reste de mes créanciers et tous les hommes de loi, suivant les conditions réglées par des arbitres.

» Je vous recommande la lettre de M. Hanson, sur le droit de péage de Rochdale.

» Surtout, je recommande mes intérêts à votre honorable grandeur.

» Songez aussi que j'attends de l'argent pour les différens manuscrits : Bref, « *rem quocunque modo,* » *rem!* » — La noble passion de la cupidité s'accroît en nous avec nos années.

» Tout à vous à jamais, etc. »

LETTRE CCCCLXXVII.

A M. MURRAY.

Pise, 8 février 1822.

« On devait s'attendre à des attaques contre moi, mais j'en vois une contre vous dans les journaux, à laquelle, je l'avoûrai, je ne m'attendais pas. Je suis fort embarrassé de concevoir pourquoi ou comment vous pouvez être considéré comme responsable de ce que vous publiez.

» Si *Caïn* est blasphématoire, le *Paradis perdu* l'est aussi; et les paroles mêmes de l'Oxonien[1], « Mal, » sois mon bien, » sont de ce poème épique, et de la bouche de Satan. Ai-je donc mis rien de plus fort dans celle de Lucifer, dans mon *mystère? Caïn* n'est qu'un drame, et non pas une dissertation. Si Lucifer et Caïn parlent comme le premier meurtrier et le premier ange rebelle sont naturellement censés avoir parlé, certes tous les autres personnages parlent aussi conformément à leurs caractères, — et les plus violentes passions ont toujours été permises au drame.

» J'ai même évité d'introduire la divinité comme dans l'Écriture, — et comme Milton l'a fait — (ce qui ne me semble pas sage, ni dans l'un ni dans l'autre cas); mais j'ai préféré faire dépêcher par Dieu à sa place un de ses anges vers Caïn, afin de ne blesser aucun sentiment sur ce point; en restant au-dessous de ce que les hommes non inspirés ne peuvent jamais atteindre, — c'est-à-dire au-dessous d'une expression adéquate de l'effet de la présence de Jéhovah. Les vieux *Mystères* introduisaient Dieu assez libéralement, mais je l'ai évité dans le nouveau.

» La querelle que l'on vous fait, parce qu'on

---

[1] *Gentleman* d'Oxford.

(*Note du Trad.*)

pense qu'on ne réussirait pas avec moi, me semble la tentative la plus atroce qui jamais ait déshonoré les siècles. Hé quoi ! lorsqu'on a laissé en repos durant soixante-dix ans les éditeurs de Gibbon, Hume, Priestley et Drummond, devez-vous être particulièrement distingué pour un ouvrage d'imagination, non d'histoire ou de controverse ? Il faut qu'il y ait quelque chose de caché au fond de cette querelle, — quelqu'un de vos ennemis personnels : autrement c'est incroyable.

» Je ne puis que dire :

Me, me, en, adsum qui feci [1]

et que, par conséquent, toutes attaques dirigées contre vous soient tournées contre moi, qui veux et dois les supporter toutes ; — que si vous avez perdu de l'argent par suite de la publication, je vous rembourserai tout ou partie du prix du manuscrit ; — que vous m'obligerez de déclarer que vous et M. Gifford m'avez tous deux adressé des remontrances contre la publication, ainsi que M. Hobhouse ; — que moi seul l'ai voulue, et que je suis le seul qui, légalement ou autrement, doive porter la peine. Si l'on poursuit, je reviendrai en Angleterre; c'est-à-dire, si en payant de ma personne, je puis sauver la vôtre. Faites-le moi savoir. Vous ne souffrirez pas

---

[1] Byron cite mal ; *en* est de trop. Voici le vers de Virgile :

Me, me ; adsum qui feci ; in me convertite ferrum.

(*Note du Trad.*)

pour moi ; si je puis l'empêcher. Faites de cette lettre tel emploi qu'il vous plaira.

» Tout à vous à jamais, etc.

» *P. S.* Je vous écris touchant ce tumulte de mauvaises passions et d'absurdités, par une lune d'été (car ici notre hiver est plus brillant que vos jours de canicule), dont la lumière éclaire le cours de l'Arno, avec les édifices qui le bordent et les ponts qui le croisent. — Quel calme et quelle tranquillité ! Quels riens nous sommes devant la moindre de ces étoiles. »

LETTRE CCCCLXXVIII.
A M. MOORE.

Pise, 19 février 1822.

« Je suis un peu surpris de ne pas avoir eu de réponse à ma lettre et à mes paquets. Lady Noel est morte, et il n'est pas impossible que je sois obligé d'aller en Angleterre pour régler le partage de la propriété de Wentworth, et quelle portion lady Byron doit en avoir ; ce qui n'a point été décidé par l'acte de séparation. Mais j'espère le contraire, si l'on peut tout arranger sans moi, — et j'ai écrit à sir Francis Burdett d'être mon arbitre, vu qu'il connaît la propriété.

» Continuez de m'adresser vos lettres ici, vu que je n'irai pas en Angleterre si je puis m'en dispenser, — du moins pour cette raison. Mais j'irai peut-être pour une autre ; car j'ai écrit à Douglas Kinnaird d'envoyer de ma part un cartel à M. Southey, pour une rencontre soit en Angleterre, soit en France (où nous serions moins exposés à être interrompus). Il y a environ une quinzaine de jours, et je n'ai pas encore eu le tems d'avoir de réponse. Toutefois, vous recevrez un avis; adressez donc toujours vos lettres à Pise.

» Mes agens et hommes d'affaires m'ont écrit de prendre le nom directement; ainsi, je suis votre très-affectionné et sincère ami,

NOEL BYRON.

» *P. S.* Je n'ai point reçu de nouvelles d'Angleterre, hormis pour affaires; et je sais seulement, d'après le fidèle *ex* et *dé*-tracteur [1] Galignani, que le clergé se soulève contre *Caïn*. Il y a, si je ne me trompe, un bon bénéfice dans le domaine de Wentworth; et je montrerai quel bon chrétien je suis, en protégeant et nommant le plus pieux de l'ordre ecclésiastique, si l'occasion s'en présente.

» Murray et moi sommes peu en correspondance, et je ne connais rien à présent de la littérature. Je n'ai écrit dernièrement que pour affaires. Que faites-vous maintenant? Soyez assuré que la coalition que vous craignez n'existe pas. »

---

[1] *Ex* and *de*-tractor. Pour conserver le jeu de mots, nous avons supposé français le mot *extracteur*.

(*Note du Trad.*)

LETTRE CCCCLXXIX.

A M. MOORE.

Pise 20 février 1822.

« . . . .
» J'ai choisi sir Francis Burdett pour mon arbitre dans la question de savoir quelle part il revient à lady Byron sur les domaines de lady Noel, estimés à sept mille livres sterling de revenus annuels, toujours parfaitement payés, ce qui est rare dans ce tems-ci. C'est parce que ces propriétés consistent principalement en terres de pâturage, moins atteintes par les bills sur les grains que les terres de labour.

« Croyez-moi pour toujours votre très-affectionné,

NOEL BYRON.

» Je ne sache point qu'il y ait rien dans *Caïn* contre l'immortalité de l'ame. Je ne professe point de telles opinions; — mais, dans un drame, j'ai dû faire parler le premier assassin et le premier ange rebelle conformément à leurs caractères. Toutefois, les curés prêchent tous contre le drame, de Kentish-Town et d'Oxford jusqu'à Pise : — ces gueux de prêtres ! ils font plus de mal à la religion que tous les infidèles qui aient jamais oublié leur catéchisme.

» Je n'ai pas vu l'annonce de la mort de lady Noel dans Galignani. — Pourquoi cela ? »

LETTRE CCCCLXXXI[1].

A M. MOORE.

Pise, 1er mars 1822.

« Comme je n'ai pas encore de nouvelles de mon *Werner*, etc.; paquet que je vous envoyai le 29 janvier, je continue à vous importuner (pour la cinquième fois, je pense) pour savoir s'il n'a pas été égaré en route. Comme il était très-bien mis au net, ce serait une vexation s'il était perdu. Je l'avais assuré au bureau de poste pour qu'on en prît plus de soin, et qu'on vous l'adressât sans faute à Paris.

» Je vois dans l'impartial Galignani un extrait du *Blackwood's Magazine*, où l'on dit que certaines gens ont découvert que ni vous ni moi n'étions poètes. Relativement à l'un de nous, je sais que ce passage nord-ouest à mon pôle magnétique a été depuis longtems découvert par quelques sages, et je leur laisse la pleine jouissance de leur pénétration. Je pense de ma poésie ce que Gibbon dit de son histoire. « que peut-être dans cent ans d'ici on continuera encore à en médire. » Toutefois, je suis loin de prétendre m'égaler ou me comparer à cet illustre homme de lettres.

» Mais, relativement à vous, je pensais que vous aviez toujours été reconnu poète par la stupidité comme par l'envie, — mauvais poète, sans contredit, — immoral, fleuri, asiatique, et diaboliquement populaire, mais enfin poète *nemine contradi-*

---

[1] Là lettre 480e a été supprimée.

cente. Cette découverte a donc pour moi tout le charme de la nouveauté, tout en me consolant (suivant La Rochefoucault) de me trouver dépoétisé en si bonne compagnie. Je suis content « de me tromper avec Platon », et je vous assure très-sincèrement que j'aimerais mieux n'être pas tenu pour poète avec vous, que de partager les couronnes des lakistes (non encore couronnés, toutefois). . . .

. . . .

» Quant à Southey, sa réponse à mon cartel n'est pas encore arrivée. Je lui envoyai le message, avec une courte note, par l'intermédiaire de Douglas Kinnaird, et la réponse de celui-ci n'est pas encore parvenue. Si Southey accepte, j'irai en Angleterre; mais, dans le cas contraire, je ne pense pas que la succession de lady Noel m'y amène, vu que les arbitres peuvent arranger les affaires en mon absence, et qu'il ne semble s'élever aucune difficulté. L'autorisation du nouveau nom et des nouvelles armes sera obtenue par la pétition qu'on adresse à la couronne dans les cas semblables, puis me sera envoyée. . . . . »

La lettre précédente était incluse dans celle qui suit.

LETTRE CCCCLXXXII.

A M. MOORE.

Pise, 4 mars 1822.

« Depuis que je vous ai écrit la lettre ci-incluse,

j'ai attendu un autre courrier, et maintenant j'ai votre lettre qui m'accuse l'arrivée du paquet.

» Les ouvrages inédits qui sont dans vos mains, dans celle de Douglas Kinnaird et de M. John Murray, sont : *le Ciel et la Terre*, sorte de drame lyrique sur le déluge; — *Werner*, à présent entre vos mains ; — une traduction du premier chant du *Morgante Maggiore* ; — une autre d'un épisode de Dante ; — des stances au Pô, du 1ᵉʳ juin 1819 ; — les *Imitations d'Horace*, composées en 1811, mais dont il faudrait maintenant omettre une grande partie ; — plusieurs pièces en prose, qu'on fera tout aussi bien de laisser inédites ; — *la Vision*, etc., de *Quevedo Redivivus*, en vers. . . . .

» Je suis fâché que vous trouviez *Werner* à peu près propre au Théâtre ; ce qui, avec mes idées actuelles, est loin d'être mon but. Quant à la publication de toutes ces pièces, je vous ai déjà dit que je n'avais dans le cas actuel aucune espérance exorbitante de renommée ou de lucre, mais je désire qu'on les publie parce que je les ai écrites, ce qui est le sentiment ordinaire de tous les écrivailleurs.

» Par rapport à la « religion », ne pourrai-je jamais vous convaincre que je n'ai point les opinions des personnages de ce drame, qui semble avoir effrayé tout le monde? Ce n'est cependant rien en comparaison des paroles du *Faust* de Goëthe (paroles cent fois plus scandaleuses), et ce n'est guère plus hardi que le Satan de Milton. Les idées de tel ou tel personnage ne me restent pas dans l'esprit : comme tous les hommes d'imagination, je m'identifie, sans doute, avec le caractère que je dessine, mais cette identité cesse un instant après que j'ai quitté la plume.

» Je ne suis pas ennemi de la religion : au contraire. La preuve en est, que j'élève ma fille naturelle en bonne catholique dans un couvent de la Romagne; car je crois que l'on ne peut jamais avoir assez de religion, si l'on doit en avoir. Je penche beaucoup en faveur des doctrines catholiques; mais si j'écris un drame, je dois faire parler mes personnages suivant les dispositions que je leur suppose.

» Quant au pauvre Shelley, qui est un autre épouvantail pour vous et pour tout le monde, il est, à ma connaissance, le moins égoïste et le plus doux des hommes; — c'est un homme qui a plus sacrifié sa fortune et ses sentimens en faveur d'autrui que personne dont j'aie jamais entendu parler. Pour ses opinions spéculatives, je ne les partage point, ni ne désire les partager.

» La vérité est, mon cher Moore, que vous vivez près de l'étuve de la société, et que vous êtes inévitablement influencé par sa chaleur et par ses vapeurs. J'y vécus autrefois, — et trop, — assez pour donner une teinte ineffaçable à mon existence entière. Comme mon succès dans la société ne fut pas médiocre, je ne puis être accusé de la juger avec des préventions défavorables; mais je pense que, dans sa constitution actuelle, elle est fatale aux grandes et originales entreprises de tout genre. Je ne la courtisai pas, alors que j'étais jeune, et l'un de « ses gentils mignons; » pensez-vous donc que je veuille le faire, aujourd'hui que je vis dans une plus pure atmosphère? Une seule raison pourrait m'y ramener, et la voici : je voudrais essayer encore une fois si je puis faire quelque bien en politique, mais non dans la mesquine politique que je vois peser aujourd'hui sur notre misérable patrie.

» Ne vous méprenez pas, néanmoins. Si vous m'énoncez vos propres opinions, elles eurent et auront toujours le plus grand poids pour moi. Mais si vous n'êtes que l'écho « du monde » (et il est difficile de ne pas l'être au sein de sa faveur et de sa fermentation), je ne puis que regretter que vous répétiez des dires auxquels je ne prête aucune attention.

» Mais en voilà assez. Les dieux soient avec vous, et vous donnent autant d'immortalité de tous genres qu'il convient à votre existence actuelle et à vous.

« Tout à vous, etc. »

LETTRE CCCCLXXXIII.

A M. MOORE.

Pise, 6 mars 1822.

« La lettre de Murray que je vous envoie ci-incluse, m'a attendri, quoique je pense qu'il est contraire à son intérêt de désirer que je continue mes relations avec lui. Vous pouvez donc lui faire passer le paquet de *Werner* ; ce qui vous épargnera toute peine ultérieure. Et puis, me pardonnez-vous l'ennui et la dépense dont je vous ai déjà accablé ? Au moins, dites-le ; — car je suis tout honteux de vous avoir tant troublé pour une telle absurdité.

» Le fait est que je ne puis garder mes ressenti- mens, quoique assez violens dès l'abord. D'ailleurs, maintenant que tout le monde s'attaque à Murray à cause de moi, je ne peux ni ne dois l'abandonner, à moins qu'il ne vaille mieux pour lui que je le fasse, comme je l'ai cru réellement.

» Je n'ai point eu d'autres nouvelles d'Angleterre, excepté une lettre du poète Barry Cornwall, mon ancien camarade d'école. Quoique je vous aie im- portuné de lettres dernièrement, croyez-moi

» Votre, etc.

» *P. S.* Dans votre dernière lettre, vous dites, en parlant de Shelley, que vous préféreriez presque « le bigot qui damne son prochain, à l'incrédule » qui réduit tout au néant[1]. » Shelley croit cepen- dant à l'immortalité. — Mais, par parenthèse, vous rappelez-vous la réponse du grand Frédéric à la plainte des villageois dont le curé prêchait contre l'éternité des tourmens de l'enfer ? La voici : — « Si » mes fidèles sujets de Schrausenhaussen aiment

---

[1] On verra tout-à-l'heure, d'après la citation même du passage auquel Byron fait allusion, qu'il s'était complétement mépris sur ma pensée.

(*Note de Moore.*)

» mieux être éternellement damnés, libre à eux de
» l'être. »

» S'il fallait choisir, je jugerais un long sommeil meilleur qu'une veille d'agonie. Mais les hommes, tout misérables qu'ils sont, s'attachent tellement à tout ce qui ressemble à la vie, qu'ils préféreraient probablement la damnation au repos. D'illeurs, ils se croient si importans dans la création, que rien de moins ne peut satisfaire leur vanité ; — les insectes !

» C'est, je crois, le docteur Clarke, qui raconte dans ses voyages les exercices équestres d'un Tartare qu'il vit caracoler sur un cheval jeune et fougueux, dans un endroit presque entièrement environné par un précipice escarpé, et qui décrit la témérité folâtre avec laquelle le cavalier, semblant se complaire au péril, courait quelquefois bride abattue vers le bord taillé à pic. Un sentiment analogue à l'appréhension qui suspendait la respiration du voyageur témoin de cette scène, affecta tous ceux qui suivaient de l'œil la course indomptée et hardie du génie de Byron, — ils étaient au même instant frappés d'admiration et d'épouvante, et surtout ceux qui aimaient le poète étaient excités par une sorte d'impulsion instinctive à se précipiter au devant de lui et à le sauver de sa propre impétuosité. Mais quoiqu'il fût bien naturel à ses amis de céder à ce sentiment, une courte réflexion sur son caractère désormais changé, les aurait avertis qu'une telle intervention devait être aussi inutile pour lui que périlleuse pour eux, et ce n'est pas sans surprise que je réfléchis à présent sur la témérité présomptueuse avec laquelle je supposai que Byron lancé sans frein, dans l'orgueil et la pleine conscience de sa force, vers ces vastes régions de la pensée dont l'horizon s'ouvrait devant lui, les représentations de l'amitié auraient le pouvoir de l'arrêter. Toutefois, comme les motifs qui m'engageaient à lui adresser mes remontrances, peuvent se justifier d'eux-mêmes, je ne m'appesantirai pas plus longtems sur ce point, et me contenterai de mettre sous les yeux du lecteur quelques extraits des lettres que j'écrivis à cette époque, vu qu'ils serviront à expliquer quelques allusions de Lord Byron.

» En m'écrivant sous la date du 24 janvier, on se rappelle qu'il dit : — « Soyez assuré que la coalition » que vous appréhendez n'existe pas ». Les extraits suivans de mes lettres postérieures, expliqueront ce que cette phrase signifie : — « J'ai appris il y a » quelques jours que Leigh Hunt était en route avec » toute sa famille pour se rendre près de vous, et l'on » conjecture que vous, Shelley et lui, allez *conspirer* » ensemble dans l'*Examiner*. Je ne puis croire cela, » — et m'élève de tout mon pouvoir contre un pareil » projet. *Seul* vous pouvez faire tout ce qu'il vous » plaira ; mais les associations de réputation, comme » celles de commerce, rendent le plus fort respon-

---

[1] C'est M. Hobhouse qui a eu la bonté de me rendre toutes les lettres.
(*Note de Moore.*)

» sable des fautes ou des délits des autres, et je
» tremble même pour vous en vous voyant avec de
» tels banqueroutiers. — Ce sont deux hommes ha-
» biles, et Shelley même est à mon sens un homme
» de génie, mais je dois vous redire que vous ne
» pouvez procurer à vos ennemis (les ***s *et hoc
» genus omne*) un plus grand triomphe qu'en for-
» mant une alliance si inégale et si peu sainte. Vous
» êtes, avec vos seuls bras, capable de lutter contre
» le monde, — ce qui est beaucoup dire, le monde
» étant comme Briarée, un géant à cent bras, —
» mais pour demeurer tel, vous devez être seul.
» Rappelez-vous que les méchans édifices qui entou-
» rent la basilique de Saint-Pierre, paraissent s'éle-
» ver au-dessus d'elle. »

» Voici, relativement à *Caïn*, les passages de mes
lettres dans l'ordre des dates.

30 septembre 1821.

» Depuis que j'écrivis les lignes ci-dessus, j'ai lu
les *Foscari* et *Caïn*. Le premier drame ne me plaît pas
autant que *Sardanapale*. Il a le défaut de toutes ces
terribles histoires vénitiennes ; — il n'est ni naturel
ni probable, et par conséquent, malgré la rare habileté avec laquelle vous l'avez conduit, il n'excite
que fort peu d'intérêt. Mais *Caïn* est merveilleux,
— terrible; — digne de l'immortalité. Si je ne me
trompe, il fera une impression profonde dans le
cœur des hommes, et tandis que les uns frémiront
de ses blasphèmes, les autres seront obligés de se

prosterner devant sa grandeur. Ne parlez plus d'Eschyle et de son Prométhée!!! — C'est dans votre drame que respire le véritable esprit du poète — et du diable.

9 février 1822.

» Ne vous mettez pas dans la tête, mon cher Byron, que le flot de la marée se tourne entièrement contre vous en Angleterre. Jusqu'à ce que j'aperçoive quelques symptômes d'oubli à votre égard, je ne croirai pas que vous perdiez du terrain. Pour le moment,

Te veniente die, te decedente[1],

on ne parle presque que de vous, et quoique de bonnes gens se signent en vous citant, il est clair que ces gens-là pensent beaucoup plus à vous qu'ils ne le devraient pour le bien de leurs ames. *Caïn*, sans contredit, a fait sensation; et quelque sublime qu'il soit, je regrette, pour plusieurs raisons, que vous l'ayez composé. . . . . . . Pour moi, je ne donnerais pas la poésie de la religion pour tous les plus sages résultats auxquels la philosophie puisse jamais arriver; les diverses sectes et croyances donnent assez beau jeu à ceux qui sont désireux d'intervenir dans les affaires de leurs voisins; mais notre foi dans le monde à venir est un trésor que nous ne

---

[1] Virg. Géorg. IV :

Au lever du jour; à son coucher, etc.

(*Note du Trad.*)

devons pas abandonner si légèrement; et le rêve de l'immortalité (si les philosophes la tiennent pour un rêve) est un de ceux qu'il faut espérer de conserver jusqu'à l'instant de notre dernier sommeil [1].

19 février 1822.

» J'ai écrit aux Longman pour tâter le terrain, car je ne crois pas que Galignani soit l'homme qu'il vous faut. La seule chose qu'il puisse faire est ce que nous pouvons faire sans lui, — c'est à savoir, employer un libraire anglais. Paris, sans doute, pourrait être convenable pour tous les ouvrages réfugiés qui sont signalés dans *l'index expurgatorius* de Londres, et si vous avez quelques diatribes politiques à lancer, c'est votre ville. Mais, je vous en prie, que ces diatribes ne soient que politiques. La hardiesse, avec un peu de licence, en politique, fait du bien, — un bien réel, présent; mais en religion, elle n'est utile ni dans l'instant présent ni dans l'avenir, et pour moi, j'ai une telle horreur des extrêmes sur ce point, que je ne sais lequel je hais le plus, du bigot qui damne hardiment son prochain, ou de l'incrédule qui hardiment réduit tout au néant. » *Fu-* » *riosa res est in tenebris impetus* [2] » — et comme grande est l'obscurité, même pour les plus sages d'entre nous, sur ce sujet un peu de modestie, dans l'incrédulité comme dans la foi, est ce qui nous

---

[1] C'est à cette pensée que Lord Byron fait allusion, à la fin de sa lettre du 4 mars. (*Note de Moore.*)

[2] C'est chose folle que de courir tête baissée dans les ténèbres.

convient le mieux. Vous devinerez aisément qu'en ceci, je ne songe pas tant à vous-même qu'à un ami aujourd'hui votre compagnon, vous connaissant comme je vous connais, et sachant ce que lady Byron aurait dû trouver, c'est-à-dire, que vous êtes la personne la plus traitable pour ceux avec qui vous vivez ; j'avoue que je crains et conjure vivement l'influence de cet ami sur votre esprit[1].

---

[1] Ce passage ayant été montré par Lord Byron à M. Shelley, celui-ci écrivit, en conséquence, à un de mes amis intimes une lettre, dont je vais donner un extrait. Le zèle ardent et ouvertement déclaré avec lequel Shelley professa toujours son incrédulité, détruit tous les scrupules qui autrement pourraient s'opposer à une pareille publication. En outre, le témoignage d'un observateur si sagace et si près placé sur l'état de l'esprit de Lord Byron par rapport aux idées religieuses, est d'une trop grande importance pour être supprimé par un excès ridicule de dédain. « Lord Byron m'a lu une ou deux lettres de Moore, lettres où Moore parle
» de moi avec une grande bienveillance, et, sans contredit, je ne puis
» qu'être infiniment flatté de l'approbation d'un homme dont je suis fier
» de me reconnaître l'inférieur. Entre autres choses, pourtant, Moore,
» après avoir donné de fort bons avis à Lord Byron sur l'opinion publi-
» que, etc., paraît conjurer mon influence sur l'esprit du noble poète
» par rapport à la religion, et attribuer à mes suggestions le ton qui
» règne dans *Caïn*. Moore le garantit contre toute influence sur ce sujet
» avec le zèle le plus amical, et son motif naît évidemment du désir de
» rendre service à Lord Byron sans m'humilier. Je crois que vous con-
» naissez Moore. Assurez-lui, je vous prie, que je n'ai pas la plus légère
» influence sur Lord Byron par rapport à ce sujet ; — si je l'avais, je
» l'emploierais certainement à déraciner de sa grande ame les erreurs du
» christianisme, qui, en dépit de sa raison, semblent renaître perpé-
» tuellement, et restent en embuscade pour les heures de malaise et de
» tristesse. *Caïn* fut conçu par Lord Byron il y a plusieurs années, et
» commencé à Ravenne avant que je ne le visse. Quel bonheur n'au-
» rais-je pas à m'attribuer la part la plus indirecte dans cette œuvre
» immortelle. »

» Relativement à notre polémique religieuse, je dois tenter de me faire comprendre sur un ou deux points. En premier lieu, je ne vous identifie pas plus avec les blasphêmes de Caïn que je ne m'identifie moi-même avec les impiétés de mon Mokanna ; — tout ce que je désire et implore, c'est que vous qui êtes un si puissant artisan de ces foudres, vous ne choisissiez pas les sujets qui vous mettent dans la nécessité de les lancer. En second lieu, fussiez-vous décidément athée, je ne pourrais vous blâmer, — si ce n'est peut-être pour le ton décidé qui n'est pas toujours sage ; je ne pourrais qu'avoir pitié de vous, — sachant par expérience quels doutes affreux obscurcissent parfois l'avenir brillant et poétique que je suis disposé à donner au genre humain et à ses destinées. Je regarde l'ouvrage de Cuvier comme un des livres les plus désespérans par les conclusions auxquelles il peut conduire certains esprits. Mais les hommes jeunes, les hommes simples, — tous ceux dont on aimerait à conserver les cœurs dans toute leur pureté, ne se troublent guère la tête à propos de Cuvier. Et vous, vous avez incorporé Cuvier dans une poésie que tout le monde lit ; et comme le vent, frappant où vous avez envie, vous portez cette froidure mortelle, mêlée avec vos suaves parfums, dans ces cœurs qui ne devraient être visités que par ces parfums seuls. C'est ce que je regrette, et ce dont je conjurerais la répétition par toute mon influence. Maintenant, me comprenez-vous !

» Quant à votre solennelle péroraison, « la vérité » est, mon cher Moore, etc., etc. » qui ne signifie rien sinon que je donne dans la tartuferie du monde, elle prouve une triste vérité, c'est que vous et moi sommes séparés par des centaines de lieues. Si vous pouviez m'entendre exprimer mes opinions au lieu de les lire sur un froid papier, je me flatte qu'il y a encore assez d'honnêteté et de franchise dans ma physionomie pour vous rappeler que votre ami Tom Moore ; — quoi qu'il puisse être d'ailleurs — n'est par un tartufe.

FIN DU TOME DOUZIÈME.

www.ingramcontent.com/pod-product-compliance
Lightning Source LLC
Chambersburg PA
CBHW070532230426
43665CB00014B/1667